반려동물 창업 가이드북

4차 산업혁명 시대의

반려동물 창업 for 실전 전략

반려동물 창업 가이드북

4차 산업혁명 시대의
반려동물 창업
for 실전 전략

최동락 · 김영국 · 류석희 · 김수진 · 김병석 공저

동문사

머리말

국내에서 반려동물을 양육하고 있는 인구는 2021년 기준으로 1,440만 명을 넘어섰고, 반려동물 산업 경제 규모도 이미 6조 원을 돌파하였으며, 이러한 추세는 앞으로도 더욱 증가할 것으로 예상된다.

특히 COVID-19로 인한 전 세계적 경향으로 '사람과의 거리는 멀어지고 반려동물과의 거리는 가까워졌다.' 반려동물과 보내는 시간들이 점차 늘어나게 되면서 개인이나 가족 모두에게 정서적 교감과 공존의 가치를 한층 더 깨닫게 하였다. 이러한 세계적인 트렌드를 반영하여 국내외적 반려동물 산업시장은 급속도로 성장하고 있음을 알 수 있다.

반려동물은 인간과 삶의 영역을 함께 공유하고 생활하는 사회의 한 구성원으로 살아가는 소중한 생명체이면서, 동시에 반려동물의 제품 및 서비스 등의 소비 주체라는 측면에서 해당 반려동물 산업은 인간의 산업과 차별화된 특징을 가지고 있다.

반려동물 기반의 창업은 반려인과 반려동물에 대한 충분한 이해를 바탕으로 전문화된 관점으로 접근하는 것이 바람직하다. 다시 말해 반려동물 창업은 동물 자체에 대한 식견과 행동 특성 그리고 생애주기별 양육에 대한 경험을 가진 경험이 매우 필요한 영역이라고 할 수 있다.

따라서 본 서적은 반려동물 종류별 행동 특성 연구와 반려동물 현장 교육전문가 그리고 창업 실무와 관련 법률 전문가 교수들이 함께 연구하여 반려동물과 창업이라는 주제를 가지고 '반려동물과 실전창업'을 연계한 미래의 주요 시장을 선도할 수 있도록 반려동물 기반의 창업에 대한 길라잡이 역할을 수행하기 위한 창업실무 지침서를 집필하게 되었다.

본 『반려동물 창업 for 실전 전략』은 반려동물 분야 창업을 희망하는 창업자 외에도 일반창업을 희망하는 창업자들에게도 필요한 지침서로 이 책은 총 세 부분으로 구성하였다.

1부에서는 반려동물 창업 실무 파트로 반려동물에 대한 산업과 트렌드를 통해 반려동물 시장의 최신 동향과 반려동물 기반의 아이디어 또는 아이템을 발굴하여 창업에 대한 기회 등을 발굴할 수 있도록 하였다. 특히 반려동물 산업의 현재 시장환경을 연구하여 반려동물의 시장에 대한 이해도를 높이고자 하였으며, 독자들에게 창업의 영역을 확대하고, 설득력 있는 소비자 가치 제안과 수립, 비즈니스 모델 개발 및 작성 방법, 2024년 개정된 예비창업 사업계획서의 샘플을 통한 가이드라인 등을 제시하였고, 전체적으로 사례 등과 함께 구성하였다.

2부에서는 창업에 대한 개념과 자금조달과 정부지원 홈페이지(K-START UP) 지원 시스템을 중심으로 최근 개정 및 고도화된 창업의 방향성을 세부적으로 이해할 수 있도록 하였으며, 1부에서 다루지 못한 실전 창업전략 등을 제시하였다. 또한 6차 산업에 대한 개념과 4차 산업혁명을 통한 창업 생태계를 탐색하기 위한 통찰력을 제공하고 기술 발전을 활용하기 위한 실용적인 사례를 제시하였다.

3부에서는 창업가 마인드 이해와 형성을 위한 국내외 사례를 중심으로 소개를 하였으며, 창업가 정신에 대한 개념과 이해를 통해 창업자들이 어떠한 사고와 방식을 통해 체계적인 창업기업을 운영하여야 하는지에 대한 방향성을 제시하였다.

본서를 통해 독자들은 반려동물 창업을 위한 창업가 정신의 역동적인 세계화를 이해하고 혁신을 통해 성장할 수 있는 필요한 지식과 사례를 중심으로 지식을 습득할 수 있다. 또한 반려동물에 대한 삶의 질 개선 및 애정을 통한 반려동물 산업을 기반으로 성공적인 창업에 도전하여 체계화된 방법론을 통해 지속 가능한 창업의 확장과 수익성을 창출하여 해당 산업에서 영향력 있는 비즈니스를 선도할 수 있는 기회를 발견하고 열정적으로 도전을 해보길 진심으로 바란다.

본서의 발간을 진행하는 동안 사계절의 아름다움과 시간의 감사함을 알게 되었다. 특히 사계절의 변화만큼 창업환경 및 시장에도 많은 변화가 있었고, 창업의 판도 또한 급격하게 변화되었다. 변화되는 창업환경 및 시장 속에 지속성을 통한 창업의 도전과 성공을 도울 수 있는 소중한 책으로 독자들의 가슴에 각인되었으면 한다.

부족한 본서이지만 해당 본서가 세상의 빛을 볼 수 있도록 많은 배려와 용기를 주신 출판사 임직원분들과 바쁜 일정 속에서도 해당 서적을 위한 연구와 한 글자 한 글자 땀 흘려가며 정성을 담아 책을 써주신 저자 및 도움을 주신 해당 기관과 학계, 기업 등에도 깊은 감사를 드린다.

"숫자 0에서 1까지의 구간은 가장 길고 위대하다."

해운대와 팔공산 그리고 서울역을 오가며

저자 일동 씀

차례

Part Ⅱ

실전 창업전략

Part Ⅲ

창업가 마인드

Part I

반려동물 창업실무

반려동물 산업 이해와 시장 트렌드

Chapter 01

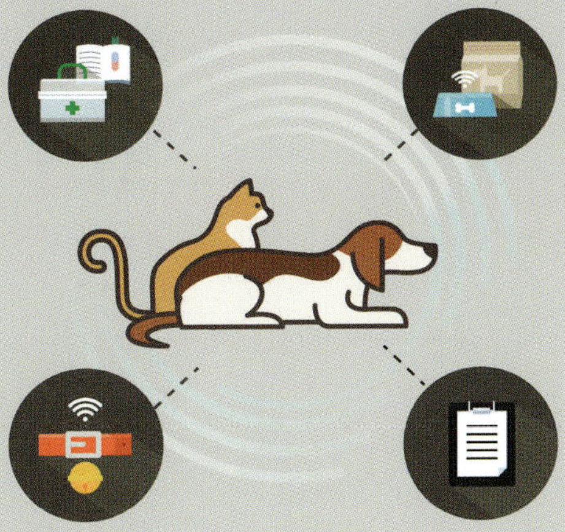

제1절 반려동물 산업과 시장 트렌드

1. 반려동물 산업과 범주

반려동물 산업은 반려동물과 관련하여 재화와 용역을 제공하는 산업을 의미하며, 해당 산업은 다음과 같이 다양한 분야로 구분되며, 다양한 산업으로 확대하여 운영될 수 있는 미래 전망성이 있는 산업이다.

(1) 생산업

반려동물 관련 제품을 생산하는 산업으로 반려동물 사료, 반려동물 용품, 반려동물 장난감 등을 직접 또는 간접적으로 생산한다.

(2) 판매업

반려동물 관련 제품을 판매하는 산업으로 동물용품점, 동물병원, 온라인 쇼핑몰, 슈퍼마켓 등에서 반려동물 제품을 손쉽게 구매할 수 있다.

(3) 개발 및 제조업

반려동물 제품에 대한 개발 및 제조를 하는 산업으로 반려동물에 대한 필요한 제품을 개발하고 제조한다.

(4) 서비스업

반려동물 관련 서비스를 제공하는 산업으로, 반려동물 호텔, 훈련, 건강 관리, 미용, 수의 의료, 장례, 유치원, 펜션 등이 있다.

2. 반려동물 산업 현황 및 시장 트렌드

반려동물 산업은 급속히 성장하고 있으며, 반려동물을 가족의 일원으로 여기는 사람들이 늘어나고 있다. 이에 따라 다양한 기업들이 반려동물 연관 산업에 진입하고 있으며, 정부도 적극적인 반려동물 연관 산업 육성을 위한 정책을 마련하고 있다.

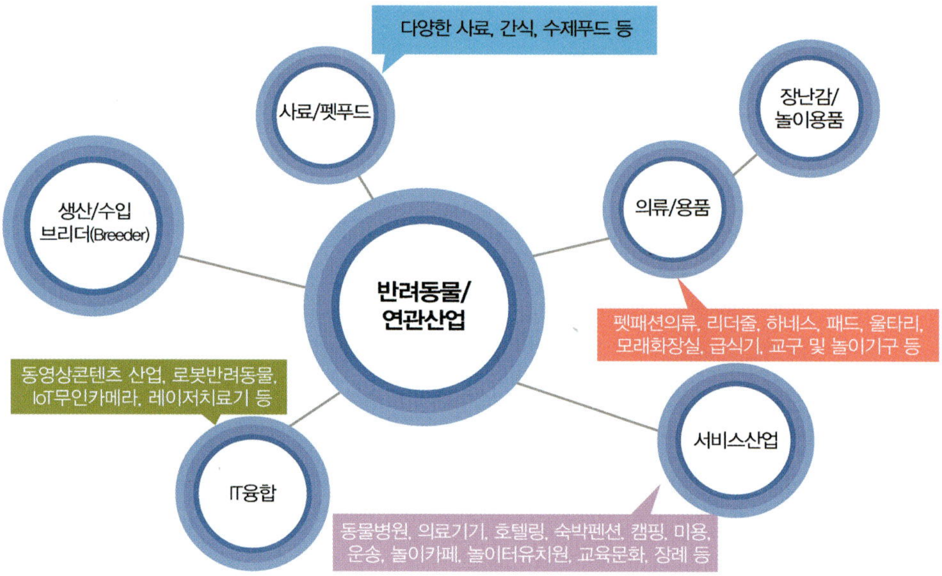

출처: 반려동물산업의 이해, 동문사. 2023

반려동물 산업 주요 범주에 대한 구성으로 다음과 같다.

① 반려동물 식품 및 영양(맞춤형 식단과 건강 보조식품 포함)
② 건강 및 웰빙(수의 서비스와 예방 케어 제품 포함)
③ 액세서리 및 의류(반려동물의 편안함과 안전을 위한 제품 포함)
④ 미용 및 위생(청결과 관리를 돕는 서비스 및 제품 포함)
⑤ 훈련 및 행동 조정(반려동물의 올바른 행동을 위한 교육과 서비스업 포함)
⑥ 보호 및 데이케어(임시 보호와 돌봄 포함)
⑦ 펫테크 (반려동물 관리를 혁신하는 기술적 솔루션 서비스 산업 포함) 등

해당 산업들은 반려동물과 반려인들의 삶의 질을 높임과 동시에 다양한 제품과 서비스를 통한 반려동물과 교감과 연대를 위한 주요한 산업으로 지속적인 성장을 도모하고 기술 발전을 통한 성장을 위해 정부 및 기업 등에서 많은 참여와 연구 등이 진행되고 있다.

제2절 반려동물 산업

1. 특징

(1) 반려동물 산업의 주체

반려동물 산업의 주요 주체들은 다양한 범주에서 활동하는 기업과 조직으로 구성된다. 이들은 대형 다국적 기업에서부터 전문 스타트업, 중소기업에 이르기까지 다양하며, 대형 기업은 반려동물 식품, 액세서리, 건강 관련 제품의 개발 및 유통을 주도하고 있다. 또한 창업기업과 중소기업은 혁신적인 펫테크 제품, 친환경 솔루션, 맞춤형 서비스로 시장에 새로운 동향을 불어넣고 있다. 비영리 조직과 동물 복지 단체는 반려동물의 권리와 복지 향상을 위한 중요한 역할을 수행하고 있으며, 이러한 다양한 주체들의 상호작용이 반려동물 산업의 생태계를 형성시키고 발전시키는 데 이바지하고 있다.

출처: (좌) https://www.facebook.com/animonda.kr/
(우) https://search.naver.com/search.naver

(2) 소비자 트렌드 및 선호도

소비자 트렌드 및 선호도 변화는 반려동물 산업에 큰 영향을 미친다. 최근 관찰된 중요한 경향에는 지속 가능하고 친환경적인 제품에 대한 수요 증가, 건강과 웰빙에 초점을 맞춘 프리미엄 반려동물 식품의 선호도 경향이 또렷하다. 또한, 반려동물을 가족 구성원처럼 여기는 경향이 강해지면서 고급 액세서리와 맞춤형 제품에 대한 관심도 높아지고 있다. 테크놀로지의 발전은 스마트 반려동물 제품의 인기를 끌어올리며, 반려동물의 건강 관리와 상호작용 방식을 혁신하고 있다. 이러한 트렌드는 창업 수요조사 결정에 중요한 요소가 된다.

(3) 펫테크의 기술 발전

펫테크는 기술의 혁신이 반려동물의 삶과 관리 방식에 미치는 영향을 하이테크 분야이다. 이는 GPS 추적기, 스마트 칼라, 자동 급식기 등의 장비를 포함하여, 반려동물의 위치를 실시간으로 추적하고, 건강을 모니터링하며, 식사 시간을 자동화하는 등의 기능을 제공한다.

펫테크는 원격으로 반려동물과 상호작용할 수 있는 카메라와 통신 기기를 포함하여, 주인이 집을 비워도 반려동물의 상태를 확인하고, 심지어는 멀리서도 함께 놀 수 있는 방법을 제공한다. 건강 모니터링 앱과 장치들은 반려동물의 신체 활동, 수면 패턴, 식사 습관을 추적하여, 건강관리에 중요한 데이터를 제공하고, 이러한 기술의 발전은 반려동물의 건강과 행복을 증진시키는 동시에, 주인과 반려동물 간의 연결을 강화하며, 반려동물 관리의 편리성을 크게 도움을 준다.

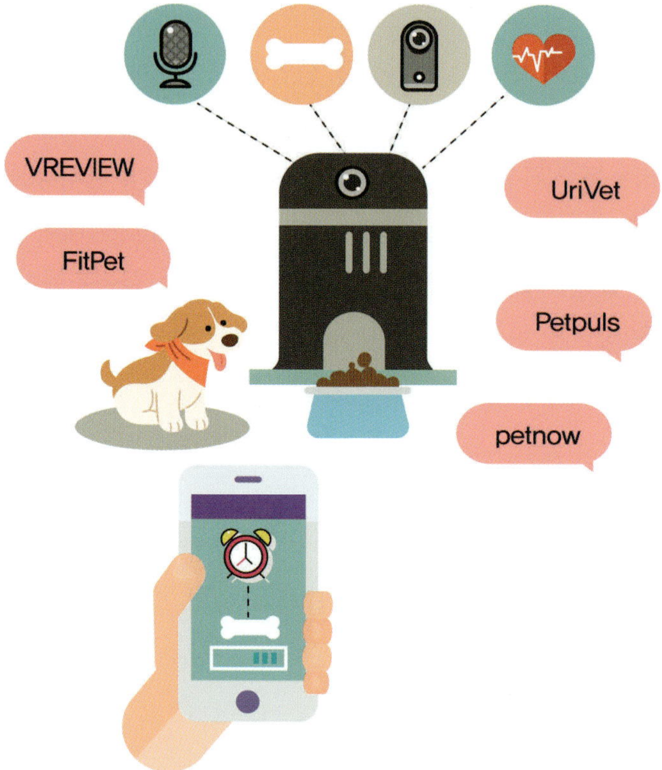

출처: 시사뉴스(2021.11.21.). '6조 반려동물 시장' 펫테크 분야 주목…동영상리뷰 · 건강관리 · 신원조회

펫테크 산업의 성장은 위의 그림과 같이 다양한 제품과 서비스를 제공하고 있으며, 반려동물을 가족의 일원으로 여기는 문화적 경향과 맞물려, 지속적으로 확장되고 있는 추세이다.

(4) 규제 및 윤리적 고려 사항

반려동물 산업에서 규제 및 윤리적 고려 사항은 중요한 부분이다. 이에는 동물 복지를 보장하기 위한 법적 기준과 반려동물과 관련된 제품 및 서비스의 안전성 및 품질을 확보하는 규정이 포함한다. 윤리적 고려 사항은 동물 실험의 사용, 적절한 사육 조건의 유지, 투명한 유기 및 입양 절차와 같은 이슈를 포함한다. 소비자들은 점점 더 윤리적 소신과 동물 복지에 중점을 둔 제품을 선호하며, 기업들은 이러한 요구를 충족하기 위해 노력하고 있다. 또한, 지속가능성과 환경 보호는 제품 개발과 마케팅 전략에서 중요한 요소가 되고 있다. 따라서, 반려동물 산업에서 성공하기 위해서는 이러한 규제와 윤리적 기준을 준수하는 것이 필수적이다.

출처: 네이버 포스트. 인천시(2023.01.03.). 반려동물 등록 관련 규제 정비. https://m.post.naver.com/viewer/postView.naver?volumeNo=35070873&memberNo=10791453&vType=VERTICAL

(5) 반려동물 글로벌 시장 동향

글로벌 반려동물 산업은 지속적인 성장을 경험하고 있으며, 이는 세계적으로 반려동물을 가족 구성원으로 인식하는 경향이 성장과 증가되고 있다. 북미와 유럽은 이 산업의 주요 시장으로, 높은 소득 수준과 반려동물에 대한 지출 의향이 특징이다. 아시아 태평양 지역은 특히 중국과 인도에서 반려동물 인구의 급속한 증가로 인해 가장 빠르게 성장하는 시장으로 급부상하고 있다. 펫테크와 프리미엄 반려동물 제품에 대한 수요가 전 세계적으로 증가하고 있으며, 친환경적이고 지속 가능한 제품에 대한 소비자의 관심도 커지고 있다.

글로벌 시장에서는 개인 맞춤형 제품과 서비스, 건강과 웰빙을 중심으로 한 제품이 인기를 얻고 있다. 또한, 온라인 판매 채널의 성장은 반려동물 산업에 새로운 기회를 제공하고 있으며, 소셜 미디어와 인플루언서 마케팅은 제품과 서비스의 인지도를 높이는 중요한 수단으로 자리매김하고 있다.

오마이뉴스(2006.08.08.). '개아빠' '개엄마'가 많은 미국.
▲ 아예 독립된 건물로 되어 있는 애완동물 전용몰인 PETCO
https://www.ohmynews.com/NWS_Web/View/at_pg.aspx?CNTN_CD=A0000350803

국가별로 다양한 규제 환경도 산업 성장에 영향을 미치고 있으며, 반려동물 복지와 관련된 법률 및 규정의 강화는 기업들로 하여금 더 높은 표준을 준수하도록 하고 있다. 이러한 글로벌 시장 동향은 반려동물 산업의 미래 방향성과 혁신을 주도하고 있다.

(6) 반려동물 산업의 도전과 기회

반려동물 산업은 빠른 성장과 함께 여러 도전과 기회를 마주하고 있다. 도전 중 하나는 지속 가능성과 윤리적 생산에 대한 소비자의 증가하는 요구를 충족시키는 것이다. 또한, 국제적으로 다양한 규제 환경에 적응하고, 신기술을 통합하는 것도 중요한 과제이다. 반면, 기술 진보는 펫테크 분야에서 새로운 기회를 열어주고 있으며, 개인화된 제품과 서비스에 대한 수요 증가는 맞춤형 솔루션을 제공하는 기업에게 큰 기회가 되고 있다. 온라인 판매와 소셜 미디어 마케팅의 성장은 브랜드 인지도를 높이고 새로운 시장에 접근하는 데 유리하다.

제3절 반려동물 시장 트렌드

1. 반려동물 시장 트렌드

사람도 비싸서 먹기 힘든 음식들을 반려동물의 간식으로 사용한 지는 이미 오래! 우리나라 사람 4명 중 1명은 반려동물을 양육하고 있는 만큼, 관련한 시장도 지속적으로 커지고 있다. 반려동물을 가족 그 이상으로 생각하는 펫팸족이 해외에서는 어떤 트렌드를 보이고 있는지 추이를 살펴보고자 한다. 또한, 산업시장을 이해하고 트렌드 추이 들을 분석하는 것은 창업자에게 중요하다. 반려동물 시장 트렌드는 지속적으로 변화하며 반려동물 산업에 영향을 미치며, 예비창업자나 기업들은 이러한 변화에 적응하여 소비자들의 요구에 부응하기 위해 계속해서 혁신하고 발전해 나가고 있으며, 반려동물 시장의 주요 트렌드는 다음과 같이 요약할 수 있다.

(1) 증가하는 반려동물 소유율 증가

전 세계적으로 반려동물 소유율이 증가하고 있다. 사람들은 혼자 살거나 가족 구성원의 수가 적은 경우에도 반려동물을 동반하여 외로움을 덜고 스트레스를 줄이는 데에 도움을 받고자 한다.

(2) 프리미엄 품질의 제품과 서비스에 대한 수요 증가추세

소비자들은 반려동물에게 최고의 품질을 제공하고자 하며, 이에 따라 프리미엄 품질의 사료, 장난감, 건강관리 제품, 그리고 반려동물 서비스 등에 대한 수요가 증가하고 있다.

(3) 건강과 웰빙에 대한 집중

사람들은 자신의 반려동물의 건강과 웰빙에 더 많은 관심을 기울이고 있다. 이에 따라 자연식 사료, 유기농 제품, 건강관리 제품 등에 대한 수요가 증가하고 있는 추세이다.

(4) 첨단기술과 혁신 적용

첨단과학 기술과 혁신은 반려동물 시장에서도 중요한 역할을 하고 있다. 스마트 펫 기기, 건강 모니터링 시스템, 자동 급식기, 그리고 가상 반려동물 돌봄 서비스 등이 점점 더 상용화되고 있다.

(5) 친화적 제품에 대한 관심 증가

소비자들은 환경 친화적이고 지속 가능한 제품을 선호하고 있으며, 이러한 경향은 반려동물 시장에서도 반영되고 있다. 친환경 재료를 사용한 제품과 서비스로 지속 가능한 생산 및 소비에 대한 관심이 증가하고 있다.

2. 해외 반려동물 시장 트렌드

대만과 미국은 전반적으로 품질이 뛰어나고 편리한 제품을 선호하는 경향을 보이고 있다. 소득 수준과는 상관없이 고급스러운 프리미엄 제품의 인기가 많다. 특히 스웨덴은 반려동물 보유율이 가장 높은 국가 중 하나로, 저가 제품보다는 유기농이나 저자극과 같은 제품들을 선호한다. 좁은 공간에서 생활하는 미국의 라이프스타일에 맞춰 강아지보다는 고양이의 제품이 주목받고 있다.

특히 고양이를 키우는 사람이라면 꼭 필요한 고양이 화장실, 즉 모래는 꾸준한 성장세를 보이고 있고 다양한 성분이나 종류들이 나오면서 수요가 지속적으로 증가하고 있다. 베트남은 반려동물 시장에서 가장 많은 부분을 차지하는 것이 '사료'였는데, 저렴한 가격보다는 비싼 해외 제품이라도 영양 성분과 주원료에 관심이 있고 건강한 제품을 선호한다.

다양한 리빙숍 매장에 납품되는 윈윈마켓의 B2B몰 상품들 중, 반려동물을 위한 제품들도 많이 준비되어 있다. 산책을 자주 하는 사람들이 보면 눈길이 갈듯한 휴대용 드링크 제품은, 물통과 접시가 합쳐진 일체형으로 휴대도 사용도 간편한 제품이다. 반려견이 산책 도중에도 충분한 수분 섭취를 할 수 있는 실용성이 돋보이는 제품들이다. 건들기만 하면 안에 있는 공이 빙글빙글 돌아가는 고양이 전용 장난감, 고양이 크기에 상관없이 가지고 놀기 편리한 장난감, 배터리를 필요로 하지 않아 관리도 편리한 장난감 등도 꾸준한 성장세이다.

우리나라 반려동물 시장에서도 강아지 못지않게 고양이의 제품 수요도 꾸준히 증가하고 있는 만큼, 이러한 제품들 역시 인기가 많을 것이라 본다. 반려동물과 가족을 안전하고 건강하게 지키기 위한 로봇 반려동물과 하이테크 기술제품과 서비스 제품시장도 관심을 가져야 한다. 또한 앱으로 보완됨에 따라 심장이나 호흡기 문제와 같이 발견하기 어려운 질병을 알림, 그리고 위치 추적 기술은 블루투스, 와이파이, GPS를 혼합하여 보호자들이 반려동물의 위치뿐만 아니라 특정 활동을 추적할 수 있도록 도와주고 있으며, 언론에서는 개를 위한 애플 워치로 묘사되었다고도 한다(미국 라스베이거스 'CES 2024' 미리보기, 반려동물을 위한 기술, 한경협국제경영원). ICT 혁신 기술의 발전으로 사람이 직접 반려동물을 돌보지 않아도 반려동물을 케어할 수 있는 펫테크 시장도 꾸준히 확대되고 있다. 반려동물을 가족처럼 생각하는 펫펨족(Pet+Family), 아이 없이 반려동물을 키우는 맞벌이 부부 딩펫족(Dink+pet), 반려묘를 양육하는 사람들을 지칭하는 집사 등 하나의 인격체로 대우하는 펫휴머니제이션(Pet Humanization)이 트렌드가 되고 있다. 또한, 반려동물의 건강에 대한 높은 관심으로 펫푸드 프리미엄화 트렌드 추세이며, 이러한 반려동물 트렌드는 국내외적으로 다를 바 없다.

제4절 반려동물 창업의 필요성과 소상공인 창업

반려동물 산업의 지속적인 성장과 반려동물을 가족 구성원으로 여기는 문화적 변화는 반려동물 창업의 필요성을 부각시키고 있다. 이 산업은 다양한 제품과 서비스의 개발을 통해 새로운 시장 기회를 제공하며, 창의적이고 혁신적인 아이디어를 가진 소상공인들에게 매력적인 분야가 된다.

소상공인 창업은 지역 경제에 활력을 불어넣고, 개인의 경력에서 자율성과 창의성을 발휘할 수 있는 기회를 제공하고 있으며, 특히 반려동물 관련 창업은 펫테크, 건강 및 영양 제품, 액세서리, 전문 서비스 등 다양한 분야에서 혁신을 추구할 수 있다.

반려동물 아이템 창업은 맞춤형 수제간식, 액세서리 용품, 펫시터돌봄 카페, 문제행동 교정센터 등 대규모 투자가 필요하지 않은 경우가 많아 소상공인 스타트업 접근성이 용이하다. 온라인 플랫폼과 소셜 미디어를 활용한 마케팅으로 브랜드 인지도 빠르게 확장할 수 있다. 또한, 소비자와의 직접적인 소통을 통해 빠르게 시장 반응을 파악하고, 제품이나 서비스를 피드백할 수 있는 기회를 가진다.

지역 커뮤니티와의 연계를 통해 신뢰도를 구축하고, 지속 가능하고 신뢰의 윤리적인 비즈니스 모델을 추구함으로써 소비자의 신뢰를 얻을 수 있어 지역 소상공인 창업이 비교적 용이하다. 즉, 반려동물 소상공인 창업에 대한 필요성을 요약하여 정리하면 반려동물 산업은 반려동물 소유 증가와 반려동물의 웰빙을 위해 지출하려는 소유자의 의지에 힘입어 상당한 성장을 경험하고 있고 반려동물 산업생태계는 확장될 것이다.

반려동물 업계의 스타트업은 반려동물의 건강을 개선하고 주인에게 편의를 제공하며 전반적인 반려동물 관리 경험을 향상시키는 혁신적인 제품과 서비스를 도입함으로써 충족되지 않은 요구 사항을 해결할 수 있다. 현대 반려동물 주인의 라이프스타일과 가치관에 맞는 기술 중심 솔루션, 친환경 제품, 맞춤형 서비스에 대한 특별한 수요가 있다.

창업은 기존 시장의 격차를 메우고, 반려동물 보호·복지 관리의 경계를 넓히고, 품질과 편의성에 대한 새로운 표준을 설정하여 1인 창업 등 중소규모 스타업 비즈니스 모델로 접근이 용이하여 새로운 반려동물 산업생태계 조성에도 중요한 역할을 할 수 있을 것이다. 따라서, 반려동물 창업은 경제적 기회뿐만 아니라 사회적 가치를 창출하는 중요한 수단이 될 수 있다.

출처: 중소규모 창업 예시.
https://search.naver.com/search.naver?sm=tab_hty.top&where=image&ssc=tab.image.all&query반려동물+수제간식+중소규모+창업
https://blog.naver.com/bombom7595/222179196296(멍도시락)

Chapter 02

반려동물 창업 아이템 발굴과 사업 영역설정

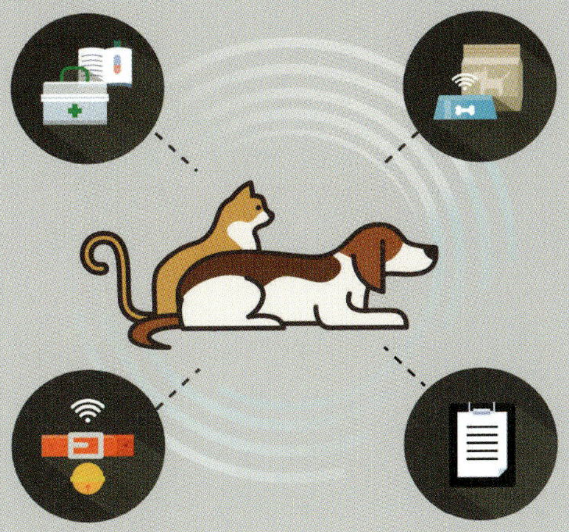

제1절 창업 아이템 선정

1. 창업 아이템 선정 요건

창업 아이템을 선택할 때 성공을 위해서는 여러 가지 요소를 고려하는 것이 중요하며, 기본적인 선정 요건은 다음과 같다.

(1) 시장 수요

시장의 명확한 요구나 문제를 해결하는 제품이나 서비스를 선택한다. 시장 조사를 수행하여 고객의 문제점, 선호도 및 추세를 이해하여야 한다. 고객을 유치하고 수익을 창출할 수 있도록 스타트업 아이템에 대한 수요가 충분한지 확인한다.

(2) 고유한 가치 제안(UVP)

스타트업 아이템을 기존 솔루션과 차별화하는 요소를 정의한다. 경쟁사와 비교하여 고객에게 제공하는 고유한 이점과 가치를 식별한다. UVP는 타겟 고객의 공감을 불러일으키고 시장에서 스타트업 아이템을 차별화해야 한다.

(3) 타당성 및 실행 가능성

기술적, 재정적 관점에서 스타트업 아이템의 타당성과 실행 가능성을 평가한다. 생산 비용, 확장성, 규정 준수, 잠재적인 진입 장벽 등의 요소를 고려한다. 시작 항목이 경제적으로 실행 가능하고 성공적으로 실행될 수 있는지 확인한다.

(4) 대상 고객

대상 고객을 정의하고 인구 통계, 행동 및 선호도를 이해한다. 목표 시장의 요구와 선호도를 효과적으로 충족할 수 있도록 스타트업 아이템을 맞춘다. 고객에 대한 깊은 이해를 발전시켜 고객에게 공감할 수 있는 제품이나 서비스를 만든다.

(5) 경쟁 환경

경쟁 환경을 분석하여 기존 경쟁자가 제시하는 강점, 약점 및 기회를 이해하고, 스타트업 아이템이 성공할 수 있는 시장의 격차나 서비스가 부족한 영역을 식별한다. 경쟁사와 차별화하고 경쟁 우위를 확보하기 위한 전략을 개발하여야 한다.

(6) 확장성 및 성장 가능성

스타트업 아이템의 확장성 및 성장 가능성을 평가한다. 시장 규모, 확장 기회, 운영 확장성, 수익 성장 가능성 등의 요소를 고려하여 빠르게 성장하고 시간이 지나면서 상당한 시장 점유율을 확보할 가능성이 있는 스타트업 아이템을 선택한다.

(7) 리소스 및 역량

스타트업 아이템을 개발하고 출시하는 데 필요한 리소스, 역량 및 전문 지식을 평가, 스타트업 아이디어를 효과적으로 실행하는 데 필요한 기술, 경험 및 리소스가 있는지 확인하고, 팀 구성, 기술 요구 사항, 자금 요구 사항 등의 요소를 고려하여야 한다.

(8) 창업자의 비전과의 일치

스타트업 아이템이 창업자로서의 장기적인 비전, 목표, 가치와 일치하는지 확인, 창업자가 열정을 갖고 추구하고자 하는 스타트업 아이디어를 선택한다. 열정과 헌신은 도전을 극복하고 성장을 위한 기반이 된다.

창업 아이템 선정 시 세부적으로 고려하여야 할 사항은 다음의 표와 같다.

구분	내용
시장성 · 입지	• 해당지역 상권분석상 입지가 업종에 적합한가? • 사업발전 단계상 성장기 업종인가? • 해당 업종의 시장 규모가 커지고 있는가? • 시장의 경쟁현황과 전망은 양호한가? • 예상되는 고객의 수용 어느 정도인가? • 소비자 성향이 안정적이고 필요성이 증가하는가? • 잠재고객수의 증가는 예상되는가?
수익성	• 투자비용 대비 수익 전망은 양호한가? • 손익분기점은 언제인가? • 1~2년 이내 흑자실현이 가능한가? • 인테리어 시설투자비 등을 권리금에 추가할 수 있는가? • 원자재 조달이 용이하고 값은 안정적인가? • 노동력 공급이 용이하며 저렴한가?
상품성	• 창업자가 자신이 잘 아는 상품인가? • 고객입장에서 가격에 비해 유용한 상품인가? • 고객에게 인기도 경쟁력은 어느 정도인가? • 영업 및 A/S 가능 여부? • 상품 조달 및 공급 용이성은 편리한가? • 상품이 비 필수품이거나 사치품은 아닌가?
외부 환경	• 인·허가문제에서 미비한 점은 없는가? • 경쟁업체/거래 업체와의 분쟁소지는 없는가? • 경쟁점포의 경쟁관계는 어느 정도인가? • 취급상품의 단종가능은 없는가?
내부 환경	• 가정환경 • 경험여부 • 본인의 성격과 체력 • 아이템에 대한 전문성 • 자금조달 규모 • 가족의 동의여부

출처: https://sbiznews.com/news/?action=view&menuid=30&no=18765
(창업경영신문. '아이템선정기준을 세워라' 2008.10.19) 저자편집

2. 연령별 창업자 유형

연령에 따라 적합한 창업 아이템을 선택하고 연령별 장점과 노하우를 효과적으로 접목한다면 실패를 줄일 수 있다. 사회 경험이 적은 20·30대 창업자들은 사업경험이 없더라도 투자비가 많이 들지 않는 아이템 선정이 중요하고, 사회적 경험과 전문 지식이 풍부한 중·장년층은 즉흥적 행동보다는 자신의 익숙한 업종으로 안전한 사업분야를 선택하는 것이 좋다.

<연령별 창업 참고유형>

구분	모험창업	기반창업	전문창업	안전창업
	20대~30대	30대~40대	40대~50대	50대~
특징	자기의 전공이나 직업과 관계없이 자기 좋은 분야를 선택	자신의 적성이나 사회생활 및 일정 분야에서 자기가 닦아놓은 기반을 최대한 활용	학력을 불문하고 자기 업무분야에서는 최고의 실전 전문가인 점을 십분 활용	사회경험과 전문지식이 풍부, 모험이 비교적 없는 안전한 업종 선택
적합 업종	24시간형 업태, 배달업, 음식업, 헬스, 운동 관련	외식업, 이미용, 예체능학원, 온라인 쇼핑몰, 소호(SOHO)서비스업	소매업, 외식업, 호프전문점, 판매 대리점, 세탁편의점, 의류도소매	펜션업, 원룸텔, 독서실, 편의점
장점	건강함, 트렌드민감성, 순발력, 아이디어	인맥을 적당히 보유, 건강보유, 판단력 겸비	자금준비여력 보유, 30대 못지않은 젊음과 활력 보유, 노련미 보유	오랜 경험 보유, 안목과 통찰력, 자금력 풍부, 주변 인맥 풍부
단점	자금력 부족, 인맥부족, 사회경험 부족	여유자본 부족, 어린 자녀 양육으로 가정생활과 양립	생활비가 많이 들어 안전한 보수업종 선택	한번 실패하면 재기에 힘듦. 자신감 결여와 활동성 부족

제2절 반려동물 산업 창업 아이템

1. 반려동물 산업의 틈새시장

반려동물 산업의 틈새시장을 파악하는 것은 창업자가 경쟁에서 우위를 점하고 독특한 가치를 제공할 수 있는 기회를 찾는 데 중요하다. 이 과정은 시장 조사, 소비자 행동 분석, 업계 동향의 면밀한 관찰을 포함한다. 예를 들어, 지속 가능하고 친환경적인 반려동물 제품, 특정 품종이나 조건을 가진 반려동물을 위한 맞춤형 솔루션, 고령 반려동물을 위한 건강 및 웰빙 서비스 등이 틈새시장의 예가 될 수 있다.

출처: 강아지수제간식창업. 네이버 블로그. 하이펫스쿨. https://blog.naver.com/hipetschool/221355649926

소비자 설문조사, 온라인 포럼 및 소셜 미디어 분석을 통해 반려동물 소유자의 특정 요구와 고민을 파악할 수 있다. 또한, 반려동물 산업 관련 전시회나 컨퍼런스에 참여하여 최신 트렌드를 파악하고 업계 전문가와의 네트워킹을 통해 새로운 아이디어를 얻을 수도 있다.

성공적인 틈새시장 발굴은 창업자가 자신의 열정과 전문성을 반려동물 산업의 특정 부문에 맞추어 소비자에게 명확하고 차별화된 가치를 제공할 수 있도록 한다. 이를 통해 창업자는 경쟁이 덜 치열한 시장에서 사업을 성장시키고, 장기적으로 지속 가능한 비즈니스 모델을 구축할 수 있을 것이다.

2. 반려동물 산업 창업 아이템

(1) 창업아이디어 혁신

반려동물 사업 아이디어를 혁신하는 것은 창의적 사고와 시장의 미충족 요구에 주의 깊게 집중함으로써 가능해진다. 혁신적인 아이디어는 종종 기존 문제에 대한 새로운 해결책이나 전혀 다른 접근 방식에서 시작된다. 예를 들어, 모바일 애플리케이션을 통해 반려동물의 건강을 모니터링하고, 원격 수의사 상담을 제공하는 서비스는 기술을 활용하여 반려동물 케어의 접근성을 향상시키는 혁신적인 사업 모델이라 할 수 있으며, 혁신적 사례로는 반려동물의 신체적, 정신적 건강을 증진시키기 위한 맞춤형 운동 및 활동 프로그램을 개발할 수 있다. 이는 고령화되는 반려동물 인구와 그들의 삶의 질을 향상시키려는 소비자의 요구를 반영 충족된다. 환경 지속가능성에 초점을 맞춘 제품 개발도 중요한 혁신 영역이다. 예를 들어, 생분해성 재료로 만든 친환경 반려동물 용품은 환경에 대한 우려를 해결하려는 소비자의 기대를 충족시킨다. 사업 아이디어를 혁신하기 위해서는 지속적으로 시장의 변화를 모니터링하고, 소비자의 피드백을 수집하여 제품이나 서비스를 개선하는 데 중점을 두어야 한다. 이 과정에서는 실패를 두려워하지 않고, 도전과 실패 오류를 통해 배우며, 지속적으로 아이디어를 반복해야 한다. 이러한 접근 방식은 반려동물 산업 내에서 지속 가능하고 차별화된 사업을 구축하는 데 필수적이다.

(2) 반려동물 비즈니스 도메인 정의

반려동물 비즈니스 도메인을 정의하는 것은 창업자가 자신의 사업 범위를 명확히 설정하고, 특정 시장 내에서 어떤 가치를 제공할 것인지 결정하는 과정이다. 이는 사업의 목표, 대상 고객, 제공할 제품 또는 서비스의 유형을 포함하여 사업의 기본 틀을 형성한다. 예를 들어, 도메인이 반려동물 영양에 초점을 맞춘다면, 해당 사업은 맞춤형 반려동물 식단, 영양 상담 서비스, 고품질 반려동물 식품 판매 등을 포함할 수 있다. 사업 도메인을 정의할 때는 시장 조사를 통해 잠재적인 고객의 요구와 선호도를 파악하고, 경쟁사 분석을 통해 시장 내 자신의 위치를 정립해야 한다. 또한, 자신의 열정과 전문성이 어떻게 사업 아이디어와 일치하는지 고려하는 것이 중요하다. 사업 도메인을 명확히 정의하고 나면, 이를 바탕으로 비즈니스 모델을 개발하고, 마케팅 전략을 수립하며, 필요한 자원과 투자를 계획할 수 있다. 도메인은 또한 사업이 성장함에 따라 진화할 수 있으므로, 시장의 변화와 소비자의 피드백에 따라 유연하게 조정되어야 한다. 반려동물 비즈니스 도메인을 정의하는 과정은 창업자가 명확한 방향성을 가지고 사업을 시작하고 성장시키는 데 필수적인 단계이다.

제3절 소비자 니즈, 트렌드, 창업자 역량 활용 창업 아이템 발굴

1. 반려동물 소비자 니즈와 트렌드 파악

반려동물 소비자의 요구, 현재 동향 파악에 부합하는 몇 가지 잠재적인 창업 아이디어는 다음과 같다.

(1) 맞춤형 반려동물 사료 배달 서비스

각 반려동물의 영양 요구, 선호도, 식이 제한 사항에 맞춘 맞춤형 식사 계획을 제공하는 구독 기반 반려동물 사료 배달 서비스를 개발한다. 데이터 분석 및 기계 학습 알고리즘을 활용하여 애완동물 건강 데이터를 분석하고 최적의 영양을 위한 맞춤형 권장 사항을 제공한다.

(2) 가상 반려동물 건강 및 웰니스 플랫폼

가상 상담, 건강 평가 및 웰니스 계획을 위해 애완동물 소유자를 자격증을 갖춘 수의사, 반려동물 영양사, 행동학자와 연결하는 온라인 플랫폼을 만든다. 원격의료, 영양 상담, 행동 훈련, 예방 진료 등 다양한 서비스를 제공하여 애완동물 주인의 다양한 요구를 충족한다.

(3) 반려동물 건강 모니터링 웨어러블

반려동물의 활력 징후, 활동 수준 및 행동 패턴을 모니터링하는 센서가 장착된 웨어러블 장치를 설계하고 제조한다. 실시간 건강 데이터, 활동 추적, 개인화된 통찰력을 제공하여 반려동물 주인이 반려동물의 건강과 웰빙을 적극적으로 관리하는 데 도움이 되는 모바일 앱을 개발한다.

(4) 친환경 반려동물 제품 마켓플레이스

유기농 반려동물 사료, 생분해성 장난감, 천연 미용용품, 친환경 액세서리 등 친환경적이고 지속 가능한 반려동물 제품을 전문으로 하는 전자상거래 플랫폼을 출시하여 환경을 생각하는 브랜드 및 장인과 협력하여 환경을 생각하는 반려동물 소유자에게 어필할 수 있는 엄선된 제품과 서비스를 셀렉션을 제공한다.

(5) 반려동물 정신 건강 및 정서적 웰빙 서비스

가상 치료 세션, 진정 제품, 대화형 강화 활동 등 애완동물을 위한 정신 건강 및 정서적 웰빙 서비스를 제공하는 플랫폼을 구축한다. 공인 애완동물 치료사, 심리학자, 동물행동학자와 협력하여 불안, 스트레스 또는 행동 문제를 겪고 있는 애완동물에게 전체적인 치료를 제공한다.

(6) 반려동물 친화적인 여행 계획 앱

반려동물 소유자가 숙박 시설 예약, 교통 옵션, 목적지 추천 및 애완동물 친화적인 활동을 포함하여 애완동물 친화적인 여행 경험을 계획하는 데 도움이 되는 모바일 앱을 개발한다. 호텔, 항공사, 여행지에서 제공하는 반려동물 정책, 편의시설, 서비스에 대한 정보를 제공하여 반려동물과 함께하는 여행을 더욱 쉽고 즐겁게 만들어 드린다.

(7) 반려동물 소셜 네트워킹 플랫폼

반려동물 보호자들이 서로 연결하고 경험을 공유하며 조언과 추천을 교환할 수 있는 전용 소셜 네트워킹 플랫폼을 만들어 애완동물 프로필, 사진 공유, 포럼, 이벤트, 반려동물 관련 그룹 등의 기능을 통합하여 반려애완동물 애호가들의 활발한 커뮤니티 장을 만들어 준다.

(8) 지속 가능한 반려동물 폐기물 관리 솔루션

생분해성 쓰레기 제품, 퇴비화 가능한 폐기물 봉투, 친환경 처리 시스템 등 반려동물 폐기물 관리를 위한 혁신적인 솔루션을 개발하여 전통적인 애완동물 폐기물에 대한 환경 친화적인 대안을 제공하고 반려동물 보호자들 사이에 지속 가능한 습관을 장려한다.

이러한 스타트업 아이디어는 반려동물 관련 제품 및 서비스에 대한 수요 증가를 활용하는 동시에 반려동물 산업의 새로운 트렌드를 다루고 있다. 기술, 혁신, 마케팅 및 비즈니스 개발 역량을 갖춘 기업가는 이러한 기회를 활용하여 반려동물 보호자와 반려동물의 변화하는 요구 사항을 충족하는 성공적인 벤처를 창출할 수 있을 것이다.

2. 반려동물 창업자 역량 활용 창업 아이템

반려동물 관련 행동 교정 및 반려동물관리사 자격증을 갖춘 기업가의 역량을 예시로 활용하여 잠재적인 창업 아이디어 몇 가지 제시하면 다음과 같다.

(1) 온라인 애완동물 행동 교정 플랫폼

반려동물 주인을 위한 가상 행동 교정 및 교육 서비스를 제공하는 온라인 플랫폼을 개발한다. 개, 고양이 및 기타 애완동물의 특정 행동 문제를 해결하기 위해 맞춤형 상담, 행동 평가 도구 및 교육 프로그램을 제공한다. 자격을 갖춘 행동 전문가와 트레이너의 전문 지식을 활용하여 비디오 튜토리얼, 라이브 세션 및 대화형 모듈을 통해 효과적인 행동 교정 기술을 제공한다.

(2) 반려동물 행동 교정 앱

반려동물 소유자가 애완동물의 일반적인 행동 문제를 해결하는 데 도움이 되는 훈련 연습, 행동 수정 기술 및 교육 리소스를 제공하는 모바일 앱을 만든다. 교육 계획, 진행 상황 추적, 인증된 행동 전문가의 맞춤형 피드백과 같은 기능을 통합하여 반려동물의 바람직한 행동 변화를 촉진하기 위해 긍정적 강화, 둔감화 및 역조건화에 대한 지침을 제공한다.

(3) 반려동물 행동 교정 제품

훈련 목걸이, 클릭커, 퍼즐 장난감, 진정 장치 등 애완동물 훈련 보조 도구와 행동 교정 도구를 설계하고 제조한다. 반려동물의 바람직한 행동을 장려하고 원치 않는 행동을 억제하기 위해 긍정적인 강화 기술을 활용하는 혁신적인 제품을 개발한다. 애완동물 소유자가 행동 수정을 위해 이러한 도구를 효과적으로 사용할 수 있도록 교육 자료와 지원을 제공한다.

(4) 반려동물 행동 교정 워크숍 및 세미나

반려동물 행동 교정 및 관리에 초점을 맞춘 워크숍, 세미나, 교육 이벤트를 구성한다. 지역 애완동물 단체, 수의사, 동물 보호소와 협력하여 공격성 관리, 분리 불안, 목줄 반응성, 공포 기반 행동과 같은 주제에 대해 애완동물 소유자를 위한 교육 세션을 주최하여 자격을 갖춘 행동주의자와 트레이너가 주도하는 실습 교육과 시연을 제공한다.

(5) 반려동물 행동 교정 컨설팅 서비스

행동 평가, 훈련 프로그램 개발 및 행동 수정 전략에 대한 지원을 원하는 애완동물 관련 기업, 보호소 및 구조 기관에 컨설팅 서비스를 제공한다. 까다로운 행동 사례 관리, 행동 수정 프로토콜 구현, 기관 환경에서 전반적인 애완동물 복지 개선에 대한 전문적인 지침을 제공한다.

(6) 반려동물 행동 교정 출판물 및 자료

반려동물 행동 교정 및 관리에 관한 서적, 전자책, 기사 및 온라인 리소스를 출판한다. 반려동물의 일반적인 행동 문제를 해결하기 위한 통찰력, 사례연구 및 실용적인 팁을 공유 효과적인 행동 수정 기술 및 전략에 대해 학습하는 데 관심이 있는 애완동물 소유자, 전문가 및 애호가를 위한 교육 자료를 개발한다.

이러한 창업 아이디어는 반려동물 행동 교정 및 일반 관리에 대한 기업가의 전문 지식을 활용하여 행동 문제를 해결하고 애완동물과 소유자의 복지를 향상시키는 혁신적인 솔루션을 제공한다. 기술, 교육, 실습 교육을 활용함으로써 이러한 벤처 기업은 수익과 성장 기회를 창출하는 동시에 반려동물 산업 생태계 조성과 산업에 긍정적인 영향을 미칠 수 있는 잠재력을 가지고 있다.

3. 해외 반려동물창업 사례(미국)

소자본 창업, 반려동물 관련 사업아이템 Best5 미국편, 반려동물 창업 아이템 발굴에 참고할만한 사례이다(참조: https://www.i-boss.co.kr. 반려동물 관련 아이템 Best5. 2020).

사례 1 와일드어스 Wild Earth

- 문제인식(틈새시장) : 반려동물 사료에 들어가는 육류에는 반려동물에 해로운 물질이 많이 들어있다는데 문제와 틈새시장 접근. 예를 들면 가축을 빠르게 기르기 위해 주입한 항생제, 성장호르몬 등뿐만 아니라 방부제, 플라스틱, 중금속 등 오염물질까지 생산과정에서 포함된다고 함.
- 문제해결(소비자효용가치) : 와일드어스에서는 식물성 재료를 사용해서 사람이 먹어도 될 만큼 무해한 사료를 개발. 영양 밸런스를 위해 충분한 단백질도 첨가가 되었는데 모두 검증된 식물성 원료임.
- 현황 : 2017년 창업, 직원 수 약 10명/누적 투자유치 : 약 150억 원

사례 2 도그스팟 DogSpot

- 문제인식(틈새시장) : 외식, 쇼핑 등 반려동물과 함께 외출할 때 개를 차에 두거나 길가에 잠시 묶어 두는 경우가 있는데, 차 안은 한여름에 고온에 취약한 반려견에게 치명적일 수 있다.
- 문제해결(소비자효용가치) : 미국에서 도그스팟(DogSpot)은 반려동물을 위해 임시 보관장소를 만듦. 자그마한 개집모양의 공간에 에어컨도 설치되어 있어 안심하고 개를 맡기고 볼일을 볼 수 있게 함. 또한 도그스팟 전용 앱을 통해 실시간 반려동물의 상태와 도그스팟 내부 온도를 확인할 수 있음.
- 현황 : 2015년 창업, 직원 수 약 10명/누적 투자유치 : 약 50억 원

사례 3 더파머스도그 The Farmer's Dog

- 문제인식(틈새시장): 소득수준이 높은 반려인들은 비싸더라도 일반적인 사료보다는 건강에 이로우면서 특별한 음식을 제공하고 싶어 함.
- 문제해결(소비자효용가치) : 더파머스도그에서 사람들도 먹을 수 있는 수준의 반려견 음식을 제공함. 획일화된 사료가 아니라 반려견의 품종, 크기, 나이 등을 고려해서 맞춤형 음식으로 제조되고 집까지 배송받게 됨.
- 현황: 2014년 창업, 직원 수 약 50명/누적 투자유치 : 약 500억 원

사례 4 임바크 Embark

- 문제인식(틈새시장) : 반려인구가 늘어나면서 반려견 분양 시 정보조작 등으로 인한 피해가 늘어나고 있음. 소비자 피해사례로는 분양 후 급사한 동물의 환불요구, 구입 뒤 질병으로 인한 환급 요구, 질병으로 인한 치료비 청구, 혈통을 속여 분양한 경우 등이 있음.
- 문제해결(소비자효용가치) : 반려견 전용 DNA검사 키트를 활용해서 누구나 간편하게 검사하고 결과를 받아볼 수 있음. 1회 검사키트 가격은 129불로 혈통을 확인할 수 있고 199불짜리 서비스를 이용하면 혈통 관련 취약한 건강정보도 받아볼 수 있음.
- 현황 : 2015년 창업, 직원 수 약 60명/누적 투자유치 : 약 200억 원

사례 5 웨그 Wag

- 문제인식(틈새시장) : 출장이나 다른 볼일 등으로 인해 반려견을 제대로 케어해 주지 못하는 경우가 생기게 됨.
- 문제해결(소비자효용가치) : 웨그는 필요에 따라서 반려견 돌봄서비스를 제공함. 서비스는 작게는 30분 산책부터 며칠간의 시팅서비스까지 있고, 앱을 통해 범죄이력과 경력 등이 검증된 사람과 연결됨.
- 현황 : 2015년 창업, 직원 수 약 100명/누적 투자유치 : 약 4000억 원

제4절 사업영역 설정과 아이템 효용가치

1. 창업비즈니스 영역 설정

반려동물 산업 내 특정 요구 사항을 충족하는 틈새시장을 식별하는 것이 무엇보다 중요하며, 잠재적인 비즈니스 항목의 일부 영역과 유용성 가치는 다음과 같다.

(1) 반려동물 건강 및 복지

- 사업 품목: 스마트 건강 모니터링 장치
- 유용성 가치: 실시간 건강 추적 및 잠재적인 건강 문제의 조기 발견을 제공하여 반려동물의 더 오래 건강한 삶을 촉진한다.

(2) 친환경 애완동물 제품

- 사업항목: 생분해성 폐기물 솔루션
- 유용성 가치: 반려동물 소유로 인해 환경에 미치는 영향을 줄여 환경을 생각하는 반려동물 소유자의 요구에 부응한다.

(3) 반려애완동물 영양 및 식품

- 사업항목: 맞춤형 영양계획
- 유용성 가치: 반려동물의 특정 요구 사항, 품종, 연령 및 건강 상태를 기반으로 한 맞춤형 식단으로 최적의 건강을 지원한다.

(4) 애완동물 훈련 및 행동

- 사업 항목: 가상 교육 플랫폼
- 유용성 가치: 반려동물 행동 수정 및 훈련을 위한 접근 가능하고 전문적인 지침을 제공하여 반려동물과 보호자의 관계를 친밀하게 한다.

(5) 반려동물 관리 서비스

- 사업항목: 주문형 애완동물 관리 및 미용 서비스
- 유용성 가치: 반려동물 소유자의 바쁜 생활 방식에 맞춰 반려애완동물을 위한 편리함과 맞춤형 관리를 제공한다.

(6) 반려동물 안전 및 보안

- 사업 품목: GPS 추적 칼라
- 유용성 가치: 실시간 위치 추적으로 반려동물의 안전을 보장하여 소유자에게 마음의 평화를 제공한다.

(7) 반려동물 오락 및 참여

- 사업 품목: 대화형 장난감 및 앱
- 유용성 가치: 반려동물을 정신적, 육체적으로 자극하여 웰빙을 촉진하고 불안을 줄여준다.

(8) 커뮤니티 및 지원

- 사업항목: 온라인 커뮤니티 플랫폼
- 유용성 가치: 반려동물 소유자 커뮤니티의 지원과 조언을 제공하여 소속감과 학습 공유를 촉진한다.

사업 영역을 선택하고자 할 경우 목표 시장의 요구 사항, 경쟁, 스타트업이 제공할 수 있는 고유한 가치제안을 이해하여야 한다. 이러한 각 영역은 직접적인 요구 사항을 충족할 뿐만 아니라 반려동물의 인간화, 지속가능성의 중요성, 편리함과 마음의 평화를 위한 기술에 대한 의존도 증가 등 애완동물 소유에 대한 보다 광범위한 추세를 지속적으로 분석하고 활용하여야 한다.

2. 창업비즈니스 설정 예시

예비창업자 '맘맘' 씨는 동물 문제 행동 교정자 및 반려동물 돌보미로서의 강점을 고려할 때, 행동 문제와 신뢰할 수 있는 반려동물 관리의 필요성을 모두 해결하는 반려동물 업계 내 전문 서비스를 창출할 수 있는 독보적인 위치에 있다.

'돌봄토탈 솔루션'이라는 창업영역을 정의했다고 가정한 경우 창업비즈니스 영역이 적정한지에 대해서는 먼저 창업기업의 전제 요건인 초기자본금과 인력, 기술 그리고 준비시간이 있다는 전제하에 먼저 사업영역을 세부적으로 정의하여야 한다.

'맘맘' 부산시 중앙대로 1001번지에 '반려동물 돌봄센터'를 창업하고자 하는데 평상시 반려동물에 대한 많은 관심이 있어 반려동물행동지도사 및 펫시터 자격증을 취득하였고, 반려동물에 대한 품종별 특성과 정보를 수집해 두었다.

이러한 맘맘씨의 창업구상 단계에서 비즈니스 영역을 정의하는 T.V.P 3단계 방법을 제시하면 도움이 된다(출처: 실전! 반려동물창업실무, 박영스토리. 2022.12.30.).

(1단계) T

창업에 활용된 Tool(수단), Technology(기술) 등 정의하기

구분	활용되는 수단과 기술 등	활용유형	비고
1	반려동물행동지도사 자격증	마케팅 차별화	직접 보유
2	펫시터 자격증	마케팅 차별화	직접 보유
3	반려견 품종별 관리 정보	고객관리 차별화	콘텐츠

(2단계) V

소비자가 얻게 되는 Value(가치) 정의하기

예시	(부산시 중앙대로 1001번지 주변에 거주하는 반려가족(보호자)에게
	(문제견 맞춤 행동교정, 돌봄, 품종별 관리정보)를 제공한다.
연습	(　　　　　　　　　　　　　　　　　)에게
	(　　　　　　　　　　　　　　　　　)을/를 제공한다.

(3단계) P

최종소비자에게 전달되는 Products(제품), Program(서비스) 등의 수익원 형태 정의하기

구분	수익원 제화(서비스)	구성비율	원가 단위	비고
1	맞춤형 행동교정 서비스	40%	시간	방문 가능
2	펫시터 돌봄서비스	20%	시간	방문 가능
3	사료및 용품판매	20%	수량	상품 판매
4	견종별관리정보서비스 이용료	10%	회	서비스 제공
5	전자상거래(온라인) 판매	10%	수량	상품 판매

최종 각 단계를 종합하여 창업자의 비즈니스 영역을 정의하면 되며, 위의 사례로 제시한 '맘맘씨'의 창업비즈니스 영역을 정의하여 살펴보면 다음과 같다.

맘맘씨의 창업비즈니스 영역 정의
반려견 관련 전문 자격증과 전문지식(T)을 활용하여 부산시 중앙대로(연제구) 반려견 보호자(가족)들에게 문제견 맞춤형(V)전문관리서비스 및 용품을 온오프라인으로 판매하는 비즈니스

이러한 영역에 집중함으로써 창업자의 전문지식을 활용하여 반려동물 관리 시장 내 특정 요구사항을 충족할 수 있으며, 행동교정 기술을 통합하여 전통적인 반려동물 돌보기를 넘어서는 서비스를 제공할 수 있다. 이러한 접근 방식은 비즈니스를 차별화할 뿐만 아니라 포괄적이고 행동 중심의 반려동물 관리 솔루션을 찾고 있는 반려동물 소유자에게 상당한 가치를 더해주게 된다.

반려동물 창업 가치제안 및 설계

Chapter 03

제1절 가치제안

창업자는 목표고객들이 느끼는 효용가치의 틈새를 발견하는 것이 중요하다고 강조하였다. 창업을 통한 비즈니스의 출발점은 어떠한 차별적 비즈니스 가치(value)를 고객에게 제안하는 것이다. 즉 사업 시작은 가치제안에서 부터 시작된다는 것이다. 사업이라는 것은 일정 기간 동안은 존재해야 한다. 예컨대 대형 점포 등에서 일시적 판매 이벤트로 계절 상품을 매출하고 수익을 창출하는 것을 창업의 형태로 보지 않는다.

고객과의 지속적인 거래관계를 전제하지 않는 일시적인 판매 활동의 한 형태이기 때문이다. 창업이란 원재료(제품)를 구매하여 제품을 생산제조(판매)하여 수익금을 재투자하여 기업 목적을 달성할 때까지는 미래에도 계속 경영 활동을 계속적으로 할 것이라는 전제가 있어야 한다.

이것을 경영학에서는 '계속기업의 전제'로 일정기간 동안 계속 존재함을 전제로 한다. 따라서 창업에서 중요하게 고려해야 하는 요소는 계속기업으로 존재할 수 있는 요건을 갖추고 있느냐가 될 것이다. 계속기업으로 존재하려면 창업비즈니스 아이템이 반복적인 재구매 혹은 지속적인 거래가 가능한 아이템이어야 할 것이고 이러한 지속적인 거래 관계유무는 기업의 생존 등식을 통해 정의해 볼 수 있다.

비용(cost) ■ 가격(price) ■ 가치(value)

기업은 판매하고자 하는 가격이 최소한 투입된 비용보다는 같거나 더 높아야 시장에서 생존할 수 있으며, 고객은 지불하고 얻고자 하는 가치가 같거나 그 이상의 효용가치를 느낄 때 비용을 지불한다는 것이다.

창업자 입장에서는 창업비즈니스 아이템 가격을 제시하는 일은 원가분석과 시장분석을 통해 가격을 제시할 수 있지만, 문제는 고객 즉 소비자가 창업비즈니스 아이템에 대해 느끼는 지불 가치는 창업자가 판단하기 어렵다는 정보의 비대칭성이 존재한다.

그렇다면 고객이 느끼는 지불 가치는 어떻게 발생할까? 고객이 느끼는 지불가치 즉 구매의사결정 접점(Tipping point)의 기본구조는 고객의 선택적인(Alternative) 가치보다는 보상(Benefit)의 가치가 명확할 수 있도록 구매활동이 높아지게 된다는 것이다. 따라서 창업비즈니스아이템 설계는 가격보다는 구매해야 할 필요성과 이유가 명확한 것이 좋다, 고객이 느끼는 구매의 필요성은 경제적 교환가치 성립 할 때 발생한다. 경제적 효용가치(만족감)를 고려 기회비용을 지불한다. 즉 고객의 구매 행위는 결과적으로 경제적 이익(만족)을 만들어 내거나 기회비용을 절감시켜 줄 때 고객은 경제적 교환가치를 느낀다.

제2절 반려동물 창업 가치제안 설계(V.P.D)와 중요성

1. 반려동물 창업 가치제안 설계

고객이 구매의 필요성을 느끼는 경제적 교환가치의 필요성을 인식하는 가치를 확인하기 위한 4단계 가치제안 설계(VPD, Value Proposition Design)과정을 제시한다.

(1) 1단계 고객 프로필 작성

누가 고객인가? 목표 고객 설정이다.

고객 페르소나를 생성하는 것은 비즈니스 대상 고객의 다양한 부문을 더 잘 이해하고 수용하기 위해 마케팅에서 사용되는 전략적 접근 방식이다. 고객 페르소나를 생성할 때 염두에 두어야 할 몇 가지 주요 고려 사항은 다음과 같다. 인구통계학적 정보, 고객의 목표과제, 구매행동, 고객 여정 매핑, 피드백 및 표현의 다양성 등 이러한 고려사항을 통합적으로 요약정리 효율적인 마케팅 전략과 고객과의 친밀한 관계 형성을 할 수 있는 페르소나를 만들어야 한다. 이 단계에서는 창업비즈니스 아이템에 대해 적극 관심 예상 고객에 대한 프로필을 창업자의 생각을 바탕으로 프로필을 작성한다.

(맘맘씨의 고객 페르소나 프로필)

연령	35	성별	여성
직업	맞벌이 직장인	거주지역	부산 연제구
필요성	반려견 사료 맞춤형 관리 행동돌봄 관리	현재 상황	전문마트: 사료
불편 요소	– 행동·돌봄 전문업체 없음 – 자신의 품종관리와 행동특성 반영 맞춤형 매장(센터) 없음	희망 요소	– 자신의 품종관리와 행동특성에 따른 맞춤형 전문 정보관리서비스 – 경제적인 관리비용
창업아이템과 관련 소비 행동특성		– 반려동물 동호회 가입 활동 – 온라인 정보 취득	

(2) 2단계 고객 행동특성과 불편 요소 분석

페르소나 프로필 고객의 불편, 불만, 불평요소를 상세하게 분석한다.

고객 행동 특성을 분석하고 일반적인 불만 요인을 이해하는 것은 스타트업 제품에 대한 매력적인 가치 제안을 만드는 데 중요한 요소이다. 이러한 통찰력은 제품 개발 프로세스에 대한 정보를 제공할 뿐만 아니라 마케팅 전략 및 고객 서비스 향상을 안내한다. 다음은 이 분석에 대한 구조화된 접근 방식과 이것이 가치 제안의 설계에 어떻게 영향을 미치는지 보여준다. 이러한 분석을 위해 창업자의 비즈니스 모델을 구축하기 위해 알려진 캔버스를 활용하면 유용할 것이다.

항목	분 석 내 용
고객 활동	
고객 3불편	
고객 혜택	

고객 소비행동 특성과 3불편 요소 분석

즉, 창업은 고객 행동과 일반적인 불만 사항을 철저히 이해함으로써 시장 요구 사항을 충족하고 경쟁 산업에서 두각을 나타낼 수 있도록 가치 제안을 효과적으로 맞춤화할 수 있다. 이러한 집중적인 접근 방식은 고객 만족도를 향상시킬 뿐만 아니라 비즈니스 성장에도 도움이 된다.

(3) 3단계 고객의 이익 창출 방안

가치 맵의 작성 단계이다.

가치 맵을 만드는 것은 스타트업의 제품이나 서비스에 대한 가치 제안을 설계하는 기본 단계로 이 도구는 스타트업의 제품이 대안보다 어떻게 고객 문제를 더 잘 해결할 것인지 시각화하고 정의하는 데 도움이 된다. 가치 맵 작성에 접근하고 이를 가치 제안 설계에 효과적으로 통합하는 방법은 다음과 같다.

▸ 가치 맵을 만드는 단계

(1단계) 정보 수집이다.

시장 조사, 고객 인터뷰, 설문 조사 및 포커스 그룹을 수행하여 고객의 직업, 고통 및 이익에 대한 통찰력을 수집한다. 경쟁업체를 분석하여 이러한 작업, 고통 및 이득을 해결하는 방법을 이해하고 부족한 영역을 식별한다.

(2단계) 고객 작업 식별 및 나열이다.

고객이 수행하려는 모든 작업을 나열한다. 여기에는 기능적 직업(특정 작업), 사회적 직업(다른 사람에게 어떻게 인식되기를 원하는지) 및 감정적 직업(자신이 느끼고 싶은 방식)이 포함된다.

(3단계) 문제점 자세히 설명이다.

각 직업과 관련된 모든 가능한 고통을 식별하여 무엇이 작업을 어렵게 만들고, 어떤 장벽이 존재하며, 고객이 직면할 수 있는 부정적인 결과를 고려한다.

(4단계) 고객 이익 개념 정리이다.

고객이 직업을 달성하기 위해 추구하는 이익을 지정한다. 성공이 어떤 모습일지와 가장 큰 잠재적 이점에 집중한다.

(5단계) 제품 및 서비스를 가치 맵에 매핑이다.

항목	분 석 내 용
불편, 불평, 불만 해소방안	
제품/서비스 정의	
고객 혜택 창출방안	

제품/서비스의 가치제공 맵

잘 구성된 가치 맵은 설득력 있는 가치 제안의 개발을 알려줄 뿐만 아니라 제품 개발 및 마케팅 전략을 고객 요구에 맞추는 데 중요한 도구 역할을 한다. 이를 통해 스타트업은 실제 가치를 제공하는 데 집중하고 시장 성공 가능성과 고객 만족도를 높일 수 있다.

(4) 4단계 고객 행동특성과 불편요소 분석과 가치맵 정합성 확인

고객행동특성 파악과 불편요소 분석과 가치맵 정합성 확인이다.

고객 행동 특성과 불편 요인에 대한 분석을 스타트업 아이템의 가치제안 설계에 반영하는 것은 스타트업 아이템의 효율성과 관련성을 보장하는 데 중요하다. 또한, 가치 맵의 정확성을 확인하는 것은 스타트업이 고객 요구 사항을 효과적으로 충족하고 시장에서 차별화하기 위해 매우 중요하다. 고객 행동 특성을 철저하게 분석하고 불편 요소를 식별하며 가치 맵을 지속적으로 검증 및 개선함으로써 스타트업은 경쟁 시장에서 두각을 나타내는 설득력 있고 고객 중심적인 가치 제안을 창출할 수 있을 것이다. 이러한 접근 방식은 고객 만족도를 향상시킬 뿐만 아니라 혁신과 성장을 촉진하게 된다.

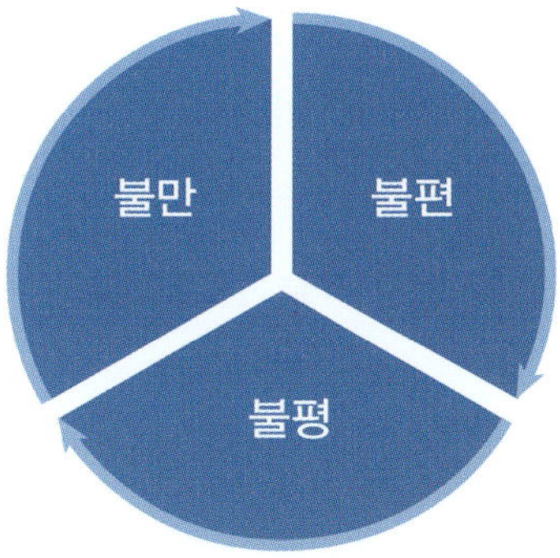

우리 ○○○ 기업은 '○○○' 등의 불만을 해결하게 해줌으로써, '○○○'을 하고 싶어 하는 '○○○'에게 유익할 것이다,

2. 반려동물 창업 가치제안 설계의 중요성

창업비즈니스 아이템에 대한 설득력 있는 가치 제안을 설계하는 것은 여러 가지 이유로 절대적으로 중요하다. 이는 주로 비즈니스가 전략과 운영을 구축하는 핵심 기반 역할을 하기 때문이다. 효과적인 가치 제안을 작성하는 것이 중요한 이유는 다음과 같다.

(1) 목적의 명확성

명확한 가치 제안은 귀하의 스타트업이 무엇을 제공하는지, 누구를 위한 것인지, 경쟁사와 어떻게 다른지, 그리고 더 나은지를 간결하게 전달한다. 이러한 명확성은 잠재 고객뿐만 아니라 개발 팀에서 마케팅 및 영업에 이르기까지 스타트업의 내부 조정에도 중요하다.

(2) 시장 차별화

경쟁이 치열한 시장에서 강력한 가치제안은 스타트업이 두각을 나타내는 데 도움이 된다. 이는 시장의 다른 제품이나 서비스와 차별화되는 고유한 기능이나 이점을 강조한다. 이러한 차별화는 혁신, 가격, 품질 또는 고객 경험을 기반으로 할 수 있다.

(3) 투자자 유치

투자자들은 명확하고 설득력 있는 가치제안을 갖춘 스타트업을 찾는데, 이는 실제 시장 요구를 충족하고 성장을 달성할 가능성이 더 높기 때문이다. 잘 정의된 가치제안은 스타트업이 시장을 이해하고 가치를 포착하고 전달하기 위한 실행 가능한 계획을 가지고 있음을 투자자에게 보여준다.

(4) 제품 개발 안내

가치제안은 제품 개발 노력이 고객의 요구와 선호도에 부합하도록 보장하는 데 도움이 된다. 이는 기능, 디자인 선택 및 기술 향상의 우선순위를 정하기 위한 지침 역할을 하여 모든 제품 반복이 고객에게 더 높은 가치를 제공하도록 보장한다.

(5) 고객 확보 및 유지

강력한 가치제안은 제공되는 이점과 솔루션을 명확하게 명시함으로써 적합한 고객을 유치하고 참여도를 높일 수 있다. 이는 고객 확보에 도움이 될 뿐만 아니라 고객의 기대치를 지속적으로 충족하거나 초과함으로써 고객을 유지하는 데도 도움이 된다.

(6) 마케팅 및 영업 효율성

명확한 가치제안을 통해 마케팅 및 영업 전략을 보다 효과적으로 타겟팅할 수 있다. 마케팅 메시지는 제공되는 이점과 솔루션을 명확하게 반영하여 의도한 청중의 공감을 불러일으킬 가능성을 높일 수 있다. 영업팀은 가치를 더욱 설득력 있게 표현하여 전환율을 높일 수 있다.

(7) 자원 할당

가치제안을 아는 것은 더 나은 리소스 할당에 도움이 된다. 스타트업은 제한된 자원으로 운영되는 경우가 많으며, 진정으로 가치를 더하는 것이 무엇인지 이해하면 이러한 자원을 효율적으로 할당하여 성장과 지속가능성에 가장 중요한 것에 집중할 수 있다.

(8) 브랜드 충성도 구축

지속적으로 제공되는 매력적인 가치제안은 강력한 브랜드 충성도를 구축할 수 있다. 고객은 약속된 가치가 지속적으로 충족된다고 느끼면 반복 구매자가 되고 브랜드 옹호자가 될 가능성이 더 높다.

(9) 전략적 유연성 및 적응

시장이 발전함에 따라 잘 확립된 가치제안은 핵심 임무를 놓치지 않으면서 변화에 적응하기 위한 프레임워크를 제공할 수 있다. 이를 통해 스타트업은 필요한 경우 새로운 시장에 진입하거나 제품을 조정하기 위한 지침으로 가치제안을 사용하여 효과적으로 전환할 수 있다.

본질적으로 가치제안은 단순한 진술이 아니라 스타트업 운영의 거의 모든 측면에 영향을 미치는 전략적 도구로 창업비즈니스가 장기적인 성공을 달성함에 있어 매우 중요한 시장 목표에 집중할 수 있도록 지원한다.

제3절 반려동물 창업 가치제안서 작성 사례와 해설

반려동물 창업 가치제안서에 대한 작성 사례를 페르소나를 통해 작성해보면 다음과 같다.

연령	35	성별	여성
직업	직장인	거주 지역	부산 연제구
필요성	– 장기간 외출 시 반려견을 믿고 맡길 곳(펫시터)	현재 상황	– 지인에게 맡기거나 원거리 유치원 이용
불편 요소	– 지인은 불안하고 – 유치원은 멀고 비싸서 두 가지 모두 어려움	희망 요소	집 인근에 전문가가 운영하는 호텔링 – 전문가 운영 유치원
창업아이템과 관련 소비 행동특성		– 네이버(구글) 앱 등을 활용 집 인근 반려견유치원 등 케어서비스의 위치와 평판조회 이용	

부산시 연제구에 거주하는 30대 중반의 직장인 여성 A씨는 13살 노령견 푸들 '뚜기'를 양육하고 있는 1인 가구이다. 반려견 뚜기는 A씨가 20대 초반부터 대학생활과 취업준비, 사회 초년생까지 어려움을 함께한 친구이자 가족이다. 항상 귀엽고 활발했던 뚜기가 얼마 전부터 자주 짖고 식욕이 떨어지고 분리불안도 더 심해지고 하여 너무나 걱정이 된다.

그래서 유치원을 생각해 보았는데 걸어서 갈 수 있는 주변에는 없을 뿐더러 경제적 부담이 되어 결정을 못 하고 있다. 이런 와중에 장기 출장, 가족여행, 직장연수 등 장기간 집을 비울 경우가 종종 발생한다. 이상 뚜기를 혼자 장시간 두는 것은 무리라 생각이 든다. 현재 부산시에 거주하는 1인 가구 반려인은 대부분 비슷한 고민을 하고 있을 것이다, A씨를 고객으로 생각하는 창업자는 고객 페르소나 프로필을 작성할 수 있을 것이다.

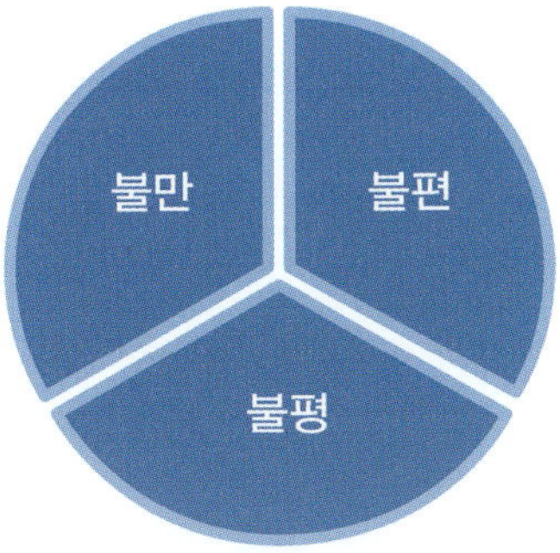

항목	분 석 내 용
고객 활동	– 노령견 관리 전문인력 상주 유치원을 찾아본다. – 등·하원 픽업 서비스를 해주는 곳을 찾아본다.
고객 불편	– 퇴근 등 부득이하게 늦어질 경우 반려견을 방치할 수밖에 없다. – 반려견에게 다양한 서비스를 받도록 해주고 싶지만 이동이 힘들다. – 여행 등 장기간 호텔링 할 경우 좁은 공간에 가둬 놓기만 하는 건 아닌지 걱정이 된다.
고객 혜택	– 반려견에 대한 전문지식 전문 인력이 상주하는 케어 서비스 받는다. – 픽업서비스를 통해 보호자가 반려견을 데리고 오지 못하더라도 집으로 데려다 준다. – 유치원 호텔을 동시에 운영하는 장기호텔링에도 충분한 운동과 다른 동물과의 교감을 제공하여 반려견의 스트레스를 최소화 할 수 있다.

계속해서 A씨의 행동 특성과 불편 요소를 분석해 보았다. 자신의 노령견에 대한 전문 상담을 수시로 상의했으면 하는 바람이 있고, 저렴함보다는 움직임 동선을 최소화할 수 있어 체력적 부담을 줄이고 시간을 아꼈으면 한다. 그리고 대중교통을 주로 이용하는 특성상 차량이 없어 반려견을 직접 데리고 갈 수 있는 공간적인 한계가 있다. 이러한 환경 속에서 여러모로 불편한 사항과 요소가 존재하고 있음을 확인하였다.

<제품/서비스의 가치제공 맵>

항목	분 석 내 용
불편, 불평, 불만해소 방안	- 고객이 요청할 경우 반려견 등·하원 미용, 건강검진 및 응급 수송 등 다양한 원스톱 서비스 제공 - 유치원 등록 반려견에 대한 정기적인 미용, 교육, 건강검진, 산책, 펫푸드 등을 정기적으로 제공 - 장기 호텔링 고객을 위한 서비스(산책+교육+수제간식) 제공과 CCTV를 통한 실시간 정보 제공
제품 서비스 정의	- 서비스: 등하원 픽업, 24시간픽업, 자유로운 직장 생활 및 취미활동 가능(원스톱케어 서비스 유치원 운영) - 상품: 프리미엄 반려견 용품 구비 용품구매에 대한 고민 해결 - 제품: 반려견 비만 및 노령 상태에 따른 맞춤형 수제간식 만들어 배송 판매
고객혜택 창출방안	- 멤버십 운영 할인 혜택 - 정기 쿠폰제 긴급 픽업 서비스 - 성수기 호텔링 우선 예약 - 포인트 적립 및 협약기업 할인 제공

고객 페르소나 작성에서부터 고객행동 특성 및 불편 요인을 분석하여 가치 맵(value map)의 정확성을 확인하여 고객 혜택을 제공하여 재구매 등 고객충성도를 높일 수 있는 락인(lock-in) 효과가 생길 수 있는 마케팅 전략이 필요하다. 즉, 창업비즈니스 가치제안서를 설계는 락인효과를 발휘할 수 있는 세심한 배려가 필요하다.

Chapter 04

반려동물 비즈니스 모델 구축 및 사업계획서 작성

제1절 비즈니스 모델 유형 및 사전 조사

1. 반려동물 비즈니스 모델

반려동물 산업의 비즈니스 모델은 다양하며, 각각의 모델은 시장의 특정 부분을 대상으로 한다. 기본적으로, 이 모델들은 제품 기반, 서비스 기반, 혹은 기술 기반으로 분류될 수 있다.

(1) 제품 기반 모델

이 모델은 반려동물 식품, 영양제, 장난감, 의류 등 다양한 물리적 제품을 판매하는 데 중점을 둔다. 고품질과 특별한 제품을 제공함으로써, 소비자의 특정 요구를 충족시키는 것이 핵심이다.

(2) 서비스 기반 모델

반려동물 관리 서비스(미용, 훈련, 돌봄), 건강관리(수의 서비스), 그리고 일시적 보호(펫 호텔, 데이케어) 등을 제공한다. 이 모델은 개인화된 서비스와 고객과의 강한 관계 구축에 초점을 맞춤이다.

(3) 기술 기반 모델

펫테크 분야에서, 애플리케이션, 온라인 플랫폼, 웨어러블 기기를 통해 반려동물의 건강 모니터링, 위치 추적, 행동 분석 등 혁신적인 서비스를 제공한다. 이 모델은 기술을 활용하여 반려동물 관리의 편의성과 효율성을 높여준다.

각 비즈니스 모델은 시장의 다양한 니즈와 기대를 반영하며, 창업자는 자신의 강점, 열정, 시장의 수요를 고려하여 적합한 모델을 선택해야 한다. 성공적인 비즈니스 모델은 타겟 고객의 명확한 이해, 경쟁사 분석, 그리고 지속 가능한 수익 창출 방안을 기반으로 해야 한다. 반려동물 산업의 지속적인 성장과 다양화로 인해, 새롭고 혁신적인 비즈니스 모델의 가능성은 무궁무진하다.

2. 고유한 가치제안 개발

고유한 가치 제안(UVP) 개발은 사업이 시장에서 성공하기 위한 핵심 요소이다. UVP는 당신의 제품이나 서비스가 고객에게 제공하는 독특하고 구별되는 이점을 명확히 정의된다. 이는 경쟁사와의 차별점이며, 고객이 당신의 사업을 선택해야 하는 이유이다. UVP 개발 과정은 시장 조사와 고객 피드백 수집으로 시작하여 고객의 필요와 문제점을 이해하고, 현재 시장에서 어떤 요구가 충족되지 않고 있는지 파악해야 한다. 이후 당신의 제품이나 서비스가 이러한 미충족 요구를 어떻게 해결할 수 있는지, 고객의 삶을 어떻게 개선할 수 있는지에 대해 고민해야 한다. UVP를 개발할 때는 명확하고 간결하며, 고객이 쉽게 이해할 수 있어야 한다. 강조하고자 하는 핵심 이점을 집중하여, 고객이 왜 당신의 제품을 선택해야 하는지 명확한 이유를 제시해야 한다. 이 과정에서 스토리텔링을 활용하여 고객과 감정적 연결을 형성하는 것도 중요하다. UVP는 모든 마케팅 커뮤니케이션의 기반으로 사용되며, 웹사이트, 소셜 미디어, 광고 등 다양한 채널에서 일관된 메시지로 전달되어야 한다. 강력한 UVP는 명확한 시장 포지셔닝을 제공하고, 잠재 고객의 관심을 끌며, 장기적으로 사업의 성공을 이끌어내는 기반을 마련하게 된다.

3. 시장조사 및 타겟 오디언스

시장조사는 반려동물 사업을 시작하고 운영하는 데 있어 필수적인 단계이다. 이 과정에서는 산업 동향, 고객의 요구와 선호, 경쟁사 분석 등 중요한 정보를 수집한다. 이를 통해 창업자는 시장 내의 기회를 발견하고, 사업 아이디어를 검증하며, 타겟 오디언스를 정확히 정의할 수 있다.

타겟 오디언스를 정의하는 것은 마케팅 전략과 제품 개발 방향을 결정하는 데 중요하다. 이는 특정 연령대, 지역, 반려동물 종류, 생활 방식 또는 소비 습관을 가진 사람들로 구성될 수 있다. 타겟 오디언스를 명확히 이해함으로써, 창업자는 보다 개인화되고 효과적인 마케팅 메시지를 개발하고, 고객의 필요와 기대를 충족시키는 제품과 서비스를 제공할 수 있다.

시장조사는 온라인 설문조사, 소셜 미디어 분석, 경쟁사 분석, 포커스 그룹 인터뷰 등 다양한 방법으로 수행될 수 있다. 이러한 조사를 통해 얻은 통찰력은 비즈니스 모델을 조정하고, 사업 계획을 개선하며, 시장 내에서의 위치를 강화하는 데 도움이 된다.

결국, 효과적인 시장 조사와 타겟 오디언스의 정의는 사업의 성공 가능성을 크게 높이며, 지속 가능한 성장을 위한 기반을 마련하게 된다. 이를 통해 창업자는 시장의 변화에 능동적으로 대응하고, 고객의 충성도를 높이며, 경쟁 우위를 확보할 수 있다.

4. 재무계획 및 예측

재무계획 및 예측은 반려동물 비즈니스의 성공적인 운영과 성장을 위해 필수적인 요소이다. 이 과정에서는 사업의 초기 설립 비용, 운영 비용, 예상 수익 등을 포함한 상세한 재무 모델을 구축한다. 재무 계획은 사업에 필요한 자본 규모를 결정하고, 장기적인 재정 건전성을 유지하기 위한 전략을 수립하는 데 도움을 준다.

초기 비용에는 임대료, 인테리어, 장비 구입, 초기 재고 비용, 마케팅 및 광고 비용 등이 포함된다. 운영 비용으로는 월간 임대료, 재고 비용, 직원 급여, 유틸리티, 마케팅 비용 등이 지속적으로 발생한다. 이와 함께, 다양한 수익원을 식별하고 각각에 대한 예상 매출을 계산해야 한다. 예를 들어, 제품 판매, 서비스 제공, 온라인 콘텐츠를 통한 수익 등이 있을 수 있다.

재무 예측은 이러한 모든 요소를 종합하여, 사업이 향후 몇 년 동안 어떻게 성장할 것인지를 예상한다. 이는 수익성 분석, 현금 흐름 예측, 손익 계산서 및 재무 상태표를 포함한다. 재무 예측은 투자자나 금융 기관에 사업의 재정적 타당성을 입증하는 중요한 도구이며, 사업 운영 중 재정 관리를 위한 지침 역할을 한다.

성공적인 재무계획 및 예측을 위해서는 보수적이고 현실적인 가정을 바탕으로 해야 하며, 시장 조사 및 업계 벤치마크를 충분히 활용하는 것이 중요하다. 또한, 사업 환경이나 시장 상황의 변화에 따라 재무 계획을 주기적으로 검토하고 조정해야 한다.

제2절 비즈니스 모델 구축 이해 및 사례

1. 개념 및 핵심 요소

창업자의 창업비즈니스 아이템을 통한 사업화를 위한 핵심 요소를 점검하는 과정을 비즈니스 모델 구축이라 한다. 특히 반려동물 기업가 정신을 위한 비즈니스 모델을 구축하려면 반려동물 산업 내 고유한 요구 사항과 기회를 다루는 포괄적인 계획을 수립하여야 한다. 이러한 모델이 중요한 이유와 함께 고려해야 할 주요 단계와 구성 요소는 다음과 같다.

(1) 시장 조사

목표 시장을 식별하는 것부터 시작한다. 여기에는 반려동물 보호자, 동물병원, 반려동물 가게 등이 포함될 수 있다. 고객의 요구사항, 지출 습관, 선호도를 이해하고, 시장 수요를 효과적으로 충족시키기 위해 제품이나 서비스를 맞춤화하는 데 도움이 된다.

(2) 가치제안

반려동물 사업을 독특하게 만드는 요소를 정의하자. 이는 혁신적인 반려동물 제품, 우수한 반려동물 관리 서비스 또는 경쟁업체와 차별화되는 모든 것이 될 수 있다. 가치제안은 고객이 다른 고객보다 창업자비즈니스 아이템을 선택해야 하는 이유를 명확하게 설명한다.

(3) 서비스 및 제품

제공할 제품이나 서비스의 범위를 결정하자. 여기에는 반려동물 미용, 식품, 장난감, 훈련, 건강 서비스 또는 반려동물 건강 모니터링 앱과 같은 기술 기반 솔루션이 포함될 수 있다.

(4) 수익 흐름

사업이 어떻게 돈을 벌 수 있는지 확인한다. 여기에는 직접 판매, 구독 서비스, 다른 기업과의 파트너십 또는 프리미엄 서비스가 포함될 수 있다. 각 스트림은 고객 요구와 시장 동향에 맞춰야 한다.

(5) 운영 모델

사업이 매일 어떻게 운영될 것인지 계획을 하자. 제품 제조, 서비스 제공, 공급망 관리 및 고객 서비스의 유통물류를 고려하여야 한다.

(6) 마케팅과 판매

타겟 고객에게 다가가서 고객으로 전환하기 위한 전략을 개발하자. 여기에는 온라인 마케팅, 소셜 미디어, 애완동물 영향력 행사자와의 파트너십 또는 전통적인 광고가 포함될 수 있다.

(7) 재무 계획

시작 비용, 수익 및 수익성에 대한 예측을 포함한다. 견고한 재무 계획은 투자를 확보하고 현금 흐름을 효과적으로 관리하는 데 중요하다.

(8) 지속가능성과 윤리

반려동물의 지속가능성과 윤리적 대우에 대한 소비자 인식이 높아지는 것을 고려하여 이러한 요소를 비즈니스 관행에 통합하자. 여기에는 환경 친화적인 제품을 사용하거나 서비스에서 반려동물을 인도적으로 대우하는 것이 포함될 수 있다.

2. 반려동물 창업 비즈니스 모델의 중요성

(1) 경제적 영향

반려동물 산업은 경제에서 중요하고 성장하는 부문이다. 잘 구조화된 비즈니스 모델은 이 수익성 있는 시장에 효과적으로 접근할 수 있다.

(2) 혁신

반려동물 산업은 반려동물 건강 기술부터 친환경 제품까지 혁신을 위한 광범위한 기회를 제공한다. 강력한 비즈니스 모델은 반려동물 관리를 향상시키는 새롭고 향상된 솔루션의 도입을 촉진할 수 있다.

(3) 지역사회 및 고용

반려동물 사업체는 종종 강력한 지역사회 유대 관계를 구축하고 지역 고용 기회를 창출한다, 반려동물 돌보기부터 수의학 전문가까지 업계에서는 다양한 직업을 지원한다.

(4) 반려동물 복지 강화

반려동물 산업에 종사하는 기업은 고품질 서비스와 제품을 통해 반려동물 복지에 대한 표준을 높일 수 있는 잠재력을 가지고 있다.

(5) 고객 참여

반려동물 소유자는 일반적으로 반려애완동물에 대해 열정이다. 반려동물 주인의 요구와 가치에 깊이 관여하는 사업은 높은 고객 충성도와 참여도를 누릴 수 있다.

반려동물 기업가정신에서 비즈니스 모델을 구축하면 수익성 있는 시장에 진출할 수 있을 뿐만 아니라 반려동물과 그 주인의 삶에 긍정적인 영향을 미칠 수 있는 기회도 제공된다.

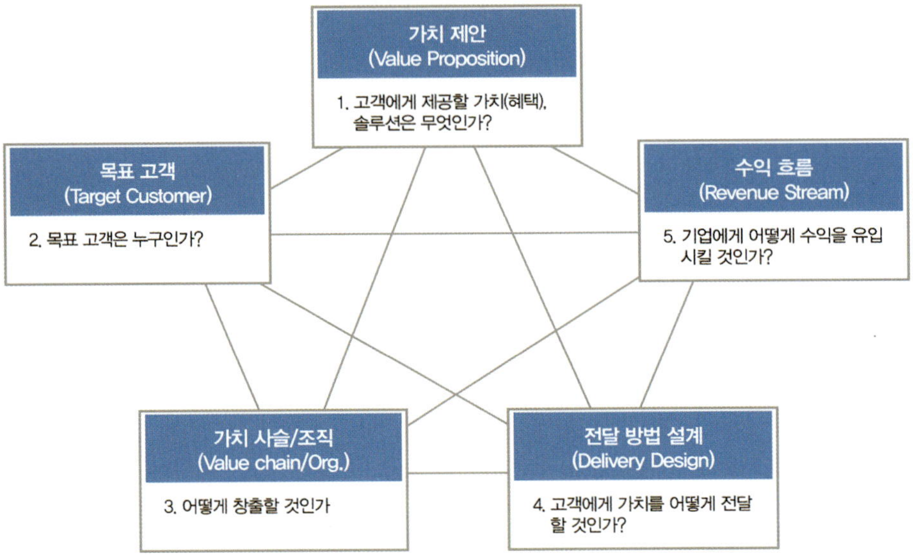

비즈니스 모델의 구성 요소

출처: 삼성경제연구소(2011), 성공적인 비즈니스 모델의 조건.

3. 비즈니스 모델 캔버스 개념 이해

비즈니스 모델 캔버스는 새로운 비즈니스의 주요 구성 요소를 단일 페이지에 배치하는 훌륭한 도구이다. 다음은 반려동물 관리를 위한 혁신적이고 기술 중심적인 솔루션에 초점을 맞춘 반려동물 스타트업을 위한 세부적인 캔버스 작성 방법은 다음과 같다.

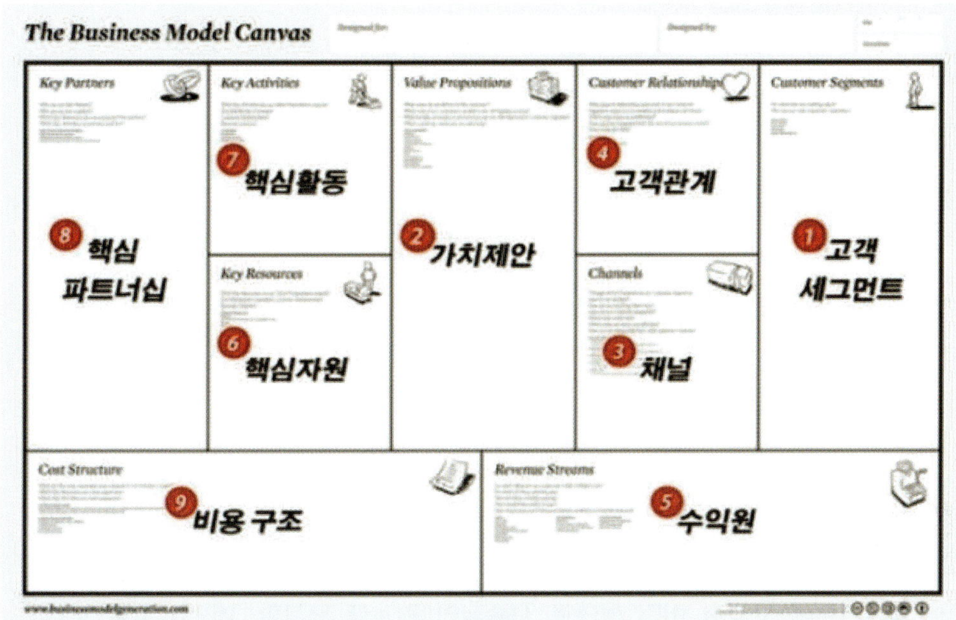

반려동물 비즈니스 모델 캔버스 예시로 9가지 블록별 작성 방법에 대하여 살펴보면 다음과 같다.

(1) 고객 세그먼트(Customer Segment)

어떤 고객에게 가치(상품/서비스)를 제공할지를 설정한다.

기술에 정통한 반려동물 소유자는 반려동물 관리를 위한 현대적인 솔루션 찾는 고객, 효율적인 실시간 반려동물 모니터링 및 관리 솔루션이 필요한 바쁜 전문가, 처음 반려동물을 키우는 사람은 지도와 지역사회 자원 수요 고객 등이다.

(2) 가치 제안(Value Proposition)

고객에게 어떠한 차별화된 가치를 제공할 수 있는지를 기술한다.

웨어러블을 통한 반려동물 실시간 건강 모니터링 솔루션, AI를 통합한 모바일 앱을 통한 맞춤형 반려동물 관리 조언 등이다. 애완동물 소유자가 연결하고 공유할 수 있는 커뮤니티 지원 플랫폼이다.

(3) 채널(Channel)

고객에게 가치(상품/서비스)를 어떤 경로로 제공할 것인가 기술한다.

직접 판매 및 서비스를 위한 온라인 플랫폼(웹사이트 및 앱), 마케팅, 커뮤니티 구축, 직접적인 고객 참여를 위한 소셜 미디어 등이다. 웨어러블 및 기타 실제 제품을 배포하는 실제 소매 파트너이다.

(4) 고객 관계(Customer Relationship)

세그먼트된 고객과 어떤 행태로 지속적인 관계를 유지할 것인가 기술한다.

채팅과 전화를 통한 맞춤형 고객 서비스, 커뮤니티 포럼 및 앱의 지원 그룹, 우대고객 프로그램은 자주 구매하거나 추천하는 경우 할인 및 특별 제안을 제공한다.

(5) 수익 흐름(Revenue Streams)

수익창출은 어떤 구조로 되어 있고, 지속적인 수익창출이 가능한지 기술한다.

반려동물용 웨어러블 기기 판매수입원, 프리미엄 앱 기능(예: 맞춤형 수의사 조언, 고급 건강 모니터링)에 대한 구독료 수입, 파트너 기업으로부터의 수수료(예: 앱을 통해 판매되는 애완동물 보험)수익, 플랫폼 내 반려동물 관련 비즈니스에서 발생하는 광고 수익 등이다.

(6) 핵심 자원(Key Resources)

비즈니스의 핵심 자원은 창업자가 컨트롤이 가능하여야 한다.

기술 인프라는 앱 서비스 및 데이터 분석, 기술, 수의학, 고객 서비스 분야의 숙련된 인력, 반려동물 소유자의 가치(예: 배려, 혁신)와 공감하는 브랜드이다.

(7) 핵심 활동(Key Activities)

비즈니스 수행에 관련한 핵심 활동으로 창업자가 컨트롤이 가능해야 한다.

제품 개발, 특히 반려동물을 위한 앱 기반 솔루션과 웨어러블 기술에 중점, 고객 서비스는 반려동물 소유자가 필요한 지원을 받을 수 있도록 보장, 마케팅 및 커뮤니티 참여를 통해 브랜드 충성도를 구축한다.

(8) 핵심 파트너십(Key Partnership)

비즈니스 파트너로서 창업자의 부족한 자원 및 역량을 보완할 수 있어야 한다.

고품질 애완동물 사료, 장난감, 액세서리 공급업체, 건강 제품에 대한 협력을 위한 수의학 서비스, 앱 개발 및 웨어러블을 위한 기술 회사, 반려동물 보험회사는 묶음 서비스 등이다.

(9) 비용 구조(Cost Structure)

비즈니스를 수행하면서 발생할 수 있는 모든 비용이다.

앱 및 기술 개발 비용, 마케팅 및 광고비, 운영 비용 고객 서비스 및 물류비를 포함하며, 필요시 파트너십 및 협업 비용 등을 포함한다.

반려동물 스타트업을 위한 이 비즈니스 모델 캔버스는 비즈니스 운영 방식, 수익 모델 및 주요 전략적 관계에 대한 명확한 개요를 제공한다. 이는 반려동물 관리를 위한 혁신적이고 효과적인 솔루션을 찾고 있는 기술 관련 반려동물 소유자의 성장하는 시장을 포착하도록 설계가 된다.

4. 반려동물 비즈니스 모델 작성 사례

<table>
<tr>
<td rowspan="2">핵심파트너:
기존 근무 동물병원과 함께 알았던 수의사 네트워크, 외부위탁운영 숍앤숍, 엔젤투자자, 대학동문회 및 교수님</td>
<td>핵심 활동:
유치원 호텔 픽업의 직접운영(야간), 펫푸드 외부위탁운영, 주력상품 선정 및 판매(온라인 포함)</td>
<td rowspan="2">가치제안:
원스톱서비스로 (one-stop service) 고객의 편리성, 신뢰성 제고

세부내용:
반려동물 관련유치원+호텔+펫푸드+동반카페+용품판매+픽업 등 다양한 서비스를 한 장소에서 제공</td>
<td>고객관계:
멤버십 고객대상 서비스 전품목 20% 할인, 정기쿠폰제, 긴급픽업서비스, 성수기우선예약, 포인트적립, 협약기업 할인</td>
<td rowspan="2">고객:
20~40대 반려동물양육1인가구와 자녀 대신 반려동물을 양육하는 딩크족(운전미숙자) 구매자와 사용자는 동일함</td>
</tr>
<tr>
<td>핵심 자원:
반려동물미용, 훈련교육훈련 자격증보유, 동물병원 근무경력 10년, 근무동물병원과 네트워크 형성</td>
<td>채널:
SNS(인스타해시태그 이벤트, 틱톡, 홍보 만화 연재), 홍보기념품 배포, 1+1 행사, 박람회 참가, 유기동물보호소에 제품기증</td>
</tr>
<tr>
<td colspan="2">비용:
인테리어+인건비+임차료+판매관리비+공과금+펫푸드 원재료+픽업차량 유지비+반려동물용품매입금+아웃소싱업체+손실보전금</td>
<td colspan="3">수익:
유치원+호텔+펫푸드+동반카페+용품판매+픽업 등 직접운영 및 숍앤숍 임대료 수익</td>
</tr>
</table>

분석

〈목표고객〉은 20~40대 반려동물양육 1인가구와 자녀 대신 반려동물을 양육하는 딩크족(운전미숙자 포함) 구매자와 사용자는 고객(소비자)를 대상으로 한다. **〈가치제안〉**으로 원스톱서비스로(one-stop service) 고객의 편리성, 신뢰성 제고에 핵심 가치를 두고 **〈채널〉**로써 SNS(인스타 해시태그 이벤트, 틱톡, 홍보만화연재), 홍보기념품 배포, 1+1행사, 박람회 참가, 유기동물보호소에 제품기증 등으로 홍보하고자 한다. 또한 **〈고객관계〉**를 통해 지속가능한 성장을 위하여 멤버십 제도를 도입하여 멤버십 고객 대상 서비스 전품목 20% 할인, 정기쿠폰제, 긴급픽업서비스, 성수기 우선예약, 포인트 적립, 협약기업 할인 등으로 만족감을 극대화하여 고객의 이탈을 막기 위해 락인(lock-in) 효과의 충성도 높은 고객관계를 유지하고자 한다.

창업을 하는 데 가장 중요한 요소인 <수익>은 유치원+호텔+펫푸드+동반카페+용품판매+픽업 등 직접운영 및 숍앤숍 임대료에 따른 수입원으로 하며, **〈핵심자원〉**은 반려동물미용, 훈련교육훈련 자격증 보유, 동물병원 근무경력 10년, 근무동물병원과 인적 네트워크로 하며, **〈핵심 활동〉**으로는 유치원 호텔 픽업의 직접 운영(야간), 펫푸드 외부위탁운영, 주력상품 선정 및 판매(온라인 포함)를 한다. 사람이 혼자 살아가는 것이 불가능하듯이 창업 또한 마찬가지이다. 창업에 필요한 모든 핵심자원을 창업자 본인의 힘으로만 100% 준비하여 창업하는 사람은 현실적으로 거의 없다. **〈핵심 파트너〉**로 기존 근무 동물병원과 함께 알았던 수의사 인적 네트워크, 외부위탁운영 숍앤숍, 엔젤투자자, 대학동문회 및 교수님 등의 인적 네트워크를 최대한 활용한다. 이러한 구체적인 창업비즈니스 계획을 실행 과정에는 다양한 **〈비용〉**이 발생하는데 주 고객층에 맞는 인테리어비용, 인건비, 임차료, 판매관리비, 공과금, 펫푸드원재료, 픽업차량 유지비, 반려동물용품매입금 그리고 아웃소싱 비용 등을 고려하여야 한다.

제3절 예비창업 사업계획서 양식 및 핵심 작성 가이드라인

사업계획서는 창업자가 사업 아이디어를 체계적으로 전달하고, 투자자나 금융 기관으로부터 자금을 확보하기 위한 중요한 문서이다. 효과적인 사업계획서는 사업의 목표, 시장 분석, 경쟁사 분석, 마케팅 전략, 운영 계획, 재무계획 등 사업 운영에 필요한 모든 측면을 포함해야 한다. 창업진흥원에서 2024년 발표한 개정 사업계획서 및 작성 방법은 다음과 같다.

창업사업화 지원사업 사업계획서 작성 목차 (예비단계)

항목	세부항목
☐ 신청현황	– 사업 관련 상세 신청현황
☐ 일반현황	– 대표자 및 팀원 등 일반현황
☐ 개요(요약)	– 창업아이템 명칭·범주 및 소개, 문제인식, 실현가능성, 성장전략, 팀 구성 요약

1. 문제인식 (Problem)	1–1. 창업아이템 배경 및 필요성 – 아이디어를 제품·서비스로 개발 또는 구체화하게 된 내부적·외부적 동기, 목적 등 – 아이디어를 제품·서비스로 개발 또는 구체화 필요성, 주요 문제점 및 해결방안 등 – 내·외부적 동기, 필요성 등에 따라 도출된 제품·서비스의 혁신성, 유망성 등
	1–2. 창업아이템 목표시장(고객) 현황 분석 – 제품·서비스로 개발/구체화 배경 및 필요성에 따라 정의된 목표시장(고객) 설정 – 정의된 목표시장(고객) 규모, 경쟁 강도, 기타 특성 등 주요 현황
2. 실현가능성 (Solution)	2–1. 창업아이템 현황(준비 정도) – 사업 신청 시점의 제품·서비스 개발 또는 구체화 준비 이력, 단계(현황) 등
	2–2. 창업아이템 실현 및 구체화 방안 – 제품·서비스에 대한 개발 또는 구체화 방안 등 – 보유 역량 기반, 경쟁사 대비 제품·서비스 차별성 등
3. 성장전략 (Scale–up)	3–1. 창업아이템 비즈니스 모델 – 제품·서비스의 수익화를 위한 수익모델(비즈니스 모델) 등
	3–2. 창업아이템 사업화 추진 전략 – 정의된 목표시장(고객) 확보 전략 및 수익화(사업화) 전략 – 협약기간 내 사업화 성과 창출 목표(매출, 투자, 고용 등) – 목표시장(고객)에 진출하기 위한 구체적인 생산·출시 방안 등 – 협약기간 종료 후 사업 지속을 위한 전략(생존율 제고 전략) 등
	3–3. 사업추진 일정 및 자금운용 계획 – 전체 사업단계 및 협약기간 내 목표와 이를 달성하기 위한 상세 추진 일정 등 – 사업추진에 필요한 정부지원사업비 집행계획 등 – 정부지원사업비 외 투자유치 등 구체적인 계획 및 전략
4. 팀 구성 (Team)	4–1. 대표자(팀) 구성 및 보유 역량 – 대표자(팀원)가 보유하고 있는 창업아이템 개발/구체화 및 성과 창출 역량 등 – 업무파트너(협력기업) 현황 및 역량, 세부 활용방안 등
	4–2. 중장기 사회적 가치 도입계획 – 지속 가능한 기업경영을 위한 사회적 가치 실천 도입 노력 등 – 기업설립 시 사회적 책임, 선진적 조직문화, 환경보호 등 도입 노력 등

창업사업화 지원사업 사업계획서 (예비단계)

※ 사업계획서는 목차(1페이지)를 제외하고 15페이지 이내로 작성(증빙서류는 제한 없음)
※ 사업계획서 양식은 변경·삭제할 수 없으며, 추가설명을 위한 이미지(사진), 표 등은 삽입 가능
(표 안의 행은 추가 가능하며, 해당 없을 시 공란을 유지)
※ 본문 내 '파란색 글씨로 작성된 안내 문구'는 삭제하고 검정 글씨로 작성하여 제출
※ 대표자·직원 성명, 성별, 생년월일, 대학교(원)명 및 소재지, 직장명 등의 개인정보(또는 유추 가능한 정보)는 반드시 제외하거나 '○', '*' 등으로 마스킹하여 작성
[학력] (전문)학·석·박사, 학과·전공 등, [직장] 직업, 주요 수행업무 등만 작성 가능

□ 신청현황

※ 정부지원사업비는 최대 1억 원 한도 이내로 작성
※ 정부지원사업비는 평가결과에 따라 신청금액 대비 감액될 수 있으며 신청금액을 초과하여 지급될 수 없음

신청 주관기관명	주관기관명	과제번호 (사업신청내역조회)	00000000
신청 분야(택 1)	☐ 일반	☐ 특화	
사업 분야(택 1)	☐ 제조	☐ 지식서비스	
기술 분야(택 1)	☐ 공예·디자인	☐ 기계·소재	☐ 바이오·의료·생명
	☐ 에너지·자원	☐ 전기·전자	☐ 정보·통신
	☐ 화공·섬유		
사업비 구성 계획 / 정부 지원 사업비	○○백만 원		

□ 일반현황

<table>
<tr><td>창업아이템명</td><td colspan="4">○○기술이 적용된 ○○기능의(혜택을 제공하는) ○○제품·서비스 등</td></tr>
<tr><td>산출물
(협약기간 내 목표)</td><td colspan="4">모바일 애플리케이션(0개), 웹사이트(0개)
※ 협약기간 내 제작·개발 완료할 최종 생산품의 형태, 수량 등 기재</td></tr>
<tr><td>직업
(직장명 기재 불가)</td><td>교수 / 연구원 / 사무직 /
일반인 / 대학생 등</td><td colspan="2">기업(예정)명</td><td>○○○○○</td></tr>
<tr><td colspan="5">(예비)창업팀 구성 현황 (대표자 본인 제외)</td></tr>
<tr><td>순번</td><td>직위</td><td>담당 업무</td><td>보유역량 (경력 및 학력 등)</td><td>구성 상태</td></tr>
<tr><td>1</td><td>공동대표</td><td>S/W 개발 총괄</td><td>○○학 박사, ○○학과 교수 재직(○○년)</td><td>완료</td></tr>
<tr><td>2</td><td>대리</td><td>홍보 및 마케팅</td><td>○○학 학사, ○○ 관련 경력(○○년 이상)</td><td>예정('00.0)</td></tr>
<tr><td></td><td></td><td></td><td></td><td></td></tr>
<tr><td>...</td><td></td><td></td><td></td><td></td></tr>
</table>

□ 창업아이템 개요(요약)

명칭	※ 예시1 : 게토레이 예시2 : Windows 예시3 : 알파고	범주	※ 예시1 : 스포츠음료 예시2 : OS(운영체계) 예시3 : 인공지능프로그램
아이템 개요	※ 본 지원사업을 통해 개발 또는 구체화하고자 하는 제품·서비스 개요 (사용 용도, 사양, 가격 등), 핵심 기능·성능, 고객 제공 혜택 등 ※ 예시 : 가벼움(고객 제공 혜택)을 위해서 용량을 줄이는 재료(핵심 기능)를 사용		
배경 및 필요성	※ 제품·서비스 개발 또는 구체화 필요성과 해결 방안, 주요 목적 등 ※ 제품·서비스 목표시장(고객) 설정, 목표시장(고객) 현황 및 요구사항 분석		
현황 및 구체화 방안	※ 사업 참여 이전 제품·서비스 개발 또는 구체화 준비 이력, 단계(현황) 등 ※ 협약기간 내 개발 또는 구체화 예정인 최종 산출물(형태, 수량 등) ※ 대표자, 팀원, 업무파트너(협력기업) 등 역량 활용 계획		
목표시장 및 사업화 전략	※ 본 사업 참여 시 개발 또는 구체화할 제품·서비스의 수익화 모델(비즈니스 모델) ※ 목표시장(고객) 확보 및 사업화 전략 ※ 경쟁제품·서비스 대비 자사 제품·서비스의 차별성, 경쟁력(보유역량) 등		
이미지	※ 제품·서비스 특징을 나타낼 수 있는 참고 사진(이미지)·설계도 등 삽입(해당 시)		※ 제품·서비스 특징을 나타낼 수 있는 참고 사진(이미지)·설계도 등 삽입(해당 시)
	〈사진(이미지) 또는 설계도 제목〉		〈사진(이미지) 또는 설계도 제목〉

1. 문제인식 (Problem)

1-1. 창업아이템 배경 및 필요성

※ 창업아이템(제품·서비스) 개발·구체화 배경과 이를 뒷받침할 근거, 동기 등을 제시
  ① 외부적 배경 및 동기(예 : 사회·경제·기술적 관점, 국내·외 시장의 문제점·기회 등),
  ② 내부적 배경 및 동기(예 : 대표자 경험, 가치관, 비전 등의 관점)
※ 배경에서 발견한 문제점과 해결방안, 필요성, 제품·서비스를 개발·구체화하려는 목적 기재

○
  -
  -
○
  -
  -

1-2. 창업아이템 목표시장(고객) 현황 분석

※ 제품·서비스 개발·구체화 배경 및 필요성에 따라 정의된 시장(고객)에 대해 제공할 혜택(가치)과 그 행위(가치)를 제공할 세부 목표시장(고객)을 설정
※ 진출하려는 시장의 규모·상황 및 특성, 경쟁 강도, 향후 전망(성장성), 고객 특성 등 기재

○
  -
  -
○
  -
  -

2. 실현가능성 (Solution)

2-1. 창업아이템 현황(준비 정도)

※ 제품·서비스의 필요성에 대한 문제를 인식하고, 해당 제품·서비스 개발·구체화 등을 위해 본 사업에 신청하기 이전까지 기획, 추진한 경과(이력) 등에 대해 기재

※ 사업 신청 시점의 제품·서비스 개발·구체화 현황, 목표한 시장(고객)의 반응, 현재까지의 주요 정량, 정성적 성과 등 전반적인 현황 기재

○

-

-

2-2. 창업아이템 실현 및 구체화 방안

※ 목표시장(고객) 분석을 통해 파악된 문제점 및 개선점에 대해 핵심 기능·성능, 디자인, 기타 사업화 활동 등 구체적인 개발 또는 구체화 방안 등 기재

※ 기존 시장 내 경쟁제품·서비스와의 비교를 통해 파악된 문제점, 개선사항에 대해 경쟁력, 차별성 등을 확보할 수 있는 자사의 보유역량 등 기재

○

-

-

○

-

-

3. 성장전략 (Scale-up)

3-1. 창업아이템 비즈니스 모델

※ 개발·구체화하고자 하는 제품·서비스의 수익 창출을 위한 비즈니스 모델 구축 전략

○

-

-

3-2. 창업아이템 사업화 추진 전략

※ 정의된 목표시장(고객)에 진출하기 위한 구체적인 고객 확보, 수익 창출 전략
※ 정의된 목표시장(고객)에 진출하기 위한 구체적인 생산 및 출시 방안 등
※ 협약기간 내 달성하고자 하는 사업화 성과(매출, 투자, 고용 등) 기재
※ 협약기간 종료 이후 사업 지속을 위한 구체적인 생존율 제고 방안 수립

○

-

-

○

-

-

3-3. 사업추진 일정 및 자금운용 계획

3-3-1. 사업 전체 로드맵

※ 전체 사업단계에서 추진하고자 하는 종합적인 목표 및 추진 일정 등 기재

○

-

-

<사업추진 일정(전체 사업단계)>

순번	추진 내용	추진 기간	세부 내용
1	시제품 설계	○○○○년 상반기	시제품 설계 및 프로토타입 제작
2	시제품 제작	○○.○○ ~ ○○.○○	외주 용역을 통한 시제품 제작
3	정식 출시	○○○○년 하반기	신제품 출시
4	신제품 홍보 프로모션 진행	○○.○○~○○.○○	○○, ○○ 프로모션 진행
…			

3-3-2. 협약기간('24.04. ~ '24.12.) 내 목표 및 달성 방안

※ 제품·서비스(시제품)의 개발·구체화를 위해 협약 기간 내 추진하려는 달성 가능한 목표 및 상세 추진 일정 등

○

-

-

<사업추진 일정(협약기간 내)>

순번	추진 내용	추진 기간	세부 내용
1	필수 개발 인력 채용	○○.○○ ~ ○○.○○	○○ 전공 경력 직원 ○○명 채용
2	제품 패키지 디자인	○○.○○ ~ ○○.○○	제품 패키지 디자인 용역 진행
3	홍보용 웹사이트 제작	○○.○○ ~ ○○.○○	웹사이트 자체 제작
4	시제품 완성	협약기간 말	협약기간 내 시제품 제작 완료
…			

3-3-3. 정부지원사업비 집행계획

※ 자금 필요성, 금액의 적정성 여부를 판단할 수 있도록 정부지원사업비 집행계획 기재
 * 사업 운영 지침 및 사업비 관리기준 내 비목별 집행 유의사항 등에 근거하여 기재
※ 사업비 집행계획(표)에 작성한 예산은 선정평가 결과 및 제품·서비스 개발에 대한 금액의 적정성 여부 검토 등을 통해 차감될 수 있으며, 신청금액을 초과하여 지급할 수 없음

○

-

<정부지원사업비 집행계획>

※ 정부지원사업비는 최대 1억 원 한도 이내로 작성

비 목	산출 근거	정부지원사업비(원)
재료비	• DMD소켓 구입(○○개×0000원)	3,000,000
	• 전원IC류 구입(○○개×000원)	7,000,000
외주용역비	• 시금형제작 외주용역(○○○제품 … 플라스틱 금형 제작)	10,000,000
지급수수료	• 국내 ○○전시회 참가비(부스 임차 등 포함	1,000,000
…		
합 계		…

3-3-4. 자금 필요성 및 조달계획

※ 본 지원사업 정부지원사업비 이외 회사 설립 등 소요 비용, 투자유치 등 추가 자본금 조달에 대한 구체적 목표와 전략 기재

○

-

○

-

4. 팀 구성 (Team)

※ 성명, 성별, 생년월일, 출신학교, 소재지 등의 개인정보(유추 가능한 정보)는 삭제 또는 마스킹
[학력] (전문)학·석·박사, 학과·전공 등, [직장] 직업, 주요 수행업무 등만 작성 가능

4-1. 대표자(팀) 구성 및 보유 역량

4-1-1. 대표자(팀) 현황

※ 대표자 보유 역량(경영 능력, 경력·학력, 기술력, 노하우, 인적 네트워크 등) 기재
  * 역량 : 창업아이템을 개발 또는 구체화할 수 있는 능력
  * 유사 경험, 정부 지원사업 수행 이력, 관련 교육 이수 현황, 관련 수상 실적 등 포함
※ 팀에서 보유 또는 보유할 예정인 장비·시설, 직원 역량(경력·학력, 기술력, 노하우 등) 기재
※ 협약기간 내 채용 예정인 인력에 대해서 기재
※ 채용 예정이 없는 1인 (예비)창업팀의 경우, 대표자 역량, 보유 장비·시설 등을 중심 기재

○

-

-

<(예비)창업팀 구성 예정(안)>

순번	직위	담당 업무	보유역량(경력 및 학력 등)	구성 상태
1	공동대표	S/W 개발 총괄	○○학 박사, ○○학과 교수 재직(00년)	완료('00.00)
2	대리	홍보 및 마케팅	○○학 학사, ○○ 관련 경력(00년 이상)	예정('00.00)
...				

4-1-2. 외부 협력 현황 및 활용 방안

※ 제품·서비스 개발 및 구체화 등과 관련하여 협력(또는 예정)인 파트너, 협력 기관(기업) 등 역량과 주요 협업(협력)내용 등 기재

○

-

-

순번	파트너명	보유역량	협업방안	협력 시기
1	○○전자	시제품 관련 H/W 제작·개발	테스트 장비 지원	○○.○○
2	○○기업	S/W 제작·개발	웹사이트 제작 용역	○○.○○
…				

4-2. 중장기 사회적 가치 도입계획

※ 기업 설립 이후 지속가능한 경영 등을 위한 중장기적 사회적 가치 도입계획 작성
– 환경 : 폐기물 배출 감소, 재활용 확대, 친환경 원료 개발, 에너지 절감 등 환경보호 노력
– 사회 : 지역사회 교류, 사회 환원, 인권, 평등, 다양성 존중 등 사회적 책임경영 노력
– 지배구조 : 윤리경영, 상호 존중 조직문화 구축, 근로 환경 개선 등의 투명 경영 노력

○

-

-

○

-

-

Chapter 05

창업기업 세금 전략 및 세금 관리

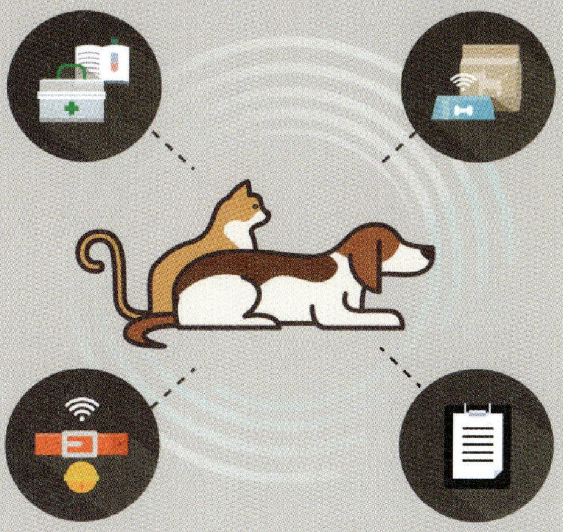

제1절 세금 기반 구축 및 전략

창업을 통해 사업이 진행되면 세금이 발생하며, 개인사업자의 경우 소득세, 법인사업자의 경우 법인세, 공통으로 부가가치세 등이 기본이 된다. 세금의 기반을 구축하는 것은 사업의 성공적인 시작과 운영을 위한 필수적인 단계이다. 이 과정에서는 사업의 법적 구조를 결정하고, 적절한 세금 등록 절차를 이행하는 것이 포함된다. 법인, 개인 사업자 등 사업의 형태에 따라 세금 처리 방식이 달라지므로, 사업 시작 전에 이에 대한 명확한 이해가 필요하다.

1. 세금 의무 이해

소득세, 부가가치세, 법인세를 포함하여 기업가의 기본 세금 책임에 대한 이해와 다양한 사업 구조(개인 사업자, 파트너십, 법인)가 납세 의무에 어떻게 영향을 미치는지에 대한 이해가 필요하다. 또한 필요한 세금 ID 획득, 세금 등록, 정확한 재무 기록 유지의 중요성 이해 등 세금 규정 준수를 보장하는 단계로 회계 소프트웨어 사용과 세무 전문가 고용의 이점에 대해 이해와 설명이 필요하다.

창업비즈니스 시작 전에 세금 대한 이해가 필요하다. 사업체를 공식적으로 등록하고 필요한 세금 식별 번호를 얻는 것이다. 이는 세무 서비스 제공자나 해당 지역의 세무 관련 기관을 통해 진행할 수 있다. 또한, 사업과 관련된 모든 수입과 지출을 정확하게 기록하기 위한 회계 시스템의 설정이 중요하다. 이를 위해 전문 회계 소프트웨어를 사용하거나 회계 전문가의 도움을 받을 수 있다.

정확한 기록 유지는 세금 보고 시 오류를 방지하고, 가능한 세액 공제를 최대화하는데 중요하다. 사업 운영 중 발생하는 모든 비용의 영수증과 증빙 자료를 철저히 보관해야 하며, 정기적으로 재무 상태를 검토하여 사업의 재정 건전성을 유지해야 한다. 마지막으로, 세금 관련 법률과 규정은 자주 변경될 수 있으므로, 최신 정보를 유지하고 필요 시 전문가의 조언을 구하는 것이 매우 중요하다. 세금의 기반을 견고하게 구축함으로써 사업은 재정적으로 안정되고 성장의 기회를 높일 수 있다.

2. 창업자를 위한 세금 및 전략

창업 비용, 홈 오피스 공제, 연구 개발 공제 등 스타트업이 이용할 수 있는 세금 공제 및 공제를 식별하고 최대화하기 위한 전략이다. 공제 자격을 얻기 위해 비용을 효과적으로 추적하고 문서화하는 방법과 자산 구매, 연구 개발 투자, 직원 복리후생 등 재무 결정이 세금 부채에 미치는 영향. 세금 절감 기회에 맞춰 주요 재정 조치를 계획하는 전략적 재무 자산 방법은 기본이 된다. 따라서 창업자를 위한 세금 계획 전략은 사업의 재정 건전성을 유지하고, 세금 부담을 최소화하며, 장기적인 성장을 지원하는 데 중요하다. 다음은 효과적인 세금 계획 전략을 위한 핵심 요소를 5가지로 정리하면 다음과 같다.

(1) 법적 구조 결정

스타트업의 법적 형태(예: 개인 사업자, 파트너십, 법인)는 세금 의무와 부담에 직접적인 영향을 미치며, 각 옵션의 세금 처리 방식을 이해하고, 사업 목표와 재정 상황에 가장 적합한 구조를 선택하여야 한다.

(2) 예상 세금 계산 및 예비 자금 마련

예상되는 세금 부담을 미리 계산하고, 이에 대비해 충분한 예비 자금을 마련해 두는 것이 중요하며, 세금 납부 기간에 현금 흐름 문제를 방지할 수 있다.

(3) 적격 비용 파악 및 추적

사업 관련 비용 중 세금 공제가 가능한 항목을 파악하고, 이에 대한 증빙자료를 철저히 관리해야 하고, 여기에는 사무실 임대료, 장비 구입비, 교육 비용 등이 포함될 수 있다.

(4) 세액 공제 및 감면 혜택 활용

연구개발, 직원 교육 프로그램, 환경 친화적 사업 실천 등 특정 활동에 대한 세액 공제나 감면 혜택을 적극적으로 활용해야 하며, 해당 혜택을 최대한 이용하여 세금 부담을 줄일 수 있다.

(5) 전문가 상담

세금 관련 법률과 규정은 복잡하며, 변경될 수 있다. 세무사나 회계사와 같은 전문가의 상담을 통해 사업의 특성에 맞는 맞춤형 세금 계획을 수립해야 한다.

(6) 세금 보고 및 납부 일정 관리

모든 세금 보고서는 정확하게 작성하여 기한 내에 제출해야 한다. 지연이나 오류는 벌금이나 추가 수수료를 초래할 수 있으므로, 세금 보고 및 납부 일정을 철저히 관리해야 한다. 스타트업은 초기 단계에서부터 세금 계획을 세우고 이를 체계적으로 관리함으로써, 재정적 리스크를 최소화하고 사업의 지속 가능한 성장을 도모할 수 있다.

3. 지속적인 세금 관리 및 최적화

(1) 세법 변경 사항에 적응

세법 변경 사항을 파악하고 해당 변경 사항이 비즈니스에 미치는 영향을 이해함으로써 새로운 세금 혜택을 활용하거나 늘어난 의무 사항을 처리하면서 규정을 준수하기 위한 전략이다.

(2) 선진 조세 전략 실행

법인 구조 조정, 조세 우대 투자, 해외 진출을 모색하는 기업을 위한 국제 조세 계획 등 선진 조세 전략을 모색함으로써 장기 세무계획의 중요성에 대해 논의하고 세무 전문가와 상담하여 맞춤형 도움을 받을 수 있다.

(3) 세무조사 준비

세무조사 위험을 줄이기 위한 예방조치 및 선택한 경우 감사 프로세스 관리 전략. 세심한 기록 관리, 투명성, 세무 당국과의 협력의 중요성을 강조한다. 창업자에게 효과적인 세금 관리, 규정 준수 보장, 세금 절감 최적화, 궁극적으로 스타트업의 재무 건전성과 성장 잠재력 지원에 필요한 지식과 전략을 제공하는 것이다. 지속적인 세금 관리 및 최적화는 사업의 장기적인 성공을 위한 필수요건으로 해당 창업자는 세금 부담을 최소화하고 재정적 유연성을 유지하며, 가능한 리스크를 관리할 수 있어야 하므로 다음과 같은 세무 전략을 수립하는 것도 필요하다.

4. 리스크 관리 방법

(1) 세법 변경 사항에 대한 지속적인 모니터링

세법은 정기적으로 변경된다. 이러한 변경 사항에 대해 최신 상태를 유지하고, 사업에 미칠 영향을 평가하는 것이 중요하다. 이를 위해 세무 전문가와의 긴밀한 협력이나, 관련 뉴스와 정부 발표를 주시하는 것이 관련 정보를 얻는 데 도움이 된다.

(2) 세금 공제 및 감면 혜택 최대화

연구 및 개발, 직원 교육, 에너지 효율 개선과 같은 활동에 대한 세금 공제나 감면 혜택을 활용하여 세금 부담을 줄여야 한다. 이를 위해서는 해당 혜택의 자격 요건을 충족하는지 정기적으로 검토하고, 필요한 문서와 증빙 자료를 정확하게 관리해야 한다.

(3) 효율적인 자산 관리

사업의 자산(예: 기계, 부동산) 구매, 판매, 투자와 관련된 세금 효과를 이해하고, 이를 기반으로 자산 관리 전략을 수립해야 한다. 자산 관리를 통해 세금 부담을 줄이고, 현금흐름을 개선할 수 있다.

(4) 세무 감사 대비

세무 감사에 대비하여 모든 금융 거래와 세금 보고에 대한 정확한 기록을 유지해야 한다. 이는 감사 과정을 용이하게 하며, 감사 결과에 이의를 제기할 필요가 있을 때 유리하다.

(5) 전문가와의 지속적인 협력

세무 전문가나 회계사와 정기적으로 협력하여 사업의 세금 전략을 검토하고 최적화해야 한다. 전문가의 조언은 복잡한 세법을 해석하고, 사업의 세금 부담을 최소화하는 데 도움이 된다.

(6) 세금 계획의 정기적인 검토 및 조정 등

시장 환경, 사업 구조, 법률 변경 등에 따라 세금 계획을 정기적으로 검토하고 조정이 필요하다. 이는 사업이 세금 관련 최신 요구사항을 준수하고, 경제적으로 효율적으로 운영될 수 있도록 보장한다. 적극적이고 전략적인 세금 관리는 사업의 재정 건전성을 유지하고, 불필요한 세금 유출 비용을 방지하는 데 중요하다.

제2절 4대 보험 이해와 전략

1. 4대 보험

필수 사회 보험 프로그램에 집중하는 것은 애완동물 사업에 종사하는 모든 사람에게 매우 중요하며, 국민연금, 건강보험, 고용보험, 산재보험 등 4대 보험을 각각 요약하여 설명하면 다음과 같다.

(1) 국민연금보험

개인에게 퇴직 시 소득을 제공하여 노후에 재정적 안정을 보장하는 프로그램으로 사업주의 경우, 직원을 대신하여 국민연금에 납부하는 것은 일반적으로 의무이다. 참여를 통해 귀하와 귀하의 직원 모두가 장기 재무 계획에 중요한 미래 퇴직 기금에 기여할 수 있다.

(2) 건강보험

종합건강보험은 직원의 의료 비용을 보장하며 질병이나 부상으로 인한 높은 의료 비용으로부터 보호해 준다. 대부분의 경우 고용주는 직원을 국가 또는 민간 건강 보험 제도에 등록하여 보험료의 일부를 부담해야 한다. 이 보험은 모든 팀원이 엄청난 비용을 부담하지 않고 필요한 의료 서비스를 받을 수 있도록 보장하는 데 필수적이다.

(3) 고용보험

고용보험은 실업 기간 동안 지원을 제공하여 실직할 수 있는 직원에게 소득 보장을 제공한다. 여기에는 재취업을 촉진하기 위한 구직 지원, 재교육, 기술 개발 프로그램이 포함되는 경우가 많다. 고용주는 사회 안전망을 강화하는 이 보험에 기여하여 직원이 재정적 어려움 없이 원활하게 직장 간 전환을 할 수 있도록 돕는 사회보장제도이다.

(4) 산업재해보상보험(근로자재해보상)

업무상 부상과 질병을 보장하기 위해 특별히 고안된 이 보험은 직원에게 업무상 재해로 인한 의료비, 재활비, 임금 손실에 대한 보상을 제공한다. 고용주의 경우 이는 노동법 준수의 중요한 구성 요소로서 작업장 사고 발생 시 직원을 보호한다.

2. 사회 보험 기여금 관리 전략

(1) 정기적인 규정 준수 점검

귀하의 비즈니스가 규정을 준수하는지 확인하기 위해 사회 보험에 관한 국내 법률에 대한 최신 정보를 알아보고, 규정은 변경될 수 있으며, 이를 준수하지 않을 경우 처벌을 받을 수 있다.

(2) 효율적인 급여 관리

보험 종류별로 적절한 기여금을 자동으로 계산하고 공제하는 급여 시스템을 구현한다. 이렇게 하면 시간을 절약하고 제출 오류를 줄일 수 있다.

(3) 직원 교육

이러한 보험이 제공하는 혜택과 보호에 대해 직원에게 교육한다. 이러한 기여의 가치를 이해하면 직원 만족도와 충성도를 높일 수 있다.

(4) 안전 우선 접근 방식

적극적인 안전 문화를 통해 작업장 사고를 줄이면 산재 보험 비용을 낮출 수 있다. 안전한 작업 환경을 유지하기 위해 정기적인 안전 교육과 위험 평가를 실시해야 한다.

Part Ⅱ

실전 창업전략

Chapter 06

창업의 기본적 이해

제1절 창업과 지식재산권

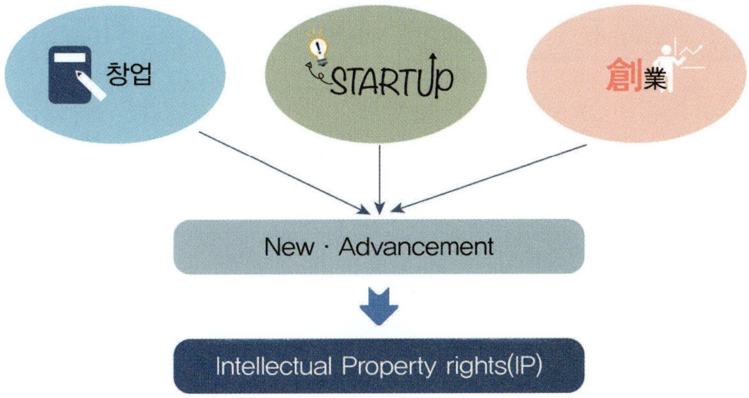

1. 창업 개념 및 지식재산권 연계

(1) 창업 개념

창업은 일반적인 사업과 달리 '새로운 것을 만들어서 시작한다.'는 개념을 가지고 있다. 창업은 창업자가 원천기술 기반의 새로운 것을 발견하거나 벤치마킹 등을 통해서 기존의 기술 또는 제품보다 새롭거나 고도화한 것을 발견하는 것이 기본이 된다.

(2) 지식재산권과의 연계

이때 새롭거나 고도화한 것에 대한 소유권을 확보하기 위한 방안으로 기술에 대한 것은 특허, 기능에 대한 것은 실용신안, 외관에 대한 특징 등은 디자인, 네이밍에 대해서는 상표로 출원하여 등록하고, 저작권에 대한 권리 등을 확보하여 지식재산권[1]을 통한 침해를 방지한 상태로 수익을 창출하는 것을 말한다.

---

1) 지식재산권은 산업재산권(특허, 실용신안, 디자인, 상표)과 저작권, 신지식재산권을 통칭하여 말하며, 산업재산권은 선출원선등록 제도를 통해 소유권을 확보하게 된다.

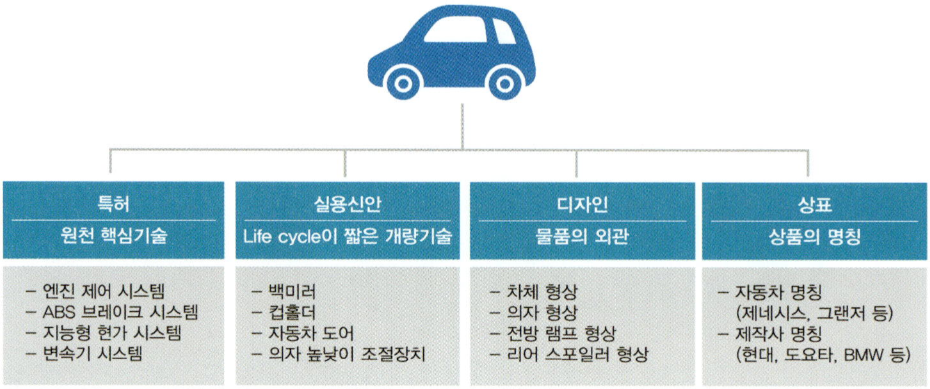

출처: 솔루션 국제특허법률사무소. 산업재산권이란?
https://jsc5055.mycafe24.com/elementor-389/

즉, 창업의 아이템 발굴에 따른 선정을 통해서 창업자는 연구를 통해 가능한 경우 기술과 발명을 1개 이상은 확보를 할 수 있도록 하여 향후 다른 창업자 또는 사업자들이 창업자의 아이템을 침해하지 못하도록 특허 또는 실용신안을 출원하여 등록을 해놓는 것이 미래를 위해 안전성을 확보하는 방법이 되며, 세부적인 내용은 아래의 그림과 같다.

구분	특허	실용신안	디자인	상표
정의	자연법칙을 이용한 기술적 사상의 창작으로써 발명수준이 고도화된 것 (대발명)	자연법칙을 이용한 기술적 사상의 창작으로써 물품의 형상, 구조, 조합에 관한 실용 있는 고안 (소발명)	물품의 형상, 모양, 색채 또는 이들이 결합한 것으로써 시각을 통하여 미감을 느끼게 하는 것	타인이 상품과 식별하기 위하여 사용되는 기호, 문자, 도형 입체적 형상, 색채, 홀로그램, 동작 또는 이들을 결합한 것
보기 (전화기)	알렉산더 그레이엄 벨이 전자를 응용하여 처음으로 전화기를 생각해 낸 것	분리된 송수하기를 하나로 하여 편리하게 한 것	탁상전화기를 반구형이나 네모꼴로 한 것	전화기 제조회사가 제품이나 포장 등에 표시하는 상호, 마크
존속기간	설정등록일로부터 출원일 후 20년까지	설정등록일로 부터 출원일 후 10년까지 (구법 적용분은 15년)	설정등록일로부터 20년까지	설정등록일로부터 10년 (10년마다 갱신 가능, 반영구적 권리)

출처: 솔루션 국제특허법률사무소. 산업재산권이란?
https://jsc5055.mycafe24.com/elementor-389/

2. 기본적 창업유형 및 법률 개념 이해

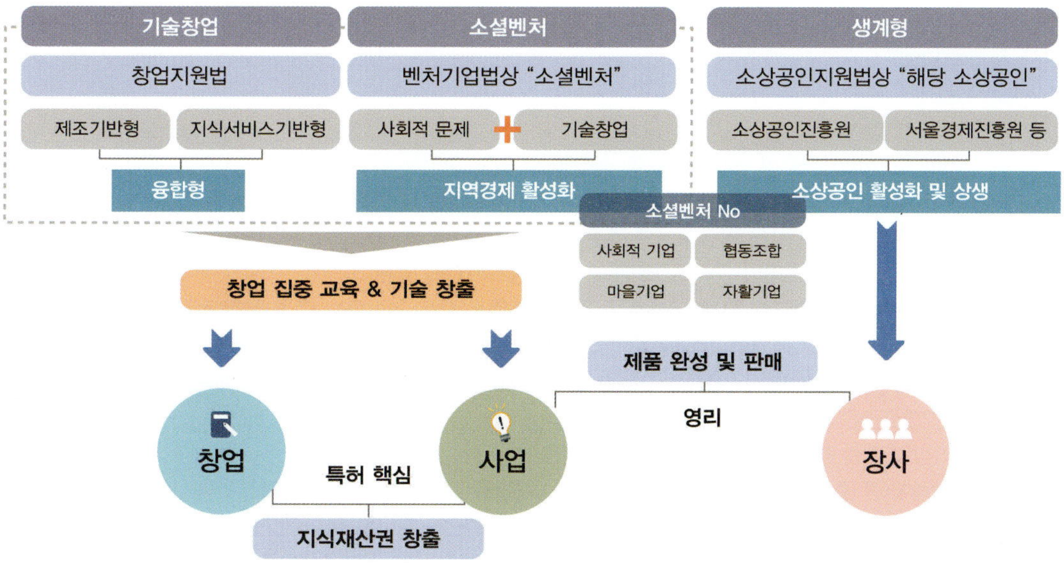

위의 그림과 같이 창업은 기술창업, 소셜벤처, 생계형 창업으로 구분된다. 장사는 일반적으로 물건을 사다가 파는 행위(슈퍼마켓, 시장 등)를 말하며, 사업은 완제품이 있는 경우 해당 제품을 조직적으로 대량 판매 등을 실시하기 위한 구조로 형성이 된다. 창업은 위에서 설명한 바와 같이 새로운 것을 만들어 지식재산권 창출을 위한 과정을 통해 안정적인 사업 운영을 할 수 있는 경우 사업화로 전환하여 사업을 통한 수익을 창출하는 것이 기본적인 개념이 된다.

(1) 기술창업

기술창업은 창업지원법* 제2조 제9호에 규정하고 있으며, 창의적인 아이디어, 신기술, 과학기술 및 정보통신기술에 기반하여 문화 등 다양한 부문과의 융합을 촉진함으로써 새로운 사업영역을 개척하거나 도전하는 창업으로 정의하고 있다.

즉, 아이템이 아닌 아이디어를 통해서도 창업에 도전 할 수가 있으며, 제품 또는 지식서비스를 기반으로 하고 있음을 알 수 있다. 즉, 제품 기반형 기술창업, 지식서비스 기반형 기술창업, 기술창업과 지식서비스를 융합한 기술창업으로 3가기 유형을 통해 기술창업에 도전할 수가 있다. 세부적인 창업에 대한 사항은 아래의 각주를 통해 개념을 이해할 수 있다.

창업지원법*

제1조(목적) 이 법은 국민 누구나 창의적인 아이디어와 혁신적인 기술을 바탕으로 기업가정신을 발휘하여 창업에 도전하고 글로벌 선도기업으로 성장할 수 있는 창업생태계를 조성하여, 디지털경제 시대에 새로운 국가 경제의 성장동력과 일자리를 창출하는 창업국가 건설을 목적으로 한다.

제2조(정의) 이 법에서 사용하는 용어의 뜻은 다음과 같다.

1. “중소기업”이란 「중소기업기본법」 제2조에 따른 중소기업을 말한다.
2. “창업”이란 대통령령으로 정하는 바에 따라 중소기업을 새로 설립하는 것을 말한다.
3. “창업기업”이란 중소기업을 창업하여 사업을 개시한 날부터 7년이 지나지 아니한 기업(법인과 개인사업자를 포함한다)을 말한다. 이 경우 사업 개시에 관한 사항 등 창업기업의 범위에 관한 세부사항은 대통령령으로 정한다.
4. “예비창업자”란 창업을 하려는 개인 등을 말한다.
5. “재창업”이란 중소기업을 폐업하고 새로운 중소기업을 설립하는 것을 말한다.
6. “재창업기업”이란 재창업하여 사업을 개시한 날부터 7년이 지나지 아니한 기업을 말한다. 이 경우 사업 개시에 관한 사항 등 재창업기업의 범위에 관한 세부사항은 대통령령으로 정한다.
7. “예비재창업자”란 재창업을 하려는 개인 등을 말한다.
8. “신산업창업”이란 기존 산업을 융복합하거나 시장성, 파급효과, 성장 잠재력 및 국민경제 발전에 기여도가 높을 것으로 예상되는 산업(이하 “신산업”이라 한다)을 기반으로 하여 창업하는 것을 말한다.
9. “기술창업”이란 창의적인 아이디어, 신기술, 과학기술 및 정보통신기술에 기반하여 문화 등 다양한 부문과의 융합을 촉진함으로써 새로운 사업영역을 개척하거나 도전하는 창업을 말한다.
10. “초기창업기업”이란 창업하여 대통령령으로 정하는 기준에 따른 사업을 개시한 날부터 3년이 지나지 아니한 창업기업을 말한다.
11. “청년창업기업”이란 창업기업 대표자의 연령이 39세 이하인 창업기업을 말한다.
12. “예비청년창업자”란 창업을 하려는 39세 이하의 개인 등을 말한다.
13. “중장년창업기업”이란 창업기업 대표자의 연령이 40세 이상인 창업기업을 말한다.

(2) 소셜벤처

소셜벤처는 벤처기업법 제2조 제10항에서 규정하고 있으며, 사회적 가치와 경제적 가치를 통합적으로 추구하는 기업을 말한다. 소셜벤처기업은 사회성, 혁신성장성 등의 대통령령으로 정하는 요건으로 ① 기업이 추구하는 사회적 가치가 구체적이고 실현 가능성이 있을 것, ② 기업이 보유한 기술의 혁신성과 시장 전망 등에 따른 사업의 성장성이 충분할 것 등을 요건으로 하고 있다.

소셜벤처기업은 ① 소셜벤처기업에 대한 기술보증 및 투자, ② 소셜벤처기업 예비창업기업 또는 창업기업의 발굴·육성, ③ 그 밖에 소셜벤처기업 활성화를 위하여 필요한 사항 등을 지원받을 수 있다.

(3) 생계형 창업

생계형 창업은 소상공인창업, 소자본 창업이라고도 한다. 해당 창업은 소상공인의 자유로운 기업 활동을 촉진하고 경영안정과 성장을 도모하여 소상공인의 사회적·경제적 지위 향상과 국민경제의 균형 있는 발전에 이바지함을 목적으로 소상공인법에 따른다. 중소벤처기업부장관은 소상공인 창업지원에 관한 사항에 대하여 ① 우수한 아이디어 등을 보유한 소상공인 창업 희망자의 발굴, ② 소상공인 창업을 위한 절차 등에 대한 상담·자문 및 교육, ③ 자금조달, 인력, 판로 및 사업장 입지(立地) 등 창업에 필요한 정보의 제공, ④ 그 밖에 소상공인 창업을 지원하기 위하여 필요한 지원을 하고 있다.

또한 중소벤처기업부장관은 소상공인의 경영안정 등 지원에 대하여 ① 소상공인에 대한 경영상담·자문 및 교육, ② 소상공인에 대한 자금·인력·판매·수출 등의 지원, ③ 소상공인에 대한 전자상거래, 스마트 기기를 이용한 결제 시스템의 도입 등 상거래 현대화 지원, ④ 소상공인 온라인 공동 판매 플랫폼 구축 지원, ⑤ 소상공인 전용 모바일 상품권의 발행 및 유통 활성화 지원 사업, ⑥ 그 밖에 소상공인의 경영안정과 성장을 지원하기 위하여 필요한 사항을 지원할 수 있다.

제2절 창업의 유형 및 이해

1. 창업의 종류와 운영

창업은 앞서 소개한 기술창업, 소셜벤처, 생계형 창업을 기반으로 다양한 명칭으로 창업벤처창업, 프랜차이즈, 사회적기업, 무점포창업, 소호창업, 생계형 창업 등 다양한 형태의 창업유형을 가지고 있으며, 창업자가 직접 창업을 하는 것이 일반적이다. 이와 관련하여 창업자는 파트너인 대리상, 위탁매매인, 중개상 등을 통해서 지원을 받아 창업을 운영하기도 한다. 또한 창업의 운영방식은 직·간접적으로 운영하는 것 외에도 라이선스 또는 기술이전, M&A를 통해 수익을 발생시키는 창업을 하는 경우도 있음을 인지하여야 한다. 즉, 라이선스, 기술이전, M&A를 통해서 회사의 이익을 발생시킨 이후 새로운 기술 등을 통해서 신규 창업 또는 재창업, 사업 확대 등을 통해서 창업자 스스로를 성장시키기도 한다. 창업의 아이템은 IT, 소재, 식품, 지식재산 등의 분야를 통해서 모든 창업을 할 수 있다는 장점이 있으나 시장성과 실현성 등을 고려하지 않을 경우에는 창업을 시작 또는 성공할 가능성이 적어 실패할 가능성이 매우 크므로 사전에 충분한 시장조사 등 사전점검을 철저히 진행해 놓는 것이 중요하다.

(1) 기술창업

'기술창업'은 어떠한 특정 분야의 혁신적인 기술을 창출하는 창업을 말한다. 일반적으로 기술창업은 벤처, 기술 집약형, 기술혁신 등을 포괄하여 사용되고 있다. 또한 기술창업을 '벤처(venture)'의 개념인 '기술 집약형 중소기업'으로 이해하는 경우가 많으며, 기술창업은 창업자의 성격, 특징, 창업동기를 기준으로 일반적인 창업과 차이점이 있다.

(2) 소셜벤처

'소셜벤처(social venture)'는 사회적으로 발생되는 문제를 해결하기 위하여 개인 또는 창업자의 창업정신을 통해서 사회에 이바지하기 위한 목적으로 설립한 사회적기업을 말한다. 소셜벤처는 일반적인 창업가업과 같은 경영 및 영업활동을 통해서 수익을 발생시키고 장애인 등 사회의 취약계층에게 일자리를 제공하고, 사회적 서비스를 제공하여 사회의 문제점을 적극 해결하는 데 주목적이 있는 창업의 형태이다.

(3) 벤처창업

벤처창업은 새로운 아이템 또는 기술 등을 사업화하기 위해 설립된 신생기업으로 사업에 대한 리스크는 존재하나 성공할 수 있는 가능성이 있어 이익을 기대해볼 수 있는 창업을 말하며, 신기술기업, 모험기업, 연구개발형기업, 하이테크기업 등으로 사용되기도 한다. 일반적으로 벤처창업은 모험이 필요하지만 높은 수익의 예상으로 향후 투자의 대상이 된다.

(4) 프랜차이즈

국내의 프랜차이즈 사업은 공정거래위원회에서 「가맹사업거래의 공정화에 관한 법률」(이하 "가맹사업법"이라 한다)을 2002.5.13.에 제정하여 정부에서 관리를 하고 있다. 가맹사업은 현재 국내에서 가장 많이 선호하고 있는 창업으로 가맹본부의 노하우를 기초로 창업을 하는 방법으로 가맹비를 내고 사업을 쉽게 시작할 수 있다는 장점이 있다. 프랜차이즈의 가장 중요한 절차는 가맹본부(franchisor)와 가맹점 사업자 또는 가맹희망자(franchisee) 간의 계약을 기초로 상거래를 하는 개념이다. 그러나 가맹본부에 의한 사기 등이 빈번히 발생함에 따라 가맹사업법은 지속적으로 가맹본부를 관리하기 위한 방안으로 가맹계약 전에 가맹희망자에게 정보공개서를 제공하여 가맹희망자가 가맹본부의 세부적인 사항을 확인할 수 있도록 시간을 부여하고, 이후 가맹계약을 체결하도록 하되, 가맹금에 대한 예치를 금융기간에 하도록 하여 일정 기간 내에 가맹희망자가 계약을 해지하거나 가맹본부의 귀책사유로 인한 계약을 해지하는 경우 예치금을 반환받을 수 있도록 규정하고 있다. 프랜차이즈에 대한 가맹본부로 활동하기 위한 중요한 요소는 가맹본부의 상호, 영업표지(상표), 노하우, 매출액 등이 기본이 됨을 인지하여 철저한 준비를 통해 창업을 시작할 경우 실패를 최소화할 수 있을 것이다.

(5) 사회적기업

'사회적기업(social Enterprise, 社會的企業)'은 소셜벤처와 유사적 개념으로 기존의 기업은 경제적 영리에 따른 가치만을 목적으로 기업을 운영하였다. 그러나 최근 기업은 사회적 가치를 우선으로 하여 재화나 서비스의 생산과 판매, 영업 활동 등을 수행하여 기업에 대한 이미지 개선 및 고객을 확보하는 수단으로도 활용되고 있다. 즉, 소셜벤처와 같이 사회적기업은 취약계층에게 취업을 연결 또는 제공하고, 지역의 경제 활성화를 통한 지역경제발전에 이바지하고, 기업의 사회공헌에 따른 경영문화의 윤리적 확장과 시장을 형성하는 데 목적이 있다.

정부로부터 사회적기업으로 인증이 될 경우 컨설팅 제공, 사회보험료 지원, 세금 감면, 국·공유지의 임대, 시설비·부지 구입비 등의 지원, 융자 혜택 등을 받을 수 있다. 우리나라의 대표적인 사회적기업은 '아름다운 가게'[2]와 '위켄'[3] 등이 있다.

(6) 무점포창업

무점포창업은 인터넷의 발달에 따른 전자상거래를 말하며, 무점포라 함은 별도의 점포 공간이 필요 없고, 자신이 거주하고 있는 임대차 물건 등을 통해서 쉽게 창업을 할 수 있다는 점이 가장 큰 장점이라고 할 수 있다.

무점포창업의 경우 자금이 부족한 창업자 또는 가족 간의 창업을 희망하는 창업자들이 가장 많이 선호하는 창업이며, 쇼핑몰, 온라인마켓, O2O, 번역사업 등이 대표적이다.

(7) 소호창업

SOHO(소호)는 "Small Office, Home Office"의 약자로 작은 공간의 사무실, 소규모 사업장, 자택 등을 통해 일반창업의 자본이나 기술의 노하우가 아닌 정보와 아이디어의 노하우로 가지고 창업을 하는 것을 말하는 것으로 무점포창업과 유사성이 있다.

SOHO는 넓은 의미에서는 자택이이나 작은 사무실을 통해서 소기업 형태 또는 프리랜서로 활동하는 것을 말하며, 좁은 의미로는 아이디어와 컴퓨터 네트워크를 결합한 소규모의 벤처기업이다. 즉, 창업자의 자본 또는 인력 등의 부담 없이 자택 또는 작은 사무실을 통해서 인터넷을 활용한 자신의 아이디어와 경력 등의 실력만을 가지고 사업을 영위하는 새로운 스타일의 비즈니스이다. 예로서 홈케어 서비스(곰팡이, 진드기 등), 세차 서비스 등이 대표적이다.

---

2) 해당 지역의 시민들이 사용하지 않는 재활용품 등을 수거하여 판매하는 방식으로 운영된다.

3) 해당 지역의 지적 장애인 등을 고용하여 우리밀로 만든 과자를 생산하는 업체로 취업을 적극 지원하고 있다.

(8) 생계형(일반) 창업

생계형 창업은 일반적으로 어떠한 아이디어 또는 아이템을 가지고 체계적으로 시작하는 창업과는 달리 기존의 제품 또는 상품을 구매하여 즉시 수익을 기대하는 경우가 많다. 또한 일반적 창업이라고도 하며, 통상적인 사업을 하는 것으로 개인사업자 또는 법인사업자 중 창업자의 선택에 따른 사업자로 창업을 진행할 수 있다.

제3절 기본적 창업 핵심 요소

1. 창업 핵심 요소

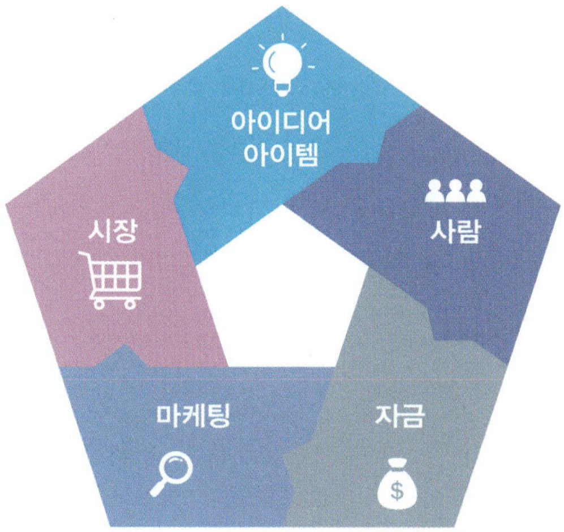

창업을 운영하기 위해서는 ① 창업을 위한 아이디어 또는 아이템을 발굴하여 사전조사를 통한 시장성 및 실현가능성 등의 검토, ② 창업자를 포함한 조직적 개념의 전문적인 직원들과 자신을 지원해 줄 수 있는 인적 네트워크(사람) 필요, ③ 창업을 할 때 필요한 자금 준비, ④ 제품에 대한 판매 및 홍보를 위한 마케팅 준비, ⑤ 해당 제품의 생산을 통해 판매할 수 있는 시장이 준비되어 있어야 한다. 그러나 현실적으로 ① 내지 ⑤까지 사전에 준비를 통해서 창업을 할 수 있는 창업자는 거의 없으므로 인프라와 네트워크 등을 적극 활용하고, 직접 필드를 뛰어다니며 전 과정을 준비하여야 한다.

2. 핵심 요소 개념 및 이해

(1) 아이디어 또는 아이템

창업의 아이디어 또는 아이템(이하 아이템이라 한다)은 창업자의 창업을 성공 또는 실패를 결정짓는 매우 중요한 요소라고 할 수 있다. 창업자는 창업에 대한 아이템 개발의 배경을 기초로 아이템의 구조와 편리성을 제공함에 있어서 제3자의 Needs, Demand 등을 충분히 조사하여 고려함으로써 좋은 기술과 서비스를 통해 가격 및 품질의 경쟁력을 확보하여야 한다. 그러나 창업자들은 대부분 현재 잘 팔리고 있는 제품 등을 카피 또는 벤치마킹하여 창업을 하는 경우가 많아 새로운 창업아이템의 발굴을 기대하기가 어렵고, 경우에 따라 제3자로부터 지식재산권 침해에 따른 분쟁 등이 발생하기도 한다. 즉, 창업자만의 신규성 또는 진보성적인 요소가 없다면 해당 아이템은 시장에서 이미 사장되어 가거나 사장될 제품으로 판단될 가능성이 높다.

(2) 사람

창업자의 아이템을 같이 공유하면서 아이템 성장을 위한 고민을 함께할 수 있는 팀원 또는 직원과 창업진행의 도움을 줄 수 있는 멘토 등의 인적자원인 사람이 필요하다. 창업을 처음 시작하는 창업자의 경우 자신의 창업아이템을 제3자와 공유 및 소통하여 발전을 시키려 노력하기보다는 자신만의 창업 세계에 빠져 무조건 창업에 성공할 수 있다는 자신감을 통해서 제3자(전문가 등)의 의견을 적극 받아들이지 못해 실패하는 경우가 많다. 따라서 창업자와 함께 아이템을 공유하며 자신의 의견과 방향성을 제시할 수 있는 조직적 분위기를 구성하고, 제3자의 의견을 수렴하여 수용할 수 있는 마음가짐도 필요하다.

(3) 자금

창업은 자금이 없으면 어려움이 발생하는 것은 현실적 문제이다. 일반적으로 창업 시 자금의 해결 방안으로 자신이 모아놓은 돈을 사용하거나, 부모 또는 친구 등에게 자금을 빌리는 경우가 대부분이다. 또한 창업자의 신용 또는 기술을 통한 대출을 고려하면서 VC 또는 엔젤투자자 등을 통한 투자유치를 고려하기도 한다. 그러나 금융기관 또는 투자자들은 창업자의 창업성공을 기대할 수 없는 상황에서 창업자에게 대출 또는 투자 등을 고려하지 않는 것이 현실이다.

(4) 마케팅

창업은 경영학에서 파생된 실무적 학문으로 경영학을 배제하고서는 창업을 생각할 수 없다. 즉, 창업자의 현재의 상황을 점검해볼 수 있는 다양한 경영 TOOL을 통해서 사전 점검과 방향성을 설정하여 경영·영업·판매·자금·광고 등의 전략을 적극적으로 수립할 수 있어야 한다.

(5) 시장

창업 아이템을 시제품으로 제작 후 다양한 pilot test 등을 통해서 시제품을 제품으로 양산할 경우 최종 제품을 판매할 수 있는 시장이 존재하지 않는다면 어렵게 만들어진 제품은 한순간에 판매해보지도 못한 채 사장될 위기에 처하게 된다. 따라서 해당 제품이 양산될 경우 시장에 대한 환경을 사전에 명확히 분석하여야 하고, 필요한 경우 전문가를 통해서 시장 환경을 분석하여 전략적으로 생산 및 판매를 구상하여야 한다. 또한 제품을 구매 또는 판매해줄 수 있는 업체를 사전에 섭외하고 경우에 따라서 구매조건부 계약을 체결하여 판매를 시도하는 것도 현실적으로 필요하다.

Chapter 07

자금조달 및 창업지원제도

정부에서는 창업자를 위한 창업육성을 적극적으로 추진하고 있으며, 창업에 따른 산업발전에 기여할 수 있는 핵심 자원 등을 확보하기 위하여 다양한 방식으로 자금지원을 위한 노력을 하고 있다. 다만, 문제가 되는 것은 정부창업지원금만을 노리는 일명 창업헌터들로 인해 실제 정상적으로 창업하고자 노력하는 창업자들에게 피해를 발생시키고 있는 것이 현실로 정부는 창업헌터에 대한 법적 조치 및 해결할 수 있는 규제방안을 더욱 강구할 시점이라고 생각된다.

본 장에서는 자금조달에 관한 사항과 창업지원제도를 통해 창업자가 자금조달을 위한 방향을 설정할 수 있도록 기초적 이해를 위한 내용으로 살펴보고자 한다.

제1절 기업성장 단계와 자금유치 유형[1)]

1. 기업성장 단계에 따른 자금조달

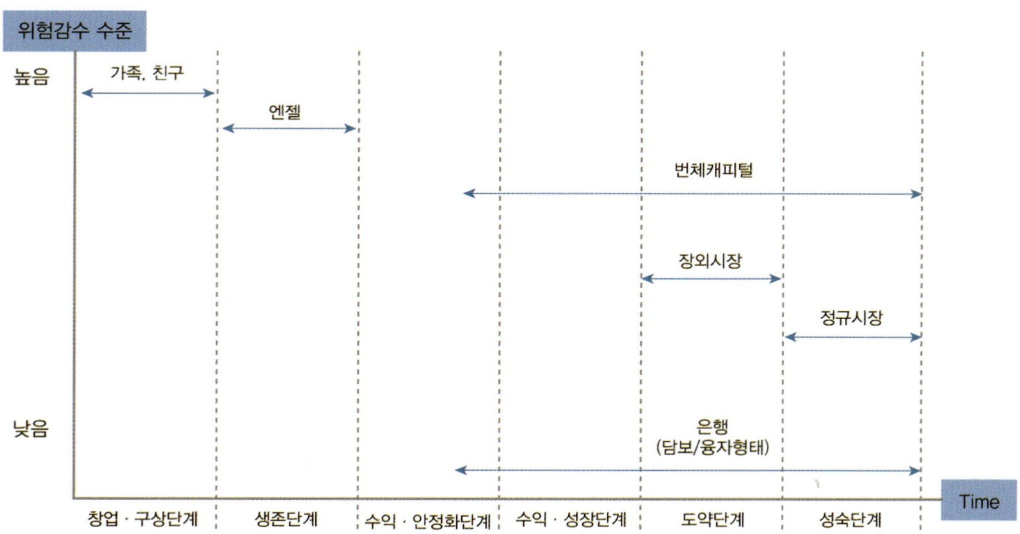

1) 정보통신정책연구원(2000). 엔젤의 유형과 엔젤자금 유치 벤처기업의 성향 분석.

창업자가 최초 자금조달을 하는 방법은 우선 ① 창업자 본인의 자금을 최대한 사용하고, 그다음 부모님과 친구 등 지인들을 대상으로 자금을 대여하거나 투자로 유치하는 등의 행동을 한다. ② 이후 창업자는 창업 관련 공모전 또는 창업지원 사업 등을 통해서 시제품제작 비용 및 마케팅 지원비 등을 받아서 업무를 진행하나 해당 공모전과 창업지원 사업은 한계성이 있다. 또한 창업자는 자금을 다 사용한 경우 ③ 2차적으로 금융기관을 통한 융자를 시도하거나 특허 등의 기술이 있을 경우 기술보증보험 또는 중소기업진흥공단 등을 통해서 벤처확인을 통한 보증을 받아 금융권으로부터 대출을 받는다.

창업자는 대출받은 자금 등을 다 사용하기 전에 미래를 위해서 ④ 3차적으로 IR 등의 참가를 통해서 투자기관을 통한 투자 유치, 벤처캐피털에 의한 투자 유치, 엔젤투자자를 통한 투자 유치 등의 방법을 강구하나 실제 창업자의 창업 아이템이 투자로까지 연결되는 것은 정말 어렵다. 즉, 창업자는 초기에는 가족 또는 지인 등을 통한 자금을 빌려 창업에 사용을 하나 한계성이 있고, 투자자 또는 금융기관 또한 미래를 알 수 없는 창업자에 Risk를 감수하면서까지 쉽게 자금을 투자해주거나 융자해줄 것을 기대할 수 없는 것이 현실이다.

2. 엔젤투자 VS 벤처캐피탈

구분	엔젤투자 (Angel Investor)	벤처캐피털 (Venture Capital)
투자단계	성장 초기 단계 선호	창업 후 초기성장단계 선호
지원내용	노하우 및 자금지원 등	자금지원
투자동기	고수익성, 지인, 인연 등	고수익성
투자재원	개인 자산(투자펀드 작음)	투자자 모집(투자펀드 큼)
자격요건	제한 없음	법적요건
위험허용도	높음	낮음
투자수익성	높음	낮음
피투자자의 위치	투자자와 근거리	제한 없음
신분노출	비공개	공개
접촉계기	우연적 만남	협의 후 만남
형태	클럽	회사 또는 조합

(1) 엔젤투자

창업자가 '죽음의 계곡(Death Valley)' 단계에 있을 때 창업자가 엔젤투자자에게 투자설명을 하여 선정된 경우 소액의 필요한 자금을 직접 투자하는 것이다. 엔젤투자자는 창업자로부터 주식으로 대가를 받아 경영에 대한 자문과 멘토링 등을 실시하여 창업기업이 더 성장할 수 있도록 적극적인 지원을 하고 창업자의 기업 가치를 저변 확대하여 '투자이익'을 회수하는 것이 주요한 목적이다.

(2) 벤처캐피털

고위험의 창업자에게 투자하고 창업자는 VC에게 지분을 제공하여 창업자의 성장에 따른 약정된 이익을 취하는 투자전문가로 형성된 전문적 투자 집단이다. 즉, 창업자가 기술은 있으나 경영 운영이 미흡하거나 자본금이 낮아 추가적 성장에 어려움이 있다고 판단되는 경우 초기 투자를 진행하여 적극적인 경영지원과 멘토링을 통해서 창업자를 성장시켜 투자금을 회수하는 것이 일반적인 형태이다. 투자 방법으로는 창업자로부터 투자설명을 듣고 가치가 있다고 판단되는 창업자를 선정하여 창업자의 신주 인수 또는 지분을 출자하거나, 무담보 전환사채 또는 무담보 신주 인수권부 사채를 인수하기도 하며, 직접적인 프로젝트 투자를 진행하기도 한다.

3. 투자와 대출

투자와 대출은 다른 개념으로 엔젤투자자 또는 벤처캐피탈 투자는 법인회사를 대상으로 하며 개인사업자에게는 투자를 하지 않는다. 투자는 법인회사가 부도가 난 경우 회수를 할 수가 없지만 법인회사가 안정적인 사업 운영을 통해 EXIT 등을 진행할 경우 또는 주식 양도 등을 통해서 투자금을 회수할 수가 있다. 대출의 경우는 개인, 개인사업자, 법인사업자 등 신용 또는 담보 등을 통해서 적정한 대출을 받을 수가 있는데 대출은 무조건 변제를 해야 하는 특징을 갖는다.

이와 관련하여 투자는 투자금, 지분율, 배당금이라는 주요항목을 기반으로 계약서를 체결하며, 대출은 원금, 이자, 상환 일자에 대한 주요항목을 기반으로 계약서를 체결한다고 이해하면 된다. 중요한 것은 투자 계약서상에 원금, 이자, 상환 일자가 기재되어 있다면 이는 투자계약서라고 작성되었더라도 대출계약서가 되는 것이므로 계약서 작성 시 주의하여 계약의 내용을 확인 후 체결 시 도움이 될 수 있다.

제2절 창업지원 사이트 분석

중소벤처기업부 및 창업진흥원에서는 창업자들이 창업지원사업에 대한 쉬운 접근 및 정보를 제공하기 위하여 K-STARTUP(https://www.k-startup.go.kr/) 홈페이지를 개발하여 지속적으로 고도화를 추진하고 있다.

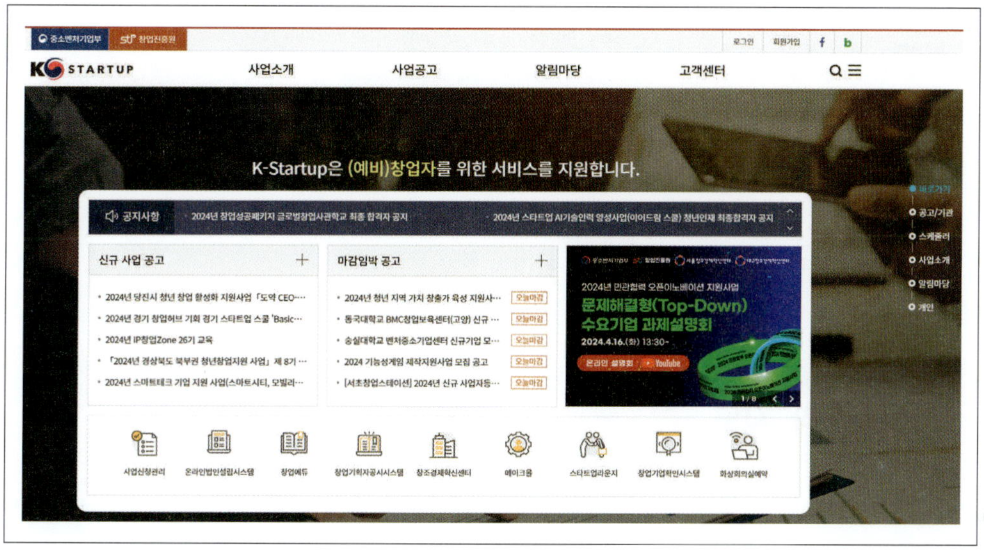

주요 사업은 사업화, 기술개발, 시설·공간·보육, 멘토링·컨설팅·교육, 글로벌, 인력, 융자, 행사/네트워크 등으로 구성되어 있다.

1. 창업 내비게이션

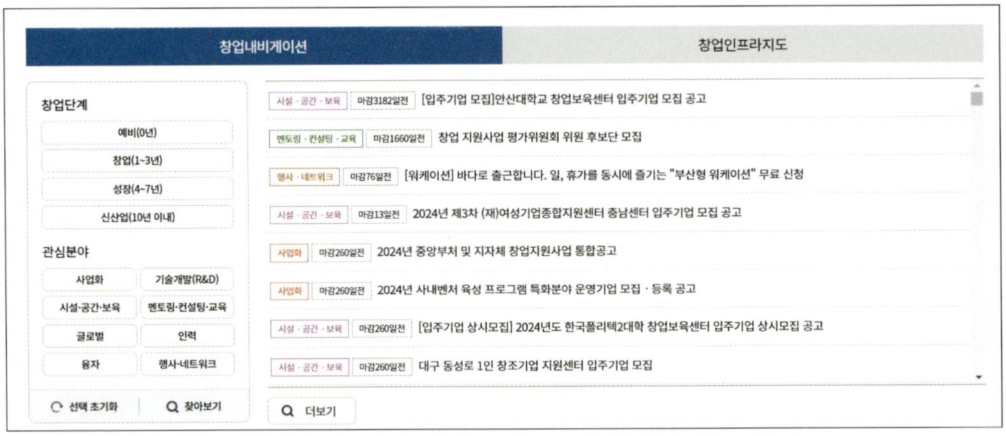

예비창업자, 창업기업, 성장기업, 신산업창업에 대한 단계를 통해 필요한 분야에 대한 서치를 하여 관련 사업을 검색할 수 있다.

2. 창업 인프라 지도

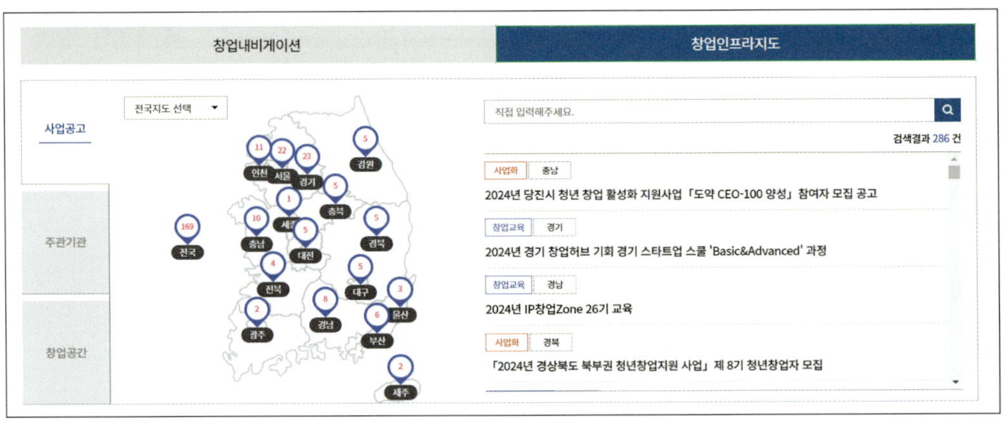

사업공고, 주관기관, 창업공간 등에 대한 내용을 기준으로 전국 단위 내용을 쉽게 찾아 볼 수 있다.

3. 창업지원 사업 통합공고

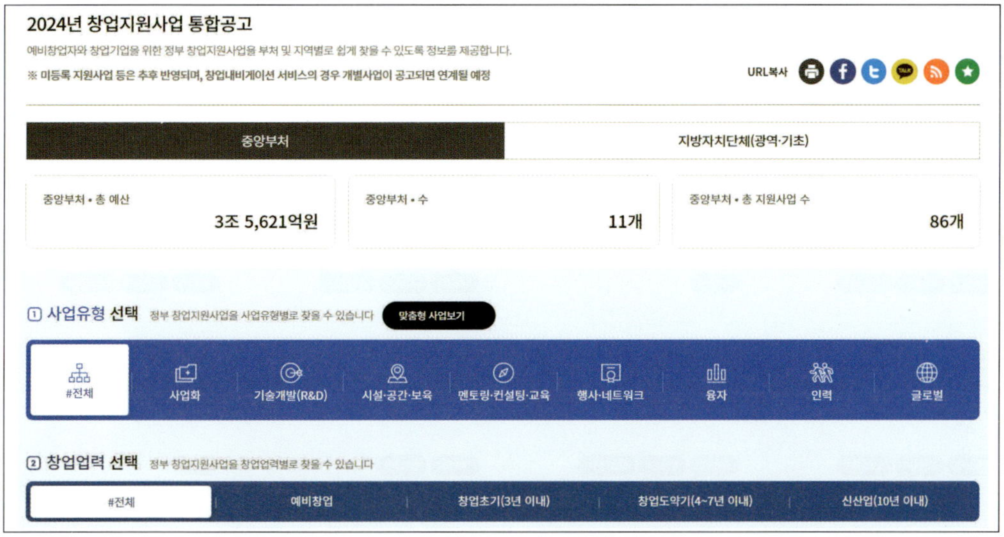

창업지원사업은 중앙부처 및 지방자치단체에서 예산을 편성하여 운영 중이며, 해당 프로그램을 서치할 수 있다. 특히 전체 모드, 예비창업 모드, 창업 초기 모드, 창업도약기 모드, 신산업창업 모드로 구분하여 자신의 창업 업력을 기반으로 하여 서치를 하면 된다.

(1) 예비창업 모드(사업자 등록이 없음)

예비창업자에 대한 해당 부처의 사업에 대해서 정리가 되어 제시되며, 창업자의 분야 및 관심 분야를 통해 창업에 도전할 수 있다.

- 글로벌
  DNA 융합 제품·서비스 해외진출 지원사업
  예비창업 · 창업초기 · 창업도약기
- 멘토링 · 컨설팅 · 교육
  IP디딤돌 프로그램
  특허청 • 중앙부처
  예비창업
- 사업화
  K-Global 액셀러레이터 육성
  과학기술정보통신부 • 중앙부처
  예비창업 · 창업초기 · 창업도약기
- 멘토링 · 컨설팅 · 교육
  K-Global 창업멘토링(ICT 혁신기업 멘토링)
  예비창업 · 창업초기 · 창업도약기
- 글로벌
  K-Global 해외진출지원사업(글로벌 창업 활성화 기반 조성)
  예비창업 · 창업초기 · 창업도약기
- 글로벌
  K-스타트업 그랜드 챌린지
  중소벤처기업부 • 중앙부처
  예비창업 · 창업초기 · 창업도약기
- 행사 · 네트워크
  W-스타트업어워즈
  중소벤처기업부 • 중앙부처
  예비창업 · 창업초기
- 기술개발(R&D)
  공공기술기반 시장 연계 창업탐색지원
  과학기술정보통신부 • 중앙부처
  예비창업
- 사업화
  공공기술창업사업화 지원
  중소벤처기업부 • 중앙부처
  예비창업
- 사업화
  관광벤처사업 공모전
  문화체육관광부 • 중앙부처
  예비창업 · 창업초기 · 창업도약기
- 글로벌
  글로벌 스타트업 센터
  중소벤처기업부 • 중앙부처
  예비창업 · 창업초기 · 창업도약기
- 사업화
  농식품 기술창업 액셀러레이터 육성지원
  농림축산식품부 • 중앙부처
  예비창업 · 창업초기 · 창업도약기
- 사업화
  농식품 기술평가지원
  농림축산식품부 • 중앙부처
  예비창업 · 창업초기 · 창업도약기
- 사업화
  농식품 벤처육성지원
  농림축산식품부 • 중앙부처
  예비창업 · 창업초기 · 창업도약기
- 멘토링 · 컨설팅 · 교육
  농식품 벤처창업 인턴제 사업
  농림축산식품부 • 중앙부처
  예비창업 · 창업초기 · 창업도약기
- 멘토링 · 컨설팅 · 교육
  농식품 벤처창업센터
  농림축산식품부 • 중앙부처
  예비창업 · 창업초기 · 창업도약기
- 행사 · 네트워크
  농식품 창업콘테스트
  농림축산식품부 • 중앙부처
  예비창업 · 창업초기 · 창업도약기
- 멘토링 · 컨설팅 · 교육
  농식품 크라우드펀딩 활성화
  농림축산식품부 • 중앙부처
  예비창업 · 창업초기 · 창업도약기
- 사업화
  대한민국 물산업 혁신창업 대전
  환경부 • 중앙부처
  예비창업 · 창업초기 · 창업도약기
- 행사 · 네트워크
  도전! K-스타트업
  중소벤처기업부 • 중앙부처
  예비창업 · 창업초기
- 기술개발(R&D)
  딥사이언스 창업활성화 지원
  과학기술정보통신부 • 중앙부처
  예비창업
- 사업화
  로컬크리에이터 육성사업
  중소벤처기업부 • 중앙부처
  예비창업 · 창업초기 · 창업도약기
- 시설 · 공간 · 보육
  메이커 활성화 지원
  중소벤처기업부 • 중앙부처
  예비창업 · 창업초기 · 창업도약기
- 행사 · 네트워크
  민관협력 오픈이노베이션 지원
  중소벤처기업부 • 중앙부처
  예비창업 · 창업초기 · 창업도약기

- 사업화
생애최초청년창업지원
중소벤처기업부 • 중앙부처
예비창업

- 인력
스타트업 AI 기술인력 양성(이어드림스쿨)
예비창업

- 글로벌
스타트업 AI 기술인력 양성(해외인력취업매칭)
예비창업

- 시설 · 공간 · 보육
스타트업 파크
중소벤처기업부 • 중앙부처
예비창업 창업초기 창업도약기

- 사업화
스포츠산업창업 지원
문화체육관광부 • 중앙부처
예비창업 창업초기 창업도약기

- 사업화
신사업창업사관학교
중소벤처기업부 • 중앙부처
예비창업

- 사업화
에코스타트업 지원사업
환경부 • 중앙부처
예비창업 창업초기 창업도약기

- 사업화
예비창업패키지
중소벤처기업부 • 중앙부처
예비창업

- 행사 · 네트워크
원자력 혁신 및 창업경진대회
과학기술정보통신부 • 중앙부처
예비창업 창업초기

- 사업화
재도전성공패키지
중소벤처기업부 • 중앙부처
예비창업 창업초기

- 융자
재창업자금
중소벤처기업부 • 중앙부처
예비창업 창업초기 창업도약기

- 사업화
전통문화 청년창업 육성지원 사업
문화체육관광부 • 중앙부처
예비창업 창업초기

- 시설 · 공간 · 보육
중장년 기술창업센터 지원사업
중소벤처기업부 • 중앙부처
예비창업

- 멘토링 · 컨설팅 · 교육
지식재산기반 차세대영재기업인 육성사업
예비창업

- 멘토링 · 컨설팅 · 교육
창업교육 혁신 선도대학(SCOUT)
교육부 • 중앙부처
예비창업 창업초기 창업도약기

- 시설 · 공간 · 보육
창업보육센터 지원사업
중소벤처기업부 • 중앙부처
예비창업 창업초기 창업도약기

- 글로벌
창업이민 인재양성프로그램(OASIS)
법무부 • 중앙부처
예비창업

- 시설 · 공간 · 보육
창업존
중소벤처기업부 • 중앙부처
예비창업 창업초기 창업도약기

- 사업화
창업중심대학
중소벤처기업부 • 중앙부처
예비창업 창업초기 창업도약기

- 시설 · 공간 · 보육
창조경제혁신센터
중소벤처기업부 • 중앙부처
예비창업 창업초기 창업도약기

- 멘토링 · 컨설팅 · 교육
청소년 비즈쿨
중소벤처기업부 • 중앙부처
예비창업

- 행사 · 네트워크
컴업(COMEUP) 2024
중소벤처기업부 • 중앙부처
예비창업 창업초기 창업도약기 신산업

- 사업화
콘텐츠아이디어 사업화 지원
문화체육관광부 • 중앙부처
예비창업

- 멘토링 · 컨설팅 · 교육
학생창업팀 육성
교육부 • 중앙부처
예비창업 창업초기

- 멘토링 · 컨설팅 · 교육
해양수산 인큐베이팅 지원 사업
해양수산부 • 중앙부처
예비창업 창업초기

- 멘토링 · 컨설팅 · 교육
해양수산 창업콘테스트
해양수산부 • 중앙부처
예비창업 창업초기 창업도약기

- 시설 · 공간 · 보육
혁신창업멤버스
보건복지부 • 중앙부처
예비창업 창업초기

- 행사 · 네트워크
환경창업대전
환경부 • 중앙부처
예비창업 창업초기 창업도약기

(2) 초기창업 모드(사업자 등록 후 3년 이내)

초기창업은 사업자 등록 후 3년까지를 기준으로 하며 관련 사업은 다음과 같다.

• 글로벌
DNA 융합 제품·서비스 해외진출 지원사업
예비창업 | 창업초기 | 창업도약기

• 멘토링 · 컨설팅 · 교육
IP나래 프로그램
특허청 • 중앙부처
창업초기 | 창업도약기

• 사업화
K-Global 액셀러레이터 육성
과학기술정보통신부 • 중앙부처
예비창업 | 창업초기 | 창업도약기

• 멘토링 · 컨설팅 · 교육
K-Global 창업멘토링(ICT 혁신기업 멘토링)
예비창업 | 창업초기 | 창업도약기

• 글로벌
K-Global 해외진출지원사업(글로벌 창업 활성화 기반 조성)
예비창업 | 창업초기 | 창업도약기

• 글로벌
K-스타트업 그랜드 챌린지
중소벤처기업부 • 중앙부처
예비창업 | 창업초기 | 창업도약기

• 글로벌
K-스타트업 센터 사업
중소벤처기업부 • 중앙부처
창업초기 | 창업도약기

• 행사 · 네트워크
W-스타트업어워즈
중소벤처기업부 • 중앙부처
예비창업 | 창업초기

• 멘토링 · 컨설팅 · 교육
공간정보 창업기업 법률자문 지원
국토교통부 • 중앙부처
창업초기 | 창업도약기

• 멘토링 · 컨설팅 · 교육
공간정보 창업기업 시장성 TEST
국토교통부 • 중앙부처
창업초기 | 창업도약기

• 멘토링 · 컨설팅 · 교육
공간정보 창업기업 컨설팅
국토교통부 • 중앙부처
창업초기 | 창업도약기

• 글로벌
관광 글로벌 선도기업 육성
문화체육관광부 • 중앙부처
창업초기 | 창업도약기

• 사업화
관광 액셀러레이팅 프로그램
문화체육관광부 • 중앙부처
창업초기

• 사업화
관광벤처사업 공모전
문화체육관광부 • 중앙부처
예비창업 | 창업초기 | 창업도약기

• 사업화
글로벌 ICT 미래 유니콘 육성
과학기술정보통신부 • 중앙부처
창업초기 | 창업도약기

• 글로벌
글로벌 기업 협업 프로그램
중소벤처기업부 • 중앙부처
창업초기 | 창업도약기 | 신산업

• 글로벌
글로벌 스타트업 센터
중소벤처기업부 • 중앙부처
예비창업 | 창업초기 | 창업도약기

• 글로벌
글로벌 스타트업 육성
중소벤처기업부 • 중앙부처
창업초기 | 창업도약기

• 사업화
농식품 기술창업 액셀러레이터 육성지원
농림축산식품부 • 중앙부처
예비창업 | 창업초기 | 창업도약기

• 사업화
농식품 기술평가지원
농림축산식품부 • 중앙부처
예비창업 | 창업초기 | 창업도약기

• 사업화
농식품 벤처육성지원
농림축산식품부 • 중앙부처
예비창업 | 창업초기 | 창업도약기

• 멘토링 · 컨설팅 · 교육
농식품 벤처창업 인턴제 사업
농림축산식품부 • 중앙부처
예비창업 | 창업초기 | 창업도약기

• 멘토링 · 컨설팅 · 교육
농식품 벤처창업센터
농림축산식품부 • 중앙부처
예비창업 | 창업초기 | 창업도약기

• 행사 · 네트워크
농식품 창업콘테스트
농림축산식품부 • 중앙부처
예비창업 | 창업초기 | 창업도약기

• 시설 · 공간 · 보육
혁신창업멤버스
보건복지부 • 중앙부처
예비창업 | 창업초기

• 행사 · 네트워크
환경창업대전
환경부 • 중앙부처
예비창업 | 창업초기 | 창업도약기

● 멘토링 · 컨설팅 · 교육
농식품 크라우드펀딩 활성화
농림축산식품부 • 중앙부처
예비창업 창업초기 창업도약기

● 사업화
농식품 판로지원
농림축산식품부 • 중앙부처
창업초기 창업도약기

● 사업화
대한민국 물산업 혁신창업 대전
환경부 • 중앙부처
예비창업 창업초기 창업도약기

● 사업화
데이터 활용 사업화 지원사업(DATA-Stars)
창업초기 창업도약기

● 행사 · 네트워크
도전! K-스타트업
중소벤처기업부 • 중앙부처
예비창업 창업초기

● 사업화
로컬크리에이터 육성사업
중소벤처기업부 • 중앙부처
예비창업 창업초기 창업도약기

● 시설 · 공간 · 보육
메이커 활성화 지원
중소벤처기업부 • 중앙부처
예비창업 창업초기 창업도약기

● 사업화
물드림 사업화지원
환경부 • 중앙부처
창업초기 창업도약기

● 사업화
민관공동창업자발굴육성사업
중소벤처기업부 • 중앙부처
창업초기 창업도약기 신산업

● 행사 · 네트워크
민관협력 오픈이노베이션 지원
중소벤처기업부 • 중앙부처
예비창업 창업초기 창업도약기

● 사업화
선도기업 연계 동반성장 지원(콘텐츠 오픈이노베이션)
창업초기 창업도약기

● 글로벌
선도기업 연계 해외진출 지원
문화체육관광부 • 중앙부처
창업초기 창업도약기

● 시설 · 공간 · 보육
스타트업 파크
중소벤처기업부 • 중앙부처
예비창업 창업초기 창업도약기

● 글로벌
스타트업 해외 전시회 지원
중소벤처기업부 • 중앙부처
창업초기 창업도약기

● 사업화
스포츠산업 창업중기(액셀러레이팅) 지원
문화체육관광부 • 중앙부처
창업초기 창업도약기

● 사업화
스포츠산업창업 지원
문화체육관광부 • 중앙부처
예비창업 창업초기 창업도약기

● 사업화
아기유니콘 200육성사업
중소벤처기업부 • 중앙부처
창업초기 창업도약기

● 사업화
에코스타트업 지원사업
환경부 • 중앙부처
예비창업 창업초기 창업도약기

● 사업화
예술기업 성장 지원
문화체육관광부 • 중앙부처
창업초기 창업도약기

● 행사 · 네트워크
원자력 혁신 및 창업경진대회
과학기술정보통신부 • 중앙부처
예비창업 창업초기

● 사업화
재도전성공패키지
중소벤처기업부 • 중앙부처
예비창업 창업초기

● 융자
재창업자금
중소벤처기업부 • 중앙부처
예비창업 창업초기 창업도약기

● 사업화
전통문화 청년창업 육성지원 사업
문화체육관광부 • 중앙부처
예비창업 창업초기

● 멘토링 · 컨설팅 · 교육
창업교육 혁신 선도대학(SCOUT)
교육부 • 중앙부처
예비창업 창업초기 창업도약기

● 융자
창업기반지원자금
중소벤처기업부 • 중앙부처
창업초기 창업도약기

● 시설 · 공간 · 보육
창업보육센터 지원사업
중소벤처기업부 • 중앙부처
예비창업 창업초기 창업도약기

● 글로벌
창업성공패키지(글로벌창업사관학교)
중소벤처기업부 • 중앙부처
창업초기 창업도약기

● 사업화
창업성공패키지(청년창업사관학교)
중소벤처기업부 • 중앙부처
창업초기

● 기술개발(R&D)
창업성장기술개발
중소벤처기업부 • 중앙부처
창업초기 창업도약기

● 시설 · 공간 · 보육
창업존
중소벤처기업부 • 중앙부처
예비창업 창업초기 창업도약기

● 사업화
창업중심대학
중소벤처기업부 • 중앙부처
예비창업 창업초기 창업도약기

● 시설 · 공간 · 보육
창조경제혁신센터
중소벤처기업부 • 중앙부처
예비창업 창업초기 창업도약기

분야	사업명	소관	대상
사업화	초격차 스타트업1000+ 프로젝트	중소벤처기업부 • 중앙부처	창업초기, 창업도약기, 신산업
사업화	초기창업패키지	중소벤처기업부 • 중앙부처	창업초기
행사 · 네트워크	컴업(COMEUP) 2024	중소벤처기업부 • 중앙부처	예비창업, 창업초기, 창업도약기, 신산업
사업화	콘텐츠초기창업 육성지원	문화체육관광부 • 중앙부처	창업초기
멘토링 · 컨설팅 · 교육	학생창업팀 육성	교육부 • 중앙부처	예비창업, 창업초기
기술개발(R&D)	해양수산 기술창업 Scale-up 사업	해양수산부 • 중앙부처	창업초기, 창업도약기
멘토링 · 컨설팅 · 교육	해양수산 인큐베이팅 지원 사업	해양수산부 • 중앙부처	예비창업, 창업초기
멘토링 · 컨설팅 · 교육	해양수산 창업콘테스트	해양수산부 • 중앙부처	예비창업, 창업초기, 창업도약기

(3) 창업 도약기 모드(사업자 등록 후 4~7년 이내)

창업 도약기는 사업자 등록 후 3년 이상 7년까지를 기준으로 하며 관련 사업은 다음과 같다.

- 글로벌
DNA 융합 제품·서비스 해외진출 지원사업
예비창업 / 창업초기 / 창업도약기

- 멘토링 · 컨설팅 · 교육
IP나래 프로그램
특허청 • 중앙부처
창업초기 / 창업도약기

- 사업화
K-Global 액셀러레이터 육성
과학기술정보통신부 • 중앙부처
예비창업 / 창업초기 / 창업도약기

- 멘토링 · 컨설팅 · 교육
K-Global 창업멘토링(ICT 혁신기업 멘토링)
예비창업 / 창업초기 / 창업도약기

- 글로벌
K-Global 해외진출지원사업(글로벌 창업 활성화 기반 조성)
예비창업 / 창업초기 / 창업도약기

- 글로벌
K-스카우터
중소벤처기업부 • 중앙부처
창업도약기

- 글로벌
K-스타트업 그랜드 챌린지
중소벤처기업부 • 중앙부처
예비창업 / 창업초기 / 창업도약기

- 글로벌
K-스타트업 센터 사업
중소벤처기업부 • 중앙부처
창업초기 / 창업도약기

- 멘토링 · 컨설팅 · 교육
공간정보 창업기업 법률자문 지원
국토교통부 • 중앙부처
창업초기 / 창업도약기

- 멘토링 · 컨설팅 · 교육
공간정보 창업기업 시장성 TEST
국토교통부 • 중앙부처
창업초기 / 창업도약기

- 멘토링 · 컨설팅 · 교육
공간정보 창업기업 컨설팅
국토교통부 • 중앙부처
창업초기 / 창업도약기

- 글로벌
관광 글로벌 선도기업 육성
문화체육관광부 • 중앙부처
창업초기 / 창업도약기

- 사업화
관광벤처사업 공모전
문화체육관광부 • 중앙부처
예비창업 / 창업초기 / 창업도약기

- 사업화
글로벌 ICT 미래 유니콘 육성
과학기술정보통신부 • 중앙부처
창업초기 / 창업도약기

- 글로벌
글로벌 기업 협업 프로그램
중소벤처기업부 • 중앙부처
창업초기 / 창업도약기 / 신산업

- 글로벌
글로벌 스타트업 센터
중소벤처기업부 • 중앙부처
예비창업 / 창업초기 / 창업도약기

- 행사 · 네트워크
환경창업대전
환경부 • 중앙부처
예비창업 / 창업초기 / 창업도약기

• 글로벌

글로벌 스타트업 육성

중소벤처기업부 • 중앙부처

창업초기 | 창업도약기

• 사업화

농식품 기술창업 액셀러레이터 육성지원

농림축산식품부 • 중앙부처

예비창업 | 창업초기 | 창업도약기

• 사업화

농식품 기술평가지원

농림축산식품부 • 중앙부처

예비창업 | 창업초기 | 창업도약기

• 사업화

농식품 벤처육성지원

농림축산식품부 • 중앙부처

예비창업 | 창업초기 | 창업도약기

• 멘토링 · 컨설팅 · 교육

농식품 벤처창업 인턴제 사업

농림축산식품부 • 중앙부처

예비창업 | 창업초기 | 창업도약기

• 멘토링 · 컨설팅 · 교육

농식품 벤처창업센터

농림축산식품부 • 중앙부처

예비창업 | 창업초기 | 창업도약기

• 행사 · 네트워크

농식품 창업콘테스트

농림축산식품부 • 중앙부처

예비창업 | 창업초기 | 창업도약기

• 멘토링 · 컨설팅 · 교육

농식품 크라우드펀딩 활성화

농림축산식품부 • 중앙부처

예비창업 | 창업초기 | 창업도약기

• 사업화

농식품 판로지원

농림축산식품부 • 중앙부처

창업초기 | 창업도약기

• 사업화

대한민국 물산업 혁신창업 대전

환경부 • 중앙부처

예비창업 | 창업초기 | 창업도약기

• 사업화

데이터 활용 사업화 지원사업(DATA-Stars)

창업초기 | 창업도약기

• 사업화

로컬크리에이터 육성사업

중소벤처기업부 • 중앙부처

예비창업 | 창업초기 | 창업도약기

• 시설 · 공간 · 보육

메이커 활성화 지원

중소벤처기업부 • 중앙부처

예비창업 | 창업초기 | 창업도약기

• 사업화

물드림 사업화지원

환경부 • 중앙부처

창업초기 | 창업도약기

• 사업화

민관공동창업자발굴육성사업

중소벤처기업부 • 중앙부처

창업초기 | 창업도약기 | 신산업

• 행사 · 네트워크

민관협력 오픈이노베이션 지원

중소벤처기업부 • 중앙부처

예비창업 | 창업초기 | 창업도약기

• 사업화

선도기업 연계 동반성장 지원(콘텐츠 오픈이노베이션)

창업초기 | 창업도약기

• 글로벌

선도기업 연계 해외진출 지원

문화체육관광부 • 중앙부처

창업초기 | 창업도약기

• 시설 · 공간 · 보육

스타트업 파크

중소벤처기업부 • 중앙부처

예비창업 | 창업초기 | 창업도약기

• 글로벌

스타트업 해외 전시회 지원

중소벤처기업부 • 중앙부처

창업초기 | 창업도약기

• 사업화

스포츠산업 창업중기(액셀러레이팅) 지원

문화체육관광부 • 중앙부처

창업초기 | 창업도약기

• 사업화

스포츠산업창업 지원

문화체육관광부 • 중앙부처

예비창업 | 창업초기 | 창업도약기

• 사업화

아기유니콘 200육성사업

중소벤처기업부 • 중앙부처

창업초기 | 창업도약기

• 사업화

에코스타트업 지원사업

환경부 • 중앙부처

예비창업 | 창업초기 | 창업도약기

- 사업화
  예술기업 성장 지원
  문화체육관광부 • 중앙부처
  창업초기 | 창업도약기

- 융자
  재창업자금
  중소벤처기업부 • 중앙부처
  예비창업 | 창업초기 | 창업도약기

- 멘토링 · 컨설팅 · 교육
  창업교육 혁신 선도대학(SCOUT)
  교육부 • 중앙부처
  예비창업 | 창업초기 | 창업도약기

- 융자
  창업기반지원자금
  중소벤처기업부 • 중앙부처
  창업초기 | 창업도약기

- 사업화
  창업도약패키지
  중소벤처기업부 • 중앙부처
  창업도약기

- 시설 · 공간 · 보육
  창업보육센터 지원사업
  중소벤처기업부 • 중앙부처
  예비창업 | 창업초기 | 창업도약기

- 글로벌
  창업성공패키지(글로벌창업사관학교)
  중소벤처기업부 • 중앙부처
  창업초기 | 창업도약기

- 기술개발(R&D)
  창업성장기술개발
  중소벤처기업부 • 중앙부처
  창업초기 | 창업도약기

- 시설 · 공간 · 보육
  창업존
  중소벤처기업부 • 중앙부처
  예비창업 | 창업초기 | 창업도약기

- 사업화
  창업중심대학
  중소벤처기업부 • 중앙부처
  예비창업 | 창업초기 | 창업도약기

- 시설 · 공간 · 보육
  창조경제혁신센터
  중소벤처기업부 • 중앙부처
  예비창업 | 창업초기 | 창업도약기

- 사업화
  초격차 스타트업1000+ 프로젝트
  중소벤처기업부 • 중앙부처
  창업초기 | 창업도약기 | 신산업

- 행사 · 네트워크
  컴업(COMEUP) 2024
  중소벤처기업부 • 중앙부처
  예비창업 | 창업초기 | 창업도약기 | 신산업

- 사업화
  콘텐츠 창업도약 프로그램
  문화체육관광부 • 중앙부처
  창업도약기

- 기술개발(R&D)
  해양수산 기술창업 Scale-up 사업
  해양수산부 • 중앙부처
  창업초기 | 창업도약기

- 멘토링 · 컨설팅 · 교육
  해양수산 창업콘테스트
  해양수산부 • 중앙부처
  예비창업 | 창업초기 | 창업도약기

(4) 신산업 창업 모드(사업자 등록 후 10년 이내)

신산업 창업은 사업자 등록 후 10년까지를 기준으로 하며 관련 사업은 다음과 같다.

- 글로벌
  글로벌 기업 협업 프로그램
  중소벤처기업부 • 중앙부처
  창업초기 | 창업도약기 | 신산업

- 사업화
  민관공동창업자발굴육성사업
  중소벤처기업부 • 중앙부처
  창업초기 | 창업도약기 | 신산업

- 사업화
  유망 창업기업 투자유치 지원사업
  보건복지부 • 중앙부처
  신산업

- 멘토링 · 컨설팅 · 교육
  인·허가 컨설팅 지원사업
  보건복지부 • 중앙부처
  신산업

- 사업화
  초격차 스타트업1000+ 프로젝트
  중소벤처기업부 • 중앙부처
  창업초기 | 창업도약기 | 신산업

- 행사 · 네트워크
  컴업(COMEUP) 2024
  중소벤처기업부 • 중앙부처
  예비창업 | 창업초기 | 창업도약기 | 신산업

- 멘토링 · 컨설팅 · 교육
  특허전략 컨설팅 지원사업
  보건복지부 • 중앙부처
  신산업

Chapter 08

6차 산업 및 4차 산업혁명과 창업 생태계

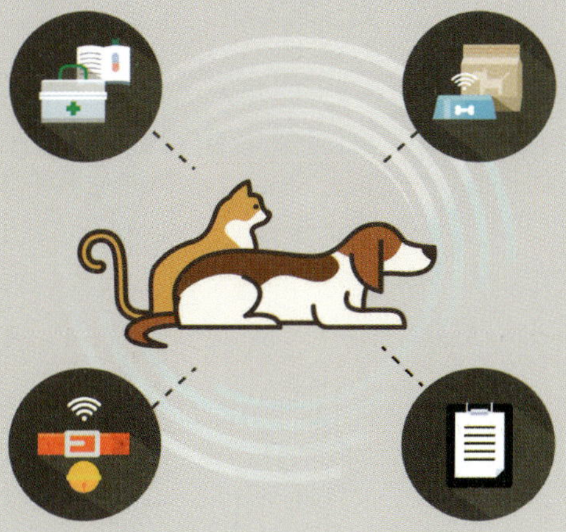

제1절 산업과 산업혁명

'산업'이란 "유사한 성질을 갖는 산업 활동에 주로 종사하는 생산단위의 집합"이라 하고, '산업 활동'이란 "각 생산단위가 노동, 자본, 원료 등 자원을 투입하여, 재화 또는 서비스를 생산 또는 제공하는 일련의 활동과정"을 말한다. 산업 활동의 범위에는 영리적, 비영리적 활동이 모두 포함되나 가정 내의 가사 활동은 산업에서 제외된다. '산업'은 산업혁명과 다른 개념으로 생산을 목적으로 하는 일을 의미하며, 6차 산업과 4차 산업혁명에 대하여 살펴보고자 한다.

1. 6차 산업의 이해

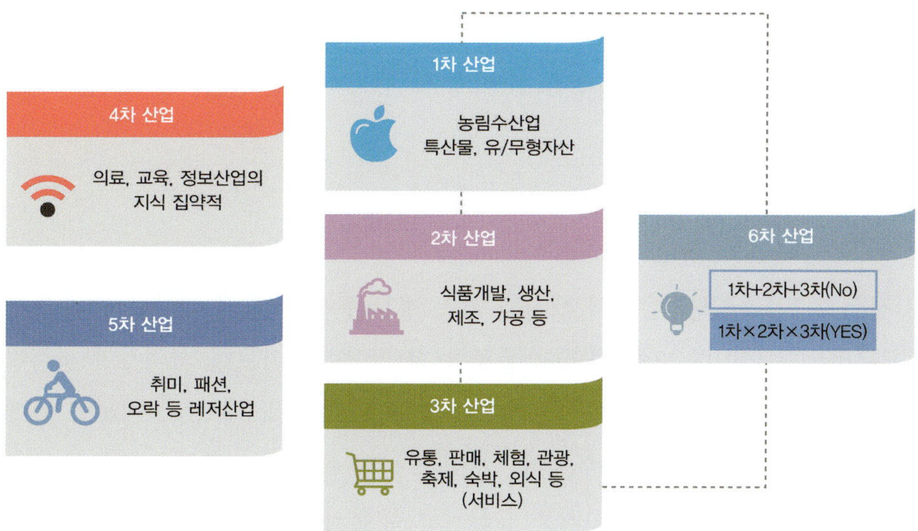

출처: 류석희·김영국(2017), 실전창업전략, 두남.

(1) 1차 산업

자연을 통해서 사람이 직접 자원을 채취하거나 자연환경과 직접 연관된 농업·임업·수산업을 이용한 생산 활동을 제1차 산업이라고 한다. 1차 산업은 유전학적 산업과 채취산업으로 구분하게 되는데 유전학적 산업은 인간이 자연스럽게 천연자원의 성장과정에 개입하여 생산 활동을 증진시키는 것이고, 채취산업은 경작을 통해서 증가될 수 없는 소모성 천연자원의 생산이라고 할 수 있다.

유전학적 산업은 우리가 흔히 알고 있는 농업·임업·축산업·어업 등으로 윤작, 비료, 병충해 통제, 관개시설, 온실경작, 타화수정, 교배를 통한 과학적 작물의 개량 등이며, 채취산업은 광석의 채굴과 채석, 광물연료의 추출 등을 말한다.

1차 산업은 대부분 저개발국가 또는 개발도상국에서 매우 중요한 경제적 주도를 차지하고 있다.

(2) 2차 산업

1차 산업을 통해서 생산한 원재료를 가지고 제조업, 공업, 경공업, 중공업, 조선업 등을 통해서 가공하여 생산하는 산업을 2차 산업이라고 한다. 이와 관련하여 경제학에서는 일반적으로 제조업이라고 표현하는데 이는 나라의 경제에서 1차 산업으로부터 공급되는 원료를 가공하여 소비재나 생산재를 만드는 경제활동을 말하는 것으로 생산재는 2차 산업에서 완제품, 완제품의 부품, 소비재 및 비소비재를 생산하는 데 필요한 자본재 등으로 사용되기 때문이다.

(3) 3차 산업

1차 산업과 2차 산업을 통해서 생산된 가공 상품 등의 재화에 대하여 판매 및 서비스 등을 제공하는 산업이다. 3차 산업의 종류를 확대하여 살펴보면 서비스와 상품판매 등을 중심으로 유통업, 운수업, 창고업, 상업, 금융업, 보험업, 숙박업, 미용업 등에 대한 모든 산업을 제3차 산업이라고 부르며, '서비스 산업'이라고도 부른다. 3차 산업은 나라의 경제에서 서비스나 무형의 이익을 공급하고 유형의 재화를 생산하지는 않지만 부를 창출하는 산업으로 자유시장경제와 혼합경제 체제에서는 보통 기업 또는 정부기업과 결합되어 있는 것이 특징이다.

(4) 4차 산업

정보 배포 및 공유, 정보기술, 통신, 의료, 교육, 상담, 연구 및 개발, 금융 계획, 기타 지식 기반의 서비스 산업 등을 집약한 산업을 4차 산업이라고 한다. 4차 산업은 1차 산업부터 3차 산업에서 눈에 보이는 물건을 생산하는 것과는 다르게 정보와 지식을 위주로 하는 산업으로 본다.

(5) 5차 산업

오락 및 패션, 레저 등 지식과 정보를 초월한 즐기는 문화적 요소를 생산해 내는 산업으로 의식주 또는 제품 등의 생산을 중심으로 하는 것이 아닌 인간의 요구와 욕구를 통해 삶을 즐기는 진보적인 산업으로 해석된다.

(6) 6차 산업

최근 창업과 관련하여 6차 산업의 발전과 도약을 위해 많은 지원과 연구가 진행되고 있다. 6차 산업은 농촌의 유형 또는 무형의 자원을 기초로 농업과 식품을 통해서 제조 가공을 통한 특산품 등을 개발하여 이를 유통 및 판매하거나 관광 및 체험을 할 수 있도록 서비스 등과 연계를 함으로써 새로운 부가가치를 창출시키는 활동을 말한다.

6차 산업은 농업농촌 경제의 대표적인 체계로써, 청양의 알프스 마을의 '여름철 세계 조롱박 축제', '겨울철 칠갑산 얼음분수 축제' 등을 통해서 지역만의 흥미로운 볼거리와 먹거리 등을 창출시킨 대표적인 사례이다.[1] 6차 산업은 스마트팜의 기능을 발전 및 개발하면서 ICT, IOT 등의 4차 산업을 통해서 부가적인 사업의 확장을 하고 있다.

예로써 비닐하우스에 농작물을 재배할 경우 습도, 온도, 천장의 개폐, 물 공급 등을 자동적으로 체크하여 이상적인 재배공간을 제공한다거나 집에서 핸드폰 등을 활용하여 조정을 통해서 쉽게 농작물을 재배할 수 있도록 하는 편리한 서비스 등의 제공을 할 수 있다. 즉, 6차 산업은 1차 산업, 2차 산업, 3차 산업을 연계하여 다양한 비즈니스 모델을 통한 부가가치를 창출할 수 있는 산업으로 창업과 연계한 학습과 연구를 통해서 실제로 실현될 수 있는 새로운 비즈니스 모델을 개발하고 확장할 경우 6차 산업의 발전에 따른 실질적인 이익이 농가에 제공됨으로써 농가에 대한 더 많은 신기술의 개발과 발명이 증가 및 발전하여 농사에 대한 인식과 미래의 삶의 질이 개선되고 농사의 만족도가 향상될 것이라고 생각된다.

---

1) 농림축산식품부(2014). 6차 산업 창업매뉴얼, 6면(재인용).

2. 산업혁명과 4차 산업혁명

18C 중엽에서 19C 초반에 영국을 중심으로 산업혁명이 전개되었고, 증기기관 기반의 기계화 혁명으로 육체노동을 절감할 수 있는 계기가 되었다. 영국은 기계화 혁명으로 인해 증기기관을 이용한 거대한 섬유공업의 산업화를 이룩하였으나 산업혁명의 수용 및 확산 속도가 빠르지 않아 1850년대에 이르기까지 유럽의 일부와 미국에만 확산되었는바 제1차 산업혁명은 성공적인 산업혁명으로 평가되지는 않았다. 그러나 산업의 발전과 인간의 삶의 질이 환경에 의해 변경됨에 따라 산업혁명은 지속적으로 새로운 방향성을 제시하며 발생하게 될 것이고 현재 우리는 4차 산업혁명에 적응할 준비를 하고 있다고 생각 된다.

(1) 산업혁명의 발전 과정[2)]

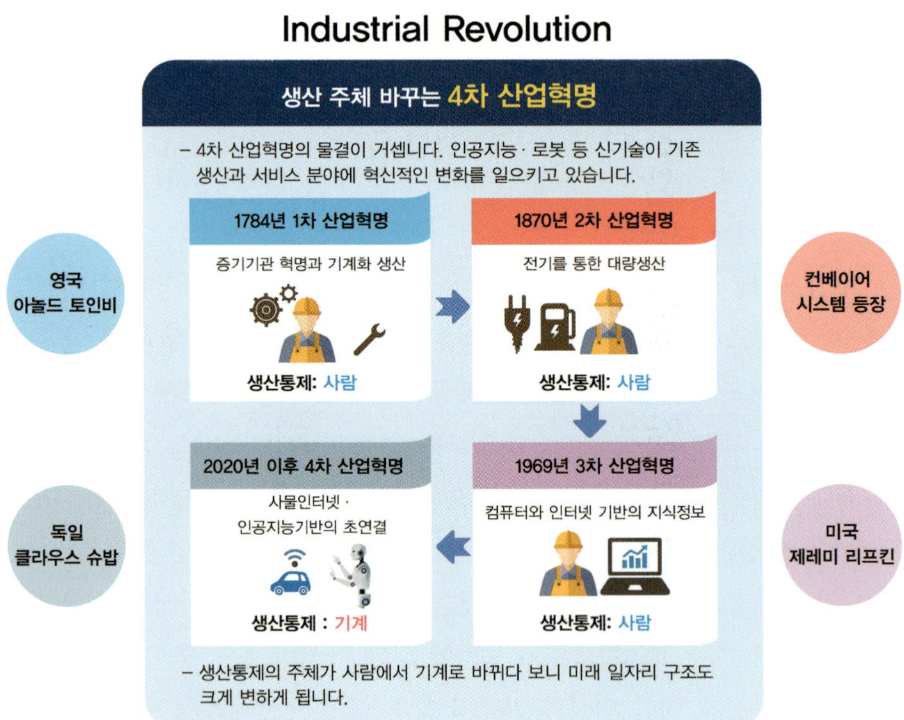

출처: 매경이코노미(2017).

2) 매경이코노미(2017). 재인용 및 본서에 맞추어 재구성 및 작성하였다.

① 1차 산업혁명

18세기 중엽에서 19세기 초반에 영국을 중심으로 전개되었고, 증기기관 기반의 기계화 혁명으로 육체노동을 절감할 수 있었다. 영국은 기계화 혁명으로 인해 증기기관을 이용한 거대한 섬유공업의 산업화를 이룩하였다. 그러나 수용 및 확산 속도가 빠르지 않아 1850년대에 이르기까지 유럽의 일부와 미국에만 확산되었다.

② 2차 산업혁명

20C 초반에 제1차 산업혁명이 세계적으로 전파 및 확산되어가는 과정에서 2차 산업혁명의 필요성이 제기되었다. 2차 산업혁명은 당시 전기가 발명됨에 따라 대규모의 공장에 안정적인 전력을 공급할 수 있게 되면서 컨베이어시스템(conveyor system)이 등장하였다. 이러한 발전을 통해서 산업의 생산성이 혁신적으로 개선되면서 대량생산이 가능하게 되었고, 미국의 주도하에 제2차 산업혁명은 안정적으로 지속적 발전을 거듭하였다.

③ 3차 산업혁명

1960년대에 반도체와 메인프레임 컴퓨팅(mainframe computing)을 기초로 시작되어 1970년부터 1980년대까지는 개인용 컴퓨터(PC, personal computer), 1990년부터는 인터넷의 발달이 되면서, 일명 '컴퓨터 혁명' 또는 '디지털 혁명'이라고도 한다. 3차 산업혁명은 제레미 리프킨(Jeremy Rifkin)이 바라본 미래사회의 모습이었으며, 3차 산업혁명을 계기로 인간의 대표적 업무인 노동을 통한 작업이 자동화되면서 인간의 노동에 대한 부담이 대폭 축소되었다. 이로 인해 인간은 힘든 일과 산업재해 등의 사고에서 다소 안전해졌으나 그 만큼 일자리도 사라져 버리는 문제가 발생한 시점이기도 하다. 3차 산업혁명은 컴퓨터와 인터넷기반의 지식정보 혁명이 이루어지면서 인터넷과 스마트기반의 IT가 급진적으로 부상하였고, 미국이 주도하면서 강한 글로벌 IT기업을 배출시키기도 했다.

④ 4차 산업혁명

가. 정의

4차 산업혁명은 제조업과 3차 산업기반인 ICT 신기술(사물인터넷, 인공지능, 빅데이터, 클라우드 등)로 이루어지는 기술융합과 이에 따른 사회적 파급효과를 아우르는 용어이다. 예를 들면, 기계에 센서를 부착해 사물들끼리 데이터를 실시간으로 주고받는 스마트공장,

3D 프린터로 맞춤 생산한 비행기 엔진, 인공장기 등이다. 따라서 단순한 제품을 넘어서 시스템 전체가 바뀌는 혁명이다.[3)]

나. 배경

2016년 1월, 다보스포럼 회장 클라우스 슈밥은 "4차 산업혁명 시대에는 기존 대기업 위주가 아닌 중소기업들의 조합으로 빠르고 기민하게 움직일 수 있어야 한다"고 언급하였다. 특히, 주요 선진국들은 4차 산업혁명에 대한 이해와 철저한 준비를 통해 제조업 부활과 있는 세상을 만들게 될 경우 상품의 완전한 맞춤 생산(customization)이 가능해지고 새로운 운영모델이 발생할 수 있다", 또한 "단순히 기기와 시스템을 연결하고 스마트화하는 데 그치지 않고 훨씬 넓은 범주까지 확대할 수 있고, 유전자 염기서열분석(gene sequencing)에서 나노기술, 재생가능에너지에서 퀀텀 컴퓨팅까지 다양한 분야에서 동시다발적으로 일어나고 있는 추세이다. 이 모든 기술이 융합하여 물리학, 디지털, 생물학 분야가 상호 교류하는 제4차 산업혁명은 종전의 그 어떤 혁명과도 근본적으로 궤를 달리한다"고 주장하였다. 제4차 산업혁명의 대표적인 기반은 사물인터넷(IOT, Internet Of Things), 인공지능(AI, Artificial Intelligence)[4)], 사이버 물리 시스템(CPS, Cyber physical systems)이다. 그간 우리나라는 국가적인 정보화 추진을 통해 국가정보화 2년 연속('15~'16년) ICT 발전 지수 세계 1위 달성하는 등의 세계 최고 수준의 ICT 인프라를 확보하고 산업과 ICT의 결합을 통해 국가경쟁력 강화를 위해 노력하고 있다. 하지만, 지능정보기술은 지금까지와는 확연히 다른 경제·사회구조 대변혁을 야기할 것으로 기술·산업 중심의 정보화를 넘어 교육, 고용, 복지 등 사회정책 등을 포괄한 국가적 표준화 및 제도적 지침의 고도화가 필요한 시점이다.

다. 4차 산업의 차별성

구분	주요 차별성
속도	기술이 인류가 전혀 경험하지 못한 속도로 빠르고 획기적으로 진화
범위	모든 산업분야에서 파괴적 기술 등장으로 대대적으로 개편
시스템 영향	생산, 소비, 유통, 관리 등 전체적인 시스템의 변화

3) 중소기업중앙회, 4차 산업혁명에 대한 중소기업인식 및 대응조사 결과, 2016
4) EY 어드바이저리(저)/임영신(역), 「세계초일류기업의 AI전략」, 매일경제사, 2016.

우리나라에서도 4차 산업혁명 시대의 비전을 공유하고, 새로운 산업구조에 대비할 역량 개발과 활로 개척에 집중해야 할 중대한 시점에 진입하였다.

한편, 4차 산업혁명 기반의 제조업 주요 트렌드는 다음과 같이 요약할 수 있다.

① 플랫폼 중심의 산업구조 재편으로 고객 데이터를 활용하여 다양한 제품과 서비스를 하나의 플랫폼을 통해 제공하는 등 플랫폼 영향력 가속화될 것으로 전망되고 있다.

② 원거리·대량 생산방식에서 근거리·개별 생산방식으로의 변화이다.

③ 제조업의 서비스화 등 비즈니스 모델 혁신이다.

④ 자본과 기술의 노동 대체와 해외 생산 기지의 본국 이전 등이다.

따라서 유비쿼터스 모바일 인터넷(ubiquitous & mobile inter net), 기계학습(machine learning), 낮은 비용의 강력해진 성능을 가진 센서가 주요 특징이 된다. 과거의 산업혁명은 물리적 공간과 사이버 공간을 통한 발전이었다면 제4차 산업혁명은 물리적 공간과 사이버 공간을 결합한 불연속성을 극복하였다고 할 수 있다. 최근에는 빅데이터와 알파고(AlphaGo) 등의 지능을 가진 로봇 개발을 통해서 기하급수적인 속도로 진화 및 발전을 거듭하고 있으며, 국가별 4차 산업혁명 정책 현황을 비교해보면 다음과 같다.[5)]

구분	미국	독일	일본	중국
주요 정부정책	AMP 첨단제조 파트너십	인더스트리 4.0	일본재흥전략 2015	중국 제조 2025
핵심기술	빅데이터, IoT, 인공지능, 로봇공학, 클라우드 등			
주요 추진조직	– 정부기관 – 글로벌 제조 및 IT 기업		– 정부기관 글로벌 제조기업	정부기관
대응방향	– 제조업 중심 정책방향 설계 – 자국 내 글로벌 IT 기업 적극적 참여 – 민간 중심 대응전략 적극 지원	– 제조업 중심 정책 방향 설계 – 자동차, 기계 설비 등 자국 글로벌 기업 중심 추진 – 국가 차원의 아젠다 제시와 민관 공동대응	– 정부 아젠다 중심 대응전략 추진 – 기존 강점인 로봇 기술 중심 전략 수립	– 정부 중심의 강력한 정책 추진 – 기존 제조업 발전의 주요 수단으로 ICT 활용 – 자국 시장 규모 적극 활용

5) 정보통신기술진흥센터(2016). 주요 선진국의 제4차 산업혁명 정책동향.

즉, 만물초지능혁명으로 발전되면서 사람과 사물, 공간을 연결하고 지능화된 산업이 개발·발명되면서 산업구조의 변화와 사회시스템의 혁신을 불러오고 있다. 4차 산업혁명은 인간에게 업무의 편리성과 효율성을 제공하지만 한편으로는 인간의 직업을 사라지게 하거나 대량의 실직이 예고되면서 인간의 직업에 대한 선택과 노동의 권리 침해, 인간의 프라이버시(privacy) 침해 등을 가장 큰 문제로 판단하여 우려하기도 한다.[6] 따라서 국가는 인공지능의 적극적인 개발도 중요하나 개발 이후 인간과 함께 Win-win 할 수 있는 제도적 장치를 최우선으로 마련하는 지혜가 필요하다고 생각된다. 표와 같이 산업혁명은 현재 제4차 산업혁명까지로 보고 있으나 산업의 발전과 기술의 발달로 인해 5차 산업혁명, 6차 산업혁명 등 시대 흐름에 따른 산업혁명이 지속적으로 진보되어 발생될 가능성이 존재하는 것은 당연할 것이다.

산업혁명의 단계별 변화[7]

구분	제1차	제2차	제3차	제4차
산업혁명	기계화 혁명	대량생산혁명	지식정보 혁명	만물초지능 혁명
시기	18세기 후반	20세기 초반	20세기 후반	21세기 초반
핵심기술	증기기관	전기에너지, 생산조립라인	반도체, 인터넷	IOT, AI 등

6) 클라우스 슈밥(저)/송경진(역), 앞의 저서, 155면.
7) 피붙이, “디자인, 4차 산업혁명을 준비하다”, 기고문, 2017.

TIP **주요 용어 설명**

CPS(Cyber physical systems)[8]

네트워크(sensor networks), 사이버네틱스(cybernetics) 및 메카트로닉스(mechatronics) 시스템을 결합 설계한 임베디드 시스템(embedded systems)이 진화되고 있는 시스템을 말한다. 현실 세계의 다양한 물리, 화학 및 기계공학적 시스템(physical systems)을 컴퓨터와 네트워크(cyber systems)를 통해 자율적, 지능적으로 제어하기 위해 등장하였다. 크게 연산(computation), 통신(communication), 제어(control) 기술로 구성되며, 대규모 융·복합 시스템(system of systems) 구축을 위한 여러 전문 분야가 관련된 다학제적(多學際的, multidisciplinary and interdisciplinary) 이다. 스마트 공장(smart factory), 스마트 그리드(smart grid), 자동차, 항공, 국방 등 광범위한 분야에 응용된다.

AlphaGo[9]

구글 딥마인드(DeepMind)가 개발한 인공지능 바둑 프로그램이다. 알파고(AlphaGo)의 고(Go)는 바둑을 뜻한다. 딥마인드는 구글이 2014년 인수한 인공지능 관련 기업으로 2010년 영국에서 설립되었으며 머신러닝 등의 기술을 사용해 학습 알고리즘을 만든다. 알파고는 딥러닝(Deep Learning) 방식을 사용해 바둑을 익힌다. 딥러닝은 머신러닝(기계학습)의 하나로 비지도 학습(Unsupervised Learning)을 통해 컴퓨터가 스스로 패턴을 찾고 학습해 판단하는 알고리즘을 가지고 있다. 인간이 별도의 기준을 정해주지 않으며 대신 방대한 데이터를 기반으로 컴퓨터가 스스로 분석하며 학습하게 되는 것이 특징이다. 2016년 3월 9일부터 15일까지 서울에서 이세돌 9단과 알파고의 대국이 진행되었다. 총 5국으로 치러진 경기에서 이세돌 9단은 4국에서 알파고를 상대로 1승을 하고 최종 1승 4패하여 알파고가 승리를 거두었다.

---

8) 다음백과, <http://100.daum.net/encyclopedia/view/55XX XXX32987>, 2024.

9) 다음백과, <http://100. daum.net/encyclopedia/view/47XXXXXd1033>, 2024.

3. 산업과 산업혁명의 연계성

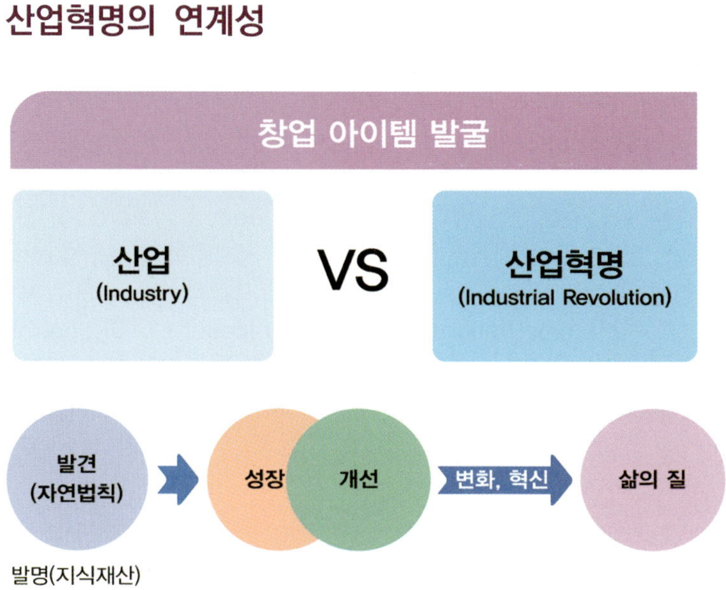

산업은 창업자에게 자연법칙에 따른 새로운 아이템을 발굴할 수 있도록 하여 발명을 유도하고 이를 통해서 국가 경제에 이바지 할 수 있는 지식재산권을 확보할 수 있다. 또한 창업자의 창업아이템이 시행착오 등에 따른 성장을 할 경우 국민의 삶의 질에 변화 또는 혁신을 반영하게 되면서 산업은 산업혁명으로 가치를 반영하게 된다. 즉, 창업자의 입장에서는 산업과 산업혁명을 통해서 다양한 창업 아이템을 발굴할 수 있어 상호 WIN-WIN의 관계에서 순환 구조적인 역할을 한다.

4. 지식재산권과 산업혁명의 연계

지식재산 기본법 제3조(정의) 이 법에서 사용하는 용어의 뜻은 다음과 같다. "지식재산"이란 인간의 창조적 활동 또는 경험 등에 의하여 창출되거나 발견된 지식·정보·기술, 사상이나 감정의 표현, 영업이나 물건의 표시, 생물의 품종이나 유전자원(遺傳資源), 그 밖에 무형적인 것으로서 재산적 가치가 실현될 수 있는 것을 말한다.

"지식재산권"이란 법령 또는 조약 등에 따라 인정되거나 보호되는 지식재산에 관한 권리를 말한다. 과거에는 지적재산권이라고 불렀다가 현재 한국특허청(KIPO)에서는 지식재산권이라는 용어를 사용하며, 줄여서 지재권으로 부르기도 한다.

현재 '지식재산권'이 정식 용어이기는 하나 사회에서는 아직도 '지적재산권' 또는 '무체재산권'이라는 용어가 혼용되어 사용되고 있다.

앞서 설명한 지식재산권과 관련하여 기존의 유형적인 재산을 보호하고 권리를 부여하는 고전적인 재산권에서 벗어나, 무형의 지식, 즉 교육, 연구, 예술 등등 인간이 창조한 모든 것에 대한 재산권을 보호하고 권리를 부여하고 있으며, 인간이 적극적으로 발명과 창작 등을 할 수 있도록 권리를 보호해 주는 제도라고 할 수 있다.

현재 우리나라에서 보호하는 지식재산권은 크게 3가지 카테고리로 분류되는데 산업분야의 산업재산권(특허법, 실용신안법, 상표법, 디자인보호법), 저작권법, 반도체 배치설계법을 비롯한 사회/기술의 변화에 따른 새로운 형태의 신지식재산권이 있다. 산업혁명은 해당 지식재산권들과 연계하여 지속적인 기술의 확장과 고도화를 통한 산업 발전에 이바지를 하고 있다.

제2절 4차 산업혁명과 창업 생태계

1. 4차 산업혁명 및 창업 생태계

4차 산업혁명 시대, 대한민국이 위기다. 4차 산업혁명의 핵심기술로 꼽히는 인공지능 분야에서 전 세계 100대 스타트업 가운데 한국의 업체는 의료영상진단 기업 루닛(Lunit) 단 한 곳에 그쳤다.[10)]

한국이 혁신 경쟁에서 뒤처지는 상황은 비단 인공지능 분야에 국한되지 않는다. 최근 한 해 동안 새롭게 투자받은 스타트업 중에서 한국의 스타트업은 누적 투자액 기분 100대 기업 안에 한 곳도 들지 못했다. 상황이 이렇게 된 데는 여러 가지 원인이 있으나, 규제라는 걸림돌 역시 무시할 수 없는 요소다. IT전문 로펌인 테크앤로의 조사에 따르면 위에서 언급한 100대 스타트업 중에서 13곳은 그 사업 모델이 한국에서 금지되어 있어 사업을 시작할 수 없으며, 44곳도 조건부로 가능한 것으로 파악되었다.

글로벌 혁신 모델 사업의 절반 이상, 누적 투자액 기분으로 70%에 이르는 혁신이 한국에서는 제대로 꽃피울 수 없거나 시작조차 할 수 없다는 것이다.

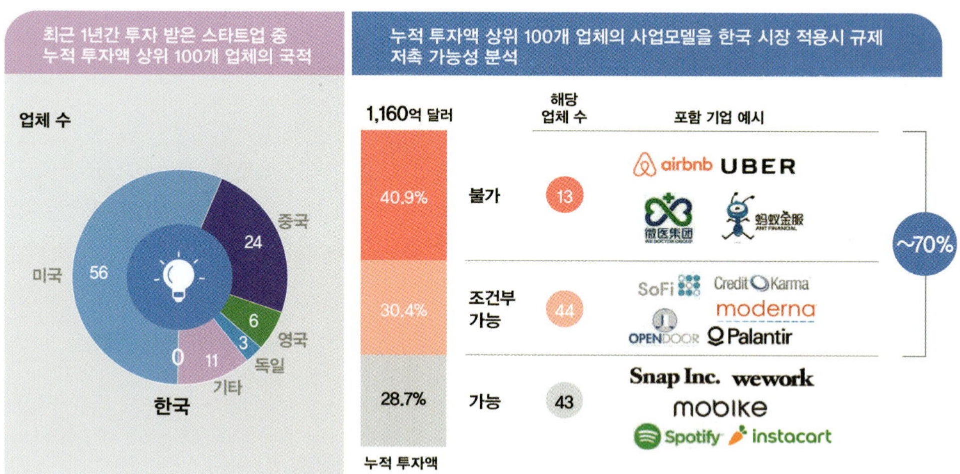

한국 스타트업의 글로벌 혁신 경쟁 도태

출처: pitchbook, 테크엔로 법률 검토 결과, 팀분석

---

10) 2017년 CB 인사이트(CB Insight), AI 100: The Artificial Intelligence Startups Redefining Industries.

(1) 4차 산업혁명과 글로벌 혁신 경쟁 도태의 심화

글로벌 혁신 경쟁에서 도태되는 현상은 4차 산업혁명 시대에 접어들며 더욱 심화될 우려가 크다. 4차 산업혁명은 '초연결', '초지능', '초융합'에 따른 자동화와 최적화의 극단적 발전으로 나타난다. 빅데이터에 기반한 자동화와 최적화로 말미암아 선도 업체와 후발주자 사이의 역량 격차는 쉽게 좁혀지지 않고, 오히려 빠른 속도로 벌어지게 된다. 선도 업체가 이미 쌓은 데이터를 이용하여 자동화와 최적화 역량을 지속적으로 향상할 때, 알고리즘 개발의 토대로 삼을 데이터가 없는 신규진입 업체는 최적화 역량을 따라잡을 수 없기 때문이다.

미국 아마존(Amazon)의 사업 확장 사례를 보면 이러한 구조를 쉽게 이해할 수 있다. 아마존은 누적된 유통 고객 데이터를 기반으로 상품과 콘텐츠를 추천하는 독보적인 시스템을 구축하고 판매 상품군을 확대해 나가고 있다. 또한 이렇게 확대한 유통 고객 베이스에 정보통신기술(ICT)기기(예컨대 Echo)를 판매하며 데이터 수집 창구를 확대하고, 그를 통해 최적화 추천 알고리즘을 더욱 강화해 나가고 있어 후발 주자가 따라잡기 힘든 구조다. 이러한 시각에서 ICT 혁신의 중심이 된 미국, 중국과 우리의 상황을 비교해보면 대한민국의 미래를 걱정하지 않을 수 없다. 산업구조가 정체된 우리와 달리 미국 내 산업의 가치 창출 축은 ICT로 넘어간 지 오래고, 십수 년 사이에 생겨난 스타트업들이 이러한 변화의 중심에 있다.

뉴욕거래소와 나스닥의 시가총액 상위 10개 기업은 최근 10년 동안 아마존, 구글(Google), 페이스북(Facebook) 등의 젊은 IT 기업이 정상에 오르며 평균 업력이 14년 젊어졌다. 그 기간에 한국거래소 상위 10개 업체는 15년의 나이를 더 먹었다. 이는 산업구조가 격변한 10년 동안 새로운 혁신을 만들어 내지 못했음을 방증한다.

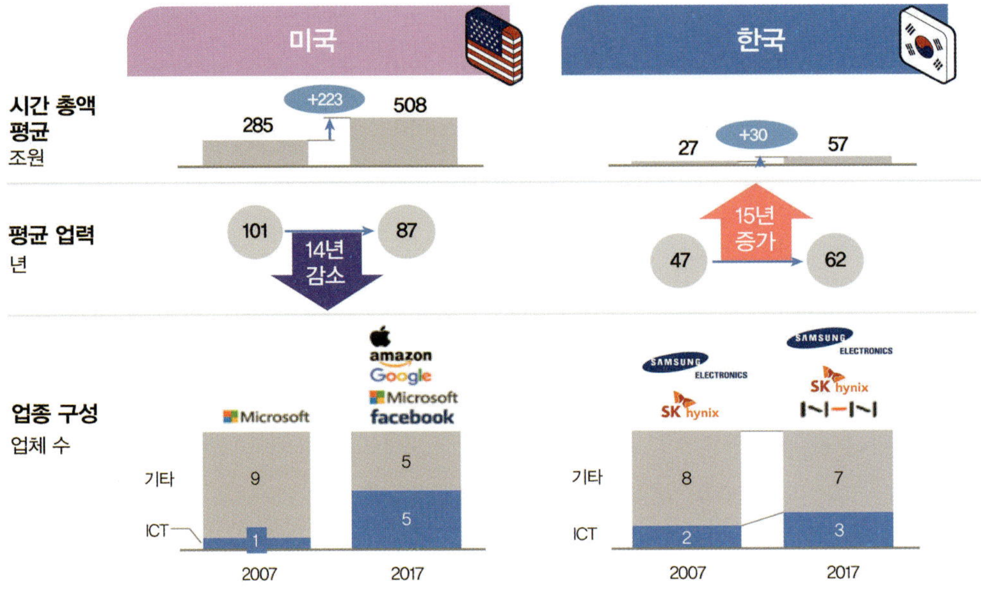

시가총액 상위 10개 업체 비교[11]

출처: 자료: S&P, 증권거래소

(2) 스타트업의 중요성

4차 산업혁명의 혁신 경쟁에서 스타트업의 역할은 매우 중대하다. 규모의 경제의 중요성이 낮아지고 기업 기능의 수직적 분해가 확대되는 등 4차 산업혁명이 가져오는 산업구조의 근본적 변화는 전 세계적으로 스타트업의 출현을 가속화할 것이다. 또한 국적과 관계없이 가장 역량 있는 업체가 소수의 인력으로 전 세계의 고객에게 제품과 서비스를 제공할 수 있게 하는 혁신의 글로벌화는 스타트업의 성장 한계를 없앨 것이다.

스타트업 출현의 가속화는 기업 기능의 수직적 분해 확대와 혁신의 외부 수혈 증가 흐름에 기인하는 바가 크다. 인터넷, 디지털의 폭발적 혁신으로 R&D를 포함한 대부분의 기업 기능을 외부에서 수혈할 수 있게 되었으며, 이를 통해 개방형 혁신(Open Innovation)으로 대변되는 대기업과 스타트업 간 협업이 확대되고 있다.

전 세계 대형 은행과 스타트업의 핀테크 혁신 협업 사례를 보면 이러한 흐름을 쉽게 이해할 수 있다. 마케팅부터 고객 응대, 신용평가, 대출 실행, 상환 프로세스관리에 이르

11) ① 2007년 1분기 말 기준, 2017. 5. 16일 현재 기준, 원달러 환율은 5월 16일 현재 기준 1116.0원 활용
② 2007년 제조, 금융, 헬스케어, 에너지, 통신, 유통, 2017년 금융, 헬스케어, 에너지
③ 2007년 제조, 금융, 통신, 에너지, 2017년 제조, 금융, 에너지, 건설 및 무역

기까지 모든 것을 은행이 담당하던 과거의 금융은 현재 분해되고 있다.

마케팅은 카드리틱스(Cardlytics), 고객 응대는 IBM 왓슨(IBM Watson), 투자 분석 기능은 켄쇼(Kensho)가 담당하는 식이다. 이렇게 제조, 마케팅 등 특정 기능의 전문성을 기반으로 하는 기업이 다수의 산업을 대상으로 혁신하는 사례는 그 범위가 지속적으로 증가할 것이며, 그 과정에서 수많은 스타트업이 생겨날 것이다.

성공적인 대기업들은 이러한 혁신적 스타트업들을 적극적으로 받아들이고 발전시키고 있다. 와해되는 산업의 피해자가 되기보다는 산업구조 변화의 주도자로 자리매김하기 위해 노력하는 것이다. 이세돌 9단과 인공지능의 바둑 대결로 전 세계의 이목을 집중시킨 딥마인드(Deep Mind), 전 세계 스마트폰 운영체계를 양분하고 있는 안드로이드는 이제는 ICT 대기업이 된 구글(Google)이 혁신적인 스타트업을 발굴하고 인수하여 발전시킨 대표적인 사례다. 앞서 언급한 켄쇼는 설립한 지 1년 반 만에 전통적인 투자은행 업계의 글로벌 선도 업체인 골드만삭스로부터 대규모 투자를 받기도 했다.

글로벌화 역량이 부족한 과거 한국의 스타트업은 일정 규모 이상 성장하면 내수 시장 규모의 한계에 따른 성장의 벽에 직면했고, 아무리 성공해도 중소기업을 벗어나지 못하는 것을 숙명으로 여겨왔다. 그러나 4차 산업혁명의 시대에는 이러한 글로벌화 장벽이 대폭 낮아질 것이다. 글로벌화 장벽이 낮아지는 데는 크게 두 가지 이유가 있다.

첫째, 핵심 역량을 현지화해야 한다는 부담이 낮아진다.

4차 산업혁명의 주요 사업모델인 최적화 엔진 등의 알고리즘을 바탕으로 한 사업군은 과거 스타트업 성장을 주도했던 이커머스(E-commerce) 등의 사업 모델에 비해 다른 산업/지역으로 적용하기가 쉽다.

둘째, 물리적 장비를 투자할 필요성이 낮아진다.

4차 산업혁명의 핵심인 ICT 사업은 공장 등의 물리적 투자 요소가 적어 해외로 확장할 때 추가 투자 부담이 적다. 급속히 향상되고 있는 자동 통역 기술 또한 해외로 진출하는 한국 기업에게 큰 걸림돌이었던 언어 장벽을 최소화할 것이다.

이러한 새로운 변화가 아니더라도 스타트업은 가치 창출, 고용 창출 측면에서 중요한 사회적 의미를 지녀왔다. 벤처기업의 2015년 기업당 평균 매출액은 69억 2000만 원으로 전년보다 8.6% 증가했다. 대기업(-4.7%)이나 중소기업(8.0%)보다 증가율이 높다.[12] 이러한 추세는 2009 년부터 7년째 이어지고 있다.

스타트업의 고용 창출 효과 또한 대기업을 훨씬 상회한다. 2014년 기준 벤처기업의 최근 5년간 고용증가율은 8%로[13] 30대 그룹의 고용증가율 1.3%를[14] 크게 앞질렀다. 비단 최근에만 그런 것은 아니다. 미국의 경우를 살펴보면 과거 30년간 기존 기업의 일자리는 100만 개씩 줄어들었으나 스타트업들이 매년 300 만 개의 새로운 일자리를 창출하여 전체 고용시장의 성장을 이끌었다.[15]

스타트업이 고용시장에 미치는 긍정적인 영향은 단순히 일자리를 늘리는 데 그치지 않는다. 미국에서는 이미 스타트업과 대기업 간 인재의 왕래가 활발해졌다.

예컨대, 페이팔 전략팀을 이끌던 마크 레너드(Mark Lenhard)는 미국 최대 은행인 JP 모건체이스(JP Morgan Chase)의 디지털 결제 담당 임원으로 자리를 옮겼다가 다시 오픈소스 이커머스 플랫폼 소프트웨어 스타트업인 마젠토(Magento)로 자리를 옮겼다. 이와 같은 인재의 왕래는 혁신이 소수의 스타트업에 그치지 않고 산업 전반으로 확산되는 것을 가속화한다.

(3) 스타트업 생태계

한국의 스타트업 생태계는 몇 년 사이에 양적으로 급속히 팽창했다. 2011년 6만 5000개의 법인이 신설되었던 것이 2016년에는 9만 6000개로 증가했으며,[16] 벤처 인증을 받은 기업은 2012년 2만 6000개에서 2015년에는 3만 개를 돌파했다.[17]

그러나 스타트업 생태계의 질적 측면에는 아쉬움이 많다. 2014년 OECD가 발간한 보고서[18]에 따르면, 한국에서는 기회 추구형 창업이 전체 창업 가운데 21%로 미국(54%), 이스라엘(58%), 핀란드(66%), 스웨덴(56%)에 비해 현저히 낮다.

각국의 창업 장려 문화와 사회경제적 인프라를 측정하는 세계 기업가정신 지수[19] 또한 2012년 30위에서 2017년 27위로 크게 개선되지 않았다.[20] 이러한 경향은 국내 경제

---

12) 중소기업청/벤처기업협회, 2016년 벤처기업 정밀실태 조사, 2015.
13) 창업진흥원, 2014년 창업 지원기업 이력·성과조사, 2014.
14) CEO 스코어, 30대 그룹 274개 계열사의 고용현황 조사, 2014.
15) Kauffman Foundation, The Importance of Startups in Job Creation and Job Destruction, 2010.
16) 중소기업청, 2016년 연간 및 12월 신설 법인 동향, 2017.
17) 중소기업청/벤처기업협회, 2016년 벤처기업 정밀 실태 조사, 2015.
18) 한눈에 보는 기업가정신(Entrepreneurship at a Glance)
19) Global Entrepreneurship Index
20) 8Global Entrepreneurship and Development Institute

통계에서도 그대로 확인된다. 통계청의 2015년 조사에 따르면, 해마다 20% 이상 매출이 증가한 창업 5년 이하의 고성장 기업은 최근 4년간 매년 4.4%씩 감소했으며, 신생기업의 5년 생존율 또한 2012년 조사에 비해 3.6%p 하락했다. 스타트업에 투자되는 자본과 4차 산업혁명의 신자본으로 불리는 데이터 측면에서도 성장은 비슷한 모양새를 보인다. 국내 벤처 펀드조성액은 2012년 8000억 원에서 2016년 3조 2000억 원으로 폭발적인 양적 확대를 이루었으나,[21] 그 자금의 면면을 살펴보면 민간의 출자 자본 비중이 50%대에 머물러 있다[22].

민간 자본이 투자에 참여할 만큼 매력적이지 않다는 뜻이다. 반면 선진 시장은 민간 자본이 70~90% 수준으로 절대적인 비중을 차지한다[23].

데이터 인프라의 질적 성장도 마찬가지다. 정부의 공공데이터 수는 2013년 5000개에서 2016년 2만 2000개로 증가[24]했으나, 제공된 데이터를 원활히 활용할 수 있게 하는 데이터의 형식, 접근성 측면에서는 아직도 갈 길이 멀다. 데이터 제공 기관마다 상이한 포맷 또는 기계 판독이 불가능한 폐쇄형 포맷을 이용하거나, API 형태로 제공되지 않는 데이터가 많기 때문이다. 이렇듯 양적 팽창에서 질적 성장으로 전환기에 처한 한국의 스타트업 생태계를 위해 본 리포트는 창업, 성장, Exit, 재도전으로 순환하는 스타트업의 생멸에 영향을 미치는 주변 환경을 점검하여 창업 생태계 활성화를 위해 필요한 변화 방향성을 도출했다.

이를 통해 한국의 스타트업 생태계가 질적 성장의 단계로 도약하고 대한민국이 4차 산업혁명 시대를 선도하는 성장과 고용창출을 지속 할 수 있도록 하는 데에 일조하고자 하는 목적에서다. 이제는 양적 성장을 넘어 질적 성장이 필요한 시점이다.

---

21) 중소기업청, 2016년도 신규 벤처펀드 조성 및 신규 벤처투자 동향
22) 2016년 57%
23) 미국, 2016년 98%
24) 행정자치부, 2017년 공공데이터 개방 및 활용 현황

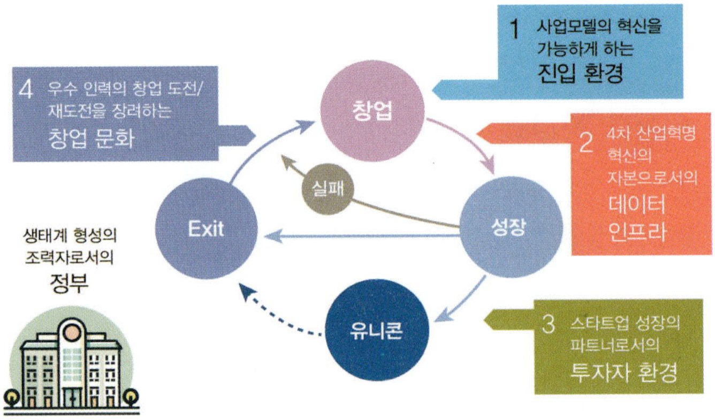

4차 산업혁명 시대의 건강한 창업 생태계

출처: 4 산업혁명 시대, 국내외 스타트업 현황 및 투자의 필요성. 제4차 산업혁명과 소프트파워이슈리포트 2018-제39호(스타트업코리아 보고서. 2017.7).

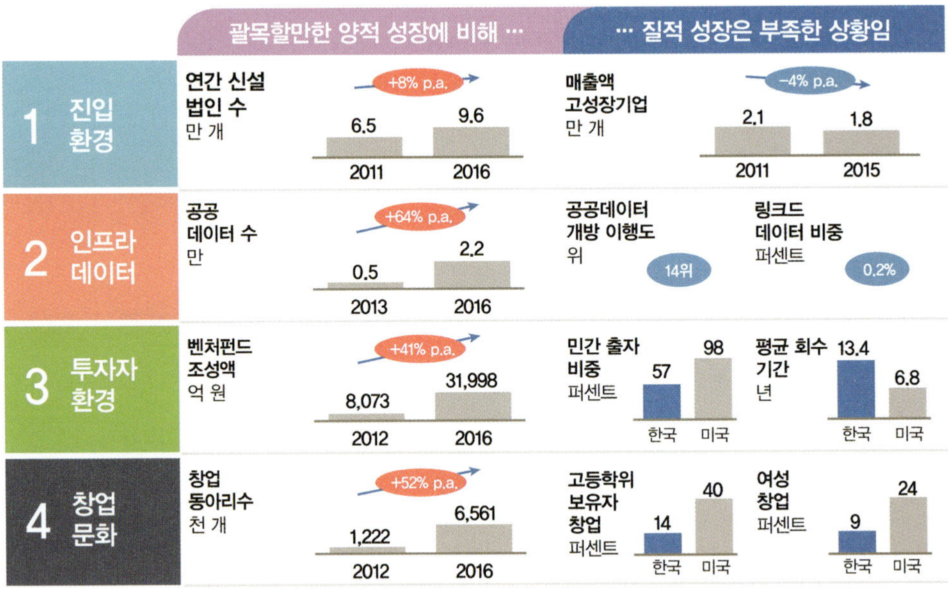

국내 창업 생태계 성장세[25)]

출처: 중소기업청, 통계청, 오픈데이터 바로미터, 벤처캐피탈협회, Pitchbook, 코스닥거래소, Dow Jones Venture Source, 글로벌센터.

---

25) ① 기업생멸행정통계 기준, 최근 3년간 매출액 연평균 성장률 20% 이상 기업 중 업력 5년 이하 기업
② 2016년 오픈데이터 바로미터 기준 (2017년 5월 발표)
③ 2017년 4월 기준
④ 한국은 2016년 기준 (정부부처 및 준 정책자금인 산업은행 및 국민연금 포함), 미국은 2015년 기준

(4) 사업 모델의 혁신이 자유롭지 못한 진입 환경

역대 정부는 국가경쟁력강화위원회(이명박 정부), 규제개혁장관회의(박근혜 정부) 등 규제 개선을 전담하는 회의체를 두고 국정의 주요 과제로서 규제 개혁을 추진해왔다. 그러나 스타트업을 창업하고 운영할 때 규제로 인한 어려움은 여전히 존재한다. Global Entrepreneurship Monitor Index[26] 에 따르면, 한국의 진입 환경은 65개국 가운데 49위에 머물렀다.

앞에서 살펴보았듯이 글로벌 혁신 모델 사업의 절반 이상, 누적 투자액 기준으로 70%가 넘는 혁신 모델 사업은 한국에서 사업화에 제한을 받는다. 이러한 환경을 개선하지 않고 글로벌 혁신을 선도할 기업의 출현을 기대하는 것은 어불성설이다.

시장진입 단계	주요 진입 장벽 유형	관련 예시
기존 업종 중 택일, 등록	• '융복합' / 신규 사업 모델의 **기존 산업 분류 내 등록 불가**	• 의료행위와 비의료행위를 구분하는 경계의 불명확성으로 인한 융복합 서비스 비활성화
해당 업종의 사업요건 충족 여부 검토	• **사업요건이 기존 사업자 및 오프라인 거래 환경 위주**로 정해져 있어 신규진입자로서 충족 불가하거나 불필요한 비용/인력 발생 • **그림자 규제**로 규정된 사업요건으로 인해 사업모델의 적법성 사전 검토 및 영업 불가	• 비대면 투자일임 금지로 로보어드바이저를 통한 저비용 자산관리 서비스 비활성화 • 의료법/약사법 상 진료행위와 의약품 판매 행위는 예외 없이 대면 판매 원칙 • 저축은행감독국, 여전감독국, 자산운용국의 '기관의 P2P투자'! 불허
신규 업종 및 사업 요건 규정	• **신규 요건이 오히려 스타트업의 성장을 제한** • **법 개정을 위한 시간 소요** (법안당 평균 500일 이상)로 글로벌 경쟁에 뒤쳐짐	• 해외송금업은 자본금 20억원 이상 보유, 일평균 거래액의 3배 예탁 의무 • 투자형 크라우드 펀딩의 활성화를 위한 '크라우드펀딩법' 발의 후 통과까지 2년 1개월 소요

신규 사업모델의 시장 진입 단계별 주요 장벽 유형화[27]

출처: 소액해외송금업 핀테크 업체 담당자 인터뷰, 문헌 조사, 팀 분석

(정책자금은 SBIC 투자액으로 산출)

⑤ 한국은 2015년 기준 창업 후 IPO 소요 기간, 미국은 2014년 VC의 M&A Exit 소요 기간 중간값

⑥ 전체 창업자 중 석사 및 박사 학위 소지자 비율: 한국 2016년 미국 2008년 7 2016년 대한민국 글로벌 창업백서: 한국은 서울, 미국은 실리콘밸리 기준

26) 2017 Global Entrepreneurship Monitor Index

27) ① 19대 국회 기준

② 해외송금업만 영위하는 전업자의 경우 10억 원

한국의 규제 환경에서 신규 사업 모델이 시장에 진입하고 합법적으로 사업을 영위하기 위해서는 여러 단계의 과정을 거쳐야 한다. 우선 법으로 규정되어 있는 업종 중에서 해당 사업 모델이 속한 업종을 택하여, 해당 업종이 요구하는 사업 요건을 충족하는지 확인받고 인허가를 받아야 한다.

이 과정에서 다음과 같은 경우에는 여전히 해당 분야에서 혁신적인 스타트업의 출현을 기대하기 어렵다.

① 융·복합 및 혁신을 활용한 신규 사업 모델이 기존 사업 분류의 어디에도 속하지 않아 등록할 수 없거나 애매한 경우

② 사업 요건이 기존 사업자 및 오프라인 거래 환경 위주로 정해져 있어 새롭게 진입할 수 없거나 불필요한 비용이 발생하는 경우,

③ 비공식 행정 지도인 그림자 규제가 적용되어 사업 모델의 적법성을 판단할 수 없거나 불법으로 규정되어 영업금지 처분을 받는 경우 해당 스타트업은 안정적으로 사업을 영위할 수 없거나 비즈니스 모델의 혁신성을 잃어 경쟁력이 사라진다. 그 후 신규 사업 모델을 위해 적합한 업종이 신설되거나 사업 요건이 개정되더라도 사업 요건이 여전히 과도하여 스타트업의 진입과 성장을 제한하는 경우

④ 규제 완화를 위한 법 개정에 500일 이상 소요되어 글로벌 경쟁에 뒤처지는 경우

특히 금융, O2O 서비스, 헬스케어 관련 서비스는 글로벌 혁신 경쟁에 뒤처지지 않으려면 시급하게 규제 환경을 개선해야 할 영역으로 꼽힌다. 이 영역은 이종 산업군에 있는 업종끼리 서로 결합하거나 업종 내에서 분화가 이루어지는 등 4차 산업혁명으로 인한 혁신의 핵심 무대가 되고 있다. 실제로 전 세계 유니콘 기업 중 상위 100개 기업을 살펴보면 금융이 17%, O2O 서비스가 17%, 헬스케어 관련 서비스가 9%로 전체의 43%를 차지한다. 그러나 국내에서는 규제와 관리가 지나치게 엄격해 해당 사업군 스타트업들의 고충이 수차례 이슈가 되기도 했다.

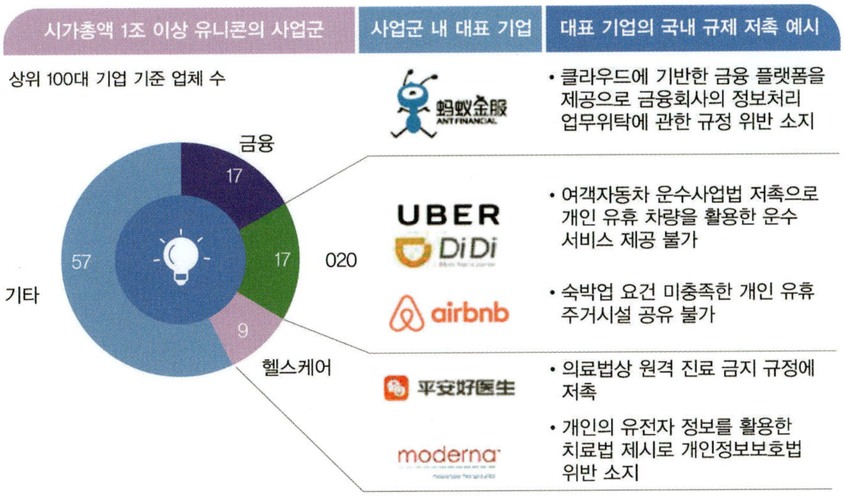

소액해외송금업 창업 단계별 주요 장벽[28)]

출처: Tech crunch의 유니콘 기업 리스트 및 업종 분류, 테크앤로 법률 검토 결과.

신규 비즈니스 모델을 위해 새롭게 규정된 사업 요건이 여전히 혁신을 제한하는 또 다른 사례로 로보어드바이저(Robo-Advisor)가 있다. 로보어드바이저는 모바일 앱이나 웹을 통해 개별 고객의 투자 성향과 투자 가능 금액에 따라 맞춤형 투자 서비스를 제공하는 서비스로, 인공지능 알고리즘에 의한 핀테크 혁신으로 각광받고 있다.

---

28) ① 법률 개정안에 따라 '17년 7월부터는 일정 요건을 갖춘 핀테크 업체가 기재부에 등록하면 소액 해외송금업 영위 가능
② '17년 1월
③ Hawaii의 경우 $1천, Alabama의 경우 $5천

시장진입 단계	국내 현황	해외 현황
기존 업종 중 택일, 등록	• **[해외 송금업 은행 독점]** 외환 송금 서비스는 은행만이 수행할 수 있는 핵심업무로 규정하여 해외 송금 핀테크 업체는 사업 등록 불가[1]	• '11년 영국에서 창업한 Transferwise, '09년 설립된 미국의 Peertransfer 등 해외송금 전담 핀테크 업체 다수, 기존 은행 대비 1/10 수준의 수수료로 서비스 제공
해당 업종의 사업요건 충족 여부 검토	• **[비트코인을 활용한 해외송금 금지]** 비트코인을 화폐로 인정하지 않으나, **물품 등을 활용하여 은행을 거치지 않고 해외로 자금이 이동하면 불법 외환거래**로 유권 해석[2]	• Albra(미국), Coins(필리핀) 등 다수의 해외송금 핀테크 업체가 비트코인을 활용한 해외송금 서비스 제공 • American Express 등 기존 금융사의 비트코인 활용 해외송금 핀테크 업체 대상 투자 집행
신규 업종 및 사업 요건 규정	• **[여전히 과도한 진입장벽] '소액해외송금업' 신설** – 자본금 20억 이상(전업사의 경우 10억) 보유, 전산업무 종사 경력 2년 이상인 임직원 5명 이상 채용 등 의무로 진입 제한 – 일평균 지급 요청 금액 3배(최소 3억)의 금감원 이행보증금 예탁 규정으로 성장 제한	• 영국의 경우, 최소 자본금 요건 $3만불 수준 • 미국의 경우, 주별로 다르나 최소 $1천~5천불[3]

출처: 소액해외송금업 핀테크 업체 담당자 인터뷰, 문헌 조사, 팀 분석

2013년 11억 달러에 머물렀던 글로벌 상위 5개 로보어드바이저 업체의 운용 자산은 기존의 자산 운용 서비스를 받지 못하던 대중 부유층으로 서비스를 확대해 나가며 2016년에는 797억 달러로 70배 이상 증가했다.[29)]

국내에서는 알고리즘에 자문과 투자를 일임하는 것이 원천적으로 금지되어 있었으나 최근 자본시장법을 개정하여 로보어드바이저를 통한 투자 자문과 자산 운용을 허용했다. 그러나 개정된 자본시장법 역시 불완전 판매를 이유로 여전히 비대면 투자 일임을 금지하고 있어 증권사 창구를 통해 고객과 대면 계약을 맺어야만 서비스를 제공할 수 있다. 오프라인 판매 지점에 지급하는 수수료 없이 다수의 소액 투자자들에게 낮은 비용으로 투자 자문과 일임 서비스를 제공하는 해외의 사례에 비하면 그 혁신성이 현저히 줄어든 형태다. 그뿐 아니라 최소 투자 가능 금액, 수수료, 옵션 서비스 등을 자유롭게 구현하고 프로파일을 입력할 때마다 상이한 포트폴리오를 제시하는 해외 업체에 비하면, 테스트 베드에 참여할 때 고객 분류 및 포트폴리오 설계 알고리즘 등도 허가를 받도록 규정한 국내의 로보어드바이저 업체들은 업체 간 차별성과 혁신성이 부족할 수밖에 없다.

---

29) 201년 2월 InvestmentNews

로보 어드바이저 혁신적 요소	국내 현황	미국 현황
모바일앱/온라인 채널을 통한 비용구조 혁신 및 접근성 극대화	• [비대면 투자일임 계약 금지] 증권사 지점을 통한 판매 및 고객 직접 방문 판매만 가능	• 온라인에서 투자일임 계약 체결 가능, 오프라인 지점에 지급하는 판매 및 거래 수수료 없이 투자상품 제공
고객 위험 성향 맞춤형 포트폴리오 설계	• [상품 위험 측정법의 획일화] 위험 측정법의 허가제로 인해 사실상 가이드로 제시한 한 가지 방식 ('자산 종류별 위험도 측정')을 따르도록 함 • [투자자 위험 성향 구분도의 제한] 위험 성향 구분 별로 과도한 서류 제출 요건으로 인해 정밀한 위험 측정 모델 도입 어려움	• 업체마다 특화 및 차별점 보유, 같은 수준의 리스크 프로파일 입력 시 업체마다 상이한 포트폴리오 제시안 출력
우수한 알고리즘만 갖추면 소규모 핀테크 업체도 자문 제공/일임 투자업 진입 가능	• [인간의 개입 없는 자문 및 일임 금지] 투자 자문 및 일임은 일정 교육을 수료한 '사람' 만이 수행 가능 • [대규모 자본금 요건으로 진입 제한] 일반을 대상으로 한 투자일임업은 자본금 15억 보유 의무	• 로보어드바이저의 자산 직접 운용 가능 • 별도 자본금 규정 없으며 AUM $100 Mil 이상이면 SEC에 등록 필요

AI를 활용한 투자자문·일임(로보어드바이저)

출처: 소액해외송금업 핀테크 업체 담당자 인터뷰, 문헌 조사, 팀 분석

마지막으로 그림자 규제라 불리는, '명확한 법적 근거가 없는 비공식 행정지도' 때문에 신규 사업 모델의 적법성을 판단하기 어렵거나 불법으로 규정되어 영업 정지 처분을 받는 경우도 문제로 지적된다. P2P 투자 행위에 대해 개별 금융기관을 관리·감독하는 저축은행감독국은 '예금 담보 제공'으로, 자산운용국은 '대출'로, 여전감독국은 '투자'로 서로 다르게 규정하고, P2P 대출이 각 기관의 금지 업무에 해당한다고 해석되기 때문이다.

(5) O2O 진입 장벽: 오프라인 위주의 사업 요건

O2O를 포함한 서비스업은 전 세계 각국에서 다수의 유니콘 기업을 배출하는 사업 분야이지만, 국내에서는 시장 질서를 유지하고 기존 산업을 보호한다는 이유로 다수의 혁신 사업 모델을 불허하여 여러 차례 이슈가 되었다.

온라인 중고차 거래 플랫폼 '헤이딜러'의 폐업은 온라인을 기반으로 한 O2O 사업 모델에 대한 이해 없이 오프라인 사업자 위주로 규정된 사업 요건을 그대로 적용하여 문제가 되었던 대표적 사례다. 자본금 1000만 원으로 설립되어 앱을 출시한 지 1년 만에 30만 건이나 다운로드된 '헤이딜러'는 2015년 12월 28일 국회를 통과한 '자동차관리법

일부개정법률안(자동차관리법 개정안)' 때문에 더 이상 합법적으로 영업할 수 없게 되었다. 관련 규정이 없었던 온라인 경매 방식의 중고차 거래 플랫폼에도 오프라인 사업장 규정을 동일하게 적용하여 3300㎡ 이상의 주차장과 200㎡ 이상의 경매장, 성능 검사 설비 및 인력 등의 기준을 충족하도록 강제했기 때문이다.

창업 초기 단계의 스타트업으로 기존 사업자와는 전혀 다른 사업 모델을 갖고 있었던 '헤이딜러'는 폐업을 선언했다가, 이후 소비자 보호를 위한 최소한의 약관을 제외한 온라인 자동차 경매 사업자의 시설이나 인력에 대한 규제는 철폐하기로 규제 당국과 협의하고 약 50일 만에 영업을 재개했다. 기존 산업 종사자와 마찰을 일으키는 혁신적 사업모델에 대한 영업 금지 처분도 O2O 서비스에 대한 과도한 진입 장벽으로 작용하고 있다. 예를 들어, 개인 유휴 차량을 이용한 차량 공유 중개 서비스인 우버는 2013년 8월 국내에서 영업을 개시했다. 그러나 1년 만에 국토교통부가 우버의 서비스를 여객자동차운수사업법 위반으로 규정했고, 서울시는 실제 단속에 나서 우버 운전자에게 벌금을 부과하는 등 영업을 불허했다. O2O 서비스를 통한 혁신은 산업구조의 변화를 수반하기 때문에 기존 사업자 보호만을 생각해서는 혁신을 받아들이기 어렵다. 우버 서비스의 합법화는 한국뿐 아니라 전 세계 주요 도시에서 이슈가 되고 있다. 런던, 캘리포니아, 매사추세츠 등 일부 지역에서는 우버의 영업을 원천적으로 금지하기보다는 기존 산업 종사자가 입을 피해를 최소화하면서도 해당 서비스와 이를 통한 융복합과 혁신을 가능하게 하는 접점을 찾는 방향으로 노력하고 있다.

(6) 헬스케어 서비스 진입 장벽: 의료 접근성을 제한하는 결과

헬스케어 서비스를 포함한 의료 분야는 공공서비스의 성격이 강하다. 국가의 보건 의료 체계에 따라 의료 수가 제한 등의 규제를 많이 적용받는 분야이며, 그래서 각국의 철학과 사회적 합의에 따라 정책의 운용 방향이 다를 수 있다. 따라서 공공서비스로서 의료 분야가 지닌 역할을 침해하지 않는 선에서, 진입 규제를 완화하여 최근 해외시장에서 발생하는 혁신을 어느 정도 수용할 수 있는 영역들에 대해 살펴보고자 한다.

헬스케어 서비스는 4 차 산업혁명으로 인한 경제적 가치 창출 효과가 클 것으로 기대되는 분야이며, 실제로 아이카본엑스(iCarbonX), 족닥(ZocDoc) 등 다수의 유니콘 스타트업들이 배출되기도 했다. 그 배경에는 의료 부문에 ICT 기술을 도입하여 과거에는 상상할 수 없었던 의료 서비스가 가능해지는 변화의 흐름이 있다.

인공지능을 활용한 암 진단 솔루션인 IBM 왓슨(IBM Watson) 등을 예로 들 수 있다. ICT 기술과 헬스케어 서비스의 접목은 해외 진출이 쉽지 않은 서비스 업종의 한계를 극복하고, 2020 년 2060 억 달러 규모로 성장할 것으로 전망되는 글로벌 디지털 헬스케어 시장을 공략할 기회가 될 수 있다.[30)] 또한 헬스케어 서비스의 혁신으로 높은 고용 창출 효과를 기대할 수 있다. 의료 서비스 산업의 고용 창출 효과는 10억 원당 11.8명으로, 제조업(6.1명)과 전체 산업(8.6명)을 훨씬 상회한다.[31)] 이러한 고용 창출과 경제적 가치 창출의 기회를 놓치지 않으려면 헬스케어 서비스 혁신을 과도하게 제한할 수 있는 요인들을 미리 파악하고, 혁신을 어느 정도 수용할 수 있도록 개선해야 한다.

① 이종 산업 간 융복합 제한, ② ICT를 활용한 원격 진료 및 의약품 배송 금지 등이 타당한지 우선 검토할 필요가 있다. 먼저 이종 산업 간 융복합 제한을 살펴보자. 의료 행위를 의료인만 할 수 있는 업무로 엄격히 제한하는 것은 타당하다. 그러나 해당 의료 행위의 경계가 명확히 규정되어 있지 않아 융복합 서비스의 적법성을 확인하기 어렵다는 데 문제가 있다. 최근 글로벌 보험사들은 헬스케어 서비스를 활용해 보험 서비스 고객 건강 증진과 맞춤형 보험 상품 설계, 의료비 절감 등의 효과를 거두고 있다.

예를 들어, 미국 보험사 시그나 그룹(Cigna Group)은 헬스케어서비스 전문 자회사를 통해 26개의 체중 및 식단 관리 서비스 등 맞춤형 헬스케어서비스를 제공하며 시장을 선도하고 있다. 또한 해외에서는 대면 진료 없는 원격진료와 온라인 채널을 통한 의약품 판매 등 ICT를 활용하여 의료 서비스의 접근성과 편의성을 꾸준히 향상시키고 있다. 미국(1997년 허용)뿐 아니라 중국(2014년 허용), 일본(2015년 허용 범위 확대) 등 주요 국가에서는 원격진료의 허용하거나 그 범위를 확대하는 움직임을 보이고 있다. 미국 최대 원격진료 서비스 업체인 텔러독(Teladoc)은 최근 기업가치가 14억 달러를 넘어서는 등 사업 모델의 혁신성을 인정받고 있다. 이 업체가 제공하는 원격진료 횟수는 2016년 95만 건에서 2017년 140만 건으로 급속히 성장할 것으로 전망되며, 환자들의 서비스 만족도 또한 2015년 6월 기준 과거 6년간 평균 95%를 상회했다.

중국은 2014년 국무원이 발표한 '의료기구 원격의료서비스 추진에 관한 의견'에서 의사와 환자 간 원격의료를 허용하며 원격 자문, 원격 모니터링, 전자처방전 발급 등의 원격의료 서비스를 확대하고 있다. 중국 정부는 비의료인의 원격의료를 금지하고 지방 행

30) 2016년 헬스케어 통계 전문기관 Statista의 전망치 (원격의료, 모바일헬스 등)
31) 2014년 한국 보건산업진흥원 보건산업 연관 분석 보고서, 고용유발계수 기준

정기관의 원격 의료에 대한 관리·감독을 강화하는 등 원칙적인 내용만 규정하고 있다. 아울러 원격의료 표준 수가, 시설 요건 등은 지방정부가 자유롭게 결정하도록 위임하고 있다. 이는 중국 정부가 원격의료 시행에 앞서 명확한 규정을 통해 도입을 규제하기보다는 시행에 따라 나타나는 문제를 사후에 보완하는 태도를 취하고 있음을 보여준다. 이러한 우선 허용, 사후 보완 방식은 의약품의 온라인 판매에 대한 중국 정부의 정책에서도 확인할 수 있다. 중국 정부는 2005년에 OTC 약품의 온라인 판매를 허용하고, 2013년에는 약국이 아닌 제3자의 인터넷 플랫폼을 통한 약품 판매를 허용했다. 또한 2014년에는 처방의약품의 온라인 판매를 허용하며 온라인을 통한 의약품 판매의 허용 범위를 지속적으로 확대해 왔다. 그러던 중 2016년 약국이 아닌 제3자의 인터넷 플랫폼(예컨대 알리바바의 의약품 온라인 판매 플랫폼인 '알리건강')을 통해 판매되는 의약품의 경우 품질에 대한 책임 소재를 명확히 할 필요성을 확인한 중국 정부는 해당 채널을 통한 의약품 판매를 잠정 중단(약국의 온라인 판매는 계속 허용)하고, 필요한 소비자 보호 조치를 마련하고 있다. 신규 서비스를 우선 허용한 뒤 필요한 규제를 정비하는 중국 정부의 방식을 잘 보여주는 사례다.

Chapter 09

4차 산업혁명 융합 창업인프라 사례연구

제1절 국내 사례연구

1. 국내 사례연구-1

〈4차 산업혁명의 열쇠, 소리에 투자하는 기업들[1]〉

터키 속담에 “미래는 산모와 같다. 무엇을 낳을지 누가 알겠는가”라는 말이 있다. 제4차 산업혁명 시대를 초입에 둔 지금 우리들의 마음이 이와 같을지 모르겠다. 누구도 정답을 알지 못하기 때문이다. 다만, 철저한 시장 분석과 기술 연구를 통해 미래를 추측해 나갈 뿐이다. 그렇다면 다가올 비즈니스 생태계에서 소리는 어떻게 활용되고 투자될 수 있을까.

4차 산업혁명 시대를 대비해 소리에 투자하는 기업들이 늘어나고 있다. 그동안 기업들의 소리 투자가 주로 ‘더 나은 음질’에 초점이 맞춰졌다면 이제는 음성인식기술 등 소리를 활용한 기술 개발에 힘을 싣는 상황이다. 제4차 산업혁명 시대의 꽃이라 불리는 로봇 등 인공지능(AI) 기술이 실생활에 완벽하게 구현되기 위해서는 그에 상응하는 ‘음성인식기술’이 접목돼야 하기 때문이다.

음성인식기술

음성인식기술은 컴퓨터가 마이크와 같은 소리 센서를 통해 얻은 음향학적 신호(acoustic speech signal)를 단어나 문장으로 변환시키는 기술을 말한다. 음성인식기술은 일반적으로, 음향 신호를 추출한 후 잡음을 제거하는 작업을 하게 되며, 이후 음성 신호의 특징을 추출해 음성 모델 데이터베이스(DB)와 비교하는 방식으로 음성인식을 하게 된다.

음성인식기술 역시 센싱과 데이터 분석 기술이 결합돼 있기는 하지만, 측정하고 분석해야 하는 데이터가 음성 데이터 하나라는 점에서 보다 손쉽고 정확하게 사람의 의도를 파악할 방법으로 알려졌다. 비단, AI의 활용에 꼭 음성인식이 필요한 것은 아니지만 많은 정보통신기술(ICT) 기업들이 AI와 음성인식의 결합에 힘을 싣는 이유는 복잡한 기계어가 아닌 자연어를 활용한 음성인식 방식이 개인 소비자들이 AI를 손쉽게 활용할 수 있는 방법이기 때문이다.

현재까지의 음성인식기술은 약 100분의 1초 단위로 파형을 분석해 사람이 소리를 낼

1) 한국경제, big story 143호, 2017; 재인용 및 내용 정리.

때의 입 모양을 컴퓨터가 복원하고, 거기에 해당하는 단어를 찾는 방식이다. 따라서 사람의 감정이나 상태를 파악할 수 있는 목소리의 톤이 구별되지 않고, 처리 속도 역시 단어 나열 정도에 머물러 있다.

음성인식기술을 바탕으로 한 다양한 음성인식 서비스들은 2000년대 후반에 본격적으로 소개되기 시작했다. 2011년에 출시된 애플의 음성 기반 개인비서 서비스인 '시리(Siri)'가 대표적이다. 시리는 아이폰 사용자의 음성 명령을 바탕으로 모바일 검색은 물론, 일정 관리, 전화 걸기, 메모, 음악 재생 등 다양한 생활 편의 서비스를 제공하는 개인비서 서비스다. 애플의 시리 출시 이후, 구글은 '구글 나우(Google Now)', 마이크로소프트(MS)는 '코타나(Cortana)'와 같은 음성인식 기반의 개인비서 서비스를 출시했다.

최근 국제전자제품박람회(CES) 2017에서도 음성인식을 활용한 AI 제품들이 눈길을 끌었다. 아마존 알렉사, 구글 어시스턴트, MS 코타나 등 딥러닝이 가능한 AI 음성인식기술이 가전, 스마트폰, 자동차, 드론, 콘텐츠 등과 결합하고 있다. 상용화까지는 시간이 걸린다는 평가지만 지금의 속도라면 AI는 곧 우리 생활 깊숙이 자리 잡을 수 있다는 것이 업계의 중론이다. 이승우 IBK투자증권 연구원은 "제4차 산업혁명 시대에 AI와 관련한 음성인식기술은 기존의 산업 생태계를 바꿀 가장 큰 열쇠 중 하나"라며 "미래의 많은 정보가 음성인식 전달로 이뤄질 가능성이 높은 만큼 굉장히 전망이 밝은 분야다"라고 전했다.

국내 기업들 간 경쟁도 뜨겁다. 네이버와 카카오는 음성인식 개발에 투자를 늘리고, 관련 벤처기업 인수에도 적극적이다. 네이버는 음성 합성 엔진인 '엔보이스(nVoice)'를 텍스트 음성 변환 기술(Text to Speech, TTS)에 적용해 뉴스를 읽어주는 서비스를 제공하고 있다. 네이버의 AI 번역 애플리케이션 '파파고'와 네이버 지도에도 음성인식기술이 탑재돼 있다. 카카오도 꾸준히 음성인식기술 개발에 매진하고 있다.

카카오는 지난 2013년 음성인식기술 벤처기업 다이알로이드를 인수해 화제를 모았다. 2014년엔 입력된 목소리를 문자로 변환, 음성 검색 서비스를 가능케 하는 음성인식 엔진 '뉴톤'을 자체 개발했다. 카카오는 이 같은 음성인식기술을 현재 카카오맵, 카카오내비, 다음 앱에 적용했고, 카카오지하철, 카카오버스 앱에도 활용할 예정이다.

소리를 오감으로 전하다

다가올 미래에는 음성인식기술만큼이나 음성을 전달하는 방식도 다양해질 전망이다. 소리는 기본적으로 진동이다. 진동은 어떤 물체가 정해진 공간에서 반복적으로 운동하는 것이며, 이러한 진동에 의한 에너지가 매질(파동이 전파될 때 필요한 물질)이나 공감을 통해 전파되는 것이 파동이다. 소리는 공기라는 매질을 통해 전달되는 에너지이자 파동이다.

기존에는 단순히 소리의 진동이 공기를 타고 귀로 전달되는 데 그쳤다면 앞으로는 인체를 통해 음성신호를 전달하는 기술 등 다양한 음성신호 전달 기술을 통해 삶의 질과 편의를 도모할 것으로 보인다. 더욱이 소리는 다른 에너지와 비교했을 때 인체에 무해하기 때문에 인체전도기술에 접목하기에도 무리가 없다.

그 중 지난해 국내 스타트업 기업 '이놈들연구소'에서 개발한 스마트 시곗줄 '시그널'은 소리가 인체전도기술과 결합됐을 때 창출할 수 있는 미래 소리 사업의 좋은 예로 손꼽히고 있다. 시그널은 음성 신호를 손가락 등 신체 부위를 통해 전달하는 세계 최초의 신개념 통화 사용자 경험(UX)을 적용했다. 사용자는 손가락을 귀에 대어 상대방의 목소리를 들을 수 있고, 시곗줄에 장착된 마이크를 통해 음성을 전달하는 방식이다.

삼성 기어, 애플워치 등과 같은 스마트 시계뿐만 아니라 일반 시계에도 연결해 사용할 수 있는 것이 특징이다.

기존의 물리적 자극(모터진동, 초음파, 적외선)보다 안전하고 부작용이 없으며, 샤프트 및 가이드가 필요 없는 최적화된 새로운 기술 개발로 소형화는 물론 주파수 특성 또한 80~350헤르츠의 임피던스를 구현할 수 있는 독보적이고 차별화된 기술을 개발, 기구적 원천특허를 확보한 상태다.

기계, 이젠 소리가 경쟁력이다

비단, 기업들의 소리 투자가 융합기술 개발로 빠르게 이어지고 있지만, 소리의 품질을 제품경쟁력으로 내세우기도 한다. 특히, 제조업체들은 TV, 휴대전화는 물론, 노트북, 자동차, 침대까지도 최상의 음질을 경쟁적으로 소개하고 나섰다. 그중 가장 눈에 띄는 분야는 TV다. LG전자는 올해 새롭게 출시된 LG 울트라 올레드 TV와 관련, 소리 품질을 강조하고 나섰다.

미국 돌비사의 첨단 입체음향 시스템인 '돌비 애트모스(Dolby ATMOS)'가 지원되는 이 제품은 화면에 나오는 사물의 움직임이나 위치에 따라 소리가 사용자의 앞이나 뒤, 위에서 들리는 것처럼 만들어준다. 예를 들어 주인공의 머리 위로 비행기가 날아갈 때, 소리가 시청자의 머리 위쪽에서 들리도록 해줘 더욱 입체적이고 사실적인 공간감을 제공한다.

또한 새롭게 적용된 매직 사운드 튜닝 기능은 TV를 시청하는 공간에 맞춰 최적의 음질을 제공한다. TV 스피커를 통해 내보낸 신호음이 실내에 울려 퍼진 뒤, 매직 리모컨의 마이크로 들어오면 소리의 파동 등을 분석해 공간에 맞게 음질을 최적화하는 방식이다.

LG전자 관계자는 "TV를 시청할 때 사운드에 따라 체감하는 현실감 차이가 큰 것으로 나타난다고 한다"며 "여기에 최근 TV가 대형화되고, HDR, UHD 등 최신 고화질 기술이 확산되면서 자연스럽게 고화질에 걸맞은 웅장하고 세밀한 사운드가 주목받고 있어, 탁월한 화질만큼이나 수준 높은 음질로 시장을 공략할 예정이다"라고 전했다.

TV 소리 품질과 관련해 사운드바(긴 막대 형태의 신개념 음향기기로, 저음용 스피커인 우퍼나 초저음용 스피커인 서브우퍼 등을 하나의 기기에 가로로 길게 배치함으로써 기다란 막대 형태로 디자인된 새로운 개념의 음향기기)도 큰 주목을 받고 있다. 시장규모도 약 2조 원으로 추정되며 야마하, 보스 등 음향 전문 기업도 다수 진출해 있다. 시장조사업체 퓨처소스컨설팅에 따르면 사운드바를 포함한 홈오디오 시장 규모는 2016년에 6760만 대에서 2018년 1억290만 대까지 증가할 것으로 전망된다.

TV 사운드바 점유율 1위 자리를 지키고 있는 삼성전자는 최근 공개한 'MS750'을 통해 사운드와 TV 매칭 방식을 개선했다. 특히 본체에 우퍼를 내장, 향상된 사운드를 청취할 수 있다. 서브우퍼가 없어 공간의 효율적인 활용도 가능하다.

자동차업계에선 이탈리아 스포츠카 업체 마세라티가 엔진 소리에 심혈을 기울이는 것으로 정평이 나 있다. 구동력과 디자인 등 자동차 본연의 가치에 차별화된 소리를 더해 제품 경쟁력으로 내건 셈이다. 이를 위해 마세라티는 본사에 '엔진 사운드 디자인 엔지니어'라는 독특한 직군을 두기도 했다. 튜닝 전문가와 피아니스트, 작곡가를 자문위원으로 초빙해 저회전부터 고회전 영역에 이르기까지 각 영역마다 듣기 좋은 엔진음을 작곡한다.

이 밖에도 침대 분야에서도 수면을 돕는 소리 기술을 융합하고 나섰다. 에몬스침대가 엠씨스퀘어와 함께 개발한 '브레인 케어 베드'가 대표적이다. 이 침대는 수면 시 발생하는 특정한 뇌파가 나오도록 돕는 침대로, 새소리 등 자연의 소리가 스피커를 통해 흘러나온다. 이어폰 단자가 있어 혼자만 들을 수도 있다. 안대를 하면 패턴화된 빛이 주기적으로 깜박여 숙면을 유도한다. 침대 머리맡에 있는 발광다이오드(LED) 조명은 수면 상태에 따라 3단계로 밝기 조절이 가능해 수면을 돕는다.

네이버의 음성인식 통역 앱 파파고는 음성인식(ASR), 문자인식(OCR), 필기인식(HWR) 등

인식 기능과 함께 자연어처리(NLP), 기계번역(MT)과 음성합성(TTS) 기술이 탑재돼 있다. 사용법은 간단하다. 사용자가 검색란에 한국어, 영어, 일본어, 중국어를 말하거나 쓰면 이를 4개 언어 중 하나로 통·번역해준다. 따라서 해외여행 시, 가이드 통역이 없어도 간단한 의사소통을 하는 데 어려움이 없다.

시그널 작동 원리

시그널(Sgnl)은 음성 신호를 손가락 등 신체 부위를 통해 전달하는 세계 최초의 신개념 통화 사용자 경험(UX)을 적용했다. 음성 신호가 제품에 장착된 체전도 유닛(Body Conduction Unit, BCU)을 통해 진동으로 1차 변환되고, 이 진동이 손끝을 타고 올라가 귀에 있는 공기를 울려 다시 소리를 만들어내는 원리를 활용한다. 사용자는 손끝으로 상대방의 목소리를 듣는 한편, 제품에 장착된 마이크를 통해 자신의 목소리를 전달하면 된다. 이를 가능하게 하는 핵심 기술은 소리를 인체를 통해 전파될 수 있는 진동으로 바꾸어주는 BCU와 음성 데이터 전송 과정에서 일어나는 신호 왜곡을 보정해주는 알고리즘이다.

2. 사례연구-2

〈"제품 아닌 경험을 파는 기업이 4차 산업혁명 시대의 승자 된다"[2]〉

한국경제신문사와 미래창조과학부가 공동 주최한 '스트롱코리아 포럼 2017'에서 프랑스의 3D(3차원) 소프트웨어 기업인 다쏘시스템의 버나드 샬레 회장은 "제4차 산업혁명의 핵심은 제조 공정을 단순히 디지털화하거나 새로운 공장을 짓는 게 아니라 소비자의 경험과 생산자의 전문성을 융합하는 데 있다"고 말했다.

샬레 회장은 1980년대부터 다쏘시스템의 혁신적 연구개발(R&D)을 주도했다. 일찍부터 R&D의 중요성을 간파한 그는 회사에 연구 전담 부서를 만들고 R&D 성과와 회사의 경영 전략을 접목했다. 1995년에는 세계 최초로 디지털 방식으로만 설계한 보잉777 항공기 제작을 주도하며 이름을 알렸다.

샬레 회장은 '경험의 시대, 과학과 산업'을 주제로 한 이날 강연에서 "4차 산업혁명은 이미 오래전 시작됐다"며 본질에 대한 명확한 이해가 필요하다고 강조했다. 그는 "지난 30년간 자동차 · 생명공학 분야의 많은 기업이 디지털 기술을 이용해서 제품 생산 방식을 바꾸고 학문 간 영역을 넘나들며 세계를 바꿔왔다"고 말했다. 하지만 "4차 산업혁명을 '기업과 공장의 디지털화'로 단순히 정의하는 일은 지나치게 협의적 해석"이라며 "궁극적 목표를 인류 상상력의 산물인 세상을 새롭게 디자인하고 바꾸는 쪽으로 잡아야 한다"고 말했다.

샬레 회장은 "앞으로의 산업은 과거에는 발견되지 않았거나 서로 관련이 없어 보이는 현상을 연결하는 방향으로 발전할 것"이라고 말했다. 제품 디자인과 생산, 판매에 사용되는 3D 모델링과 시뮬레이션 기술은 그 핵심에 있다.

이들 기술 덕분에 많은 과학자와 기업이 그간 보지 못했던 부분을 새롭게 발견할 기회를 얻고 있다. 보잉만 해도 1999년 철저히 디지털 공간에서만 설계되고 시험을 거친 항공기와 부품을 생산하기 시작했다. 노벨상 수상자인 마틴 카플러스 미국 하버드대 교수도 분자가 세포에 들어갔을 때 나타나는 현상을 시뮬레이션을 통해 알아내 2013년 노벨화학상을 받았다. 미국식품의약국(FDA)은 2014년 심장 질환을 진단하고 새로운 의료기기를 개발하기 위해 살아있는 심장과 똑같이 작동하는 가상의 심장을 만드는 프로젝트에 착수했다.

샬레 회장은 "4차 산업혁명 시대에는 기업이 생산한 제품만으로 경쟁력을 따질 수 없게 될 것"이라며 "얼마나 더 큰 가치와 풍부한 경험을 소비자에게 제공하느냐에 따라 성패가 갈린다"고 말했다. 이를 위해 다양한 전문가의 협업이 필수라고 강조했다. 그는 규

---

2) 한국경제, 스트롱코리아 포럼, 2017; 재인용 및 내용 정리.

모가 큰 기업만이 이런 시험을 할 수 있는 건 아니라고 했다. 한 예로 유럽에선 지역 학교와 중소기업이 함께 힘을 모아 소비자의 만족도를 높일 무인자율주행차를 공동 개발하고 있다.

샬레 회장은 "큰 조직보다 오히려 작은 규모가 모였을 때 성공할 가능성이 크다"며 "규모가 큰 기업들도 혁신 제품을 만들기 위해 작은 규모 실험에 나서고 있다"고 말했다. 그는 하루 전인 지난달 31일 젊은 디자이너를 지원하기 위해 이노디자인과 함께 문을 연 3D익스피어리언스랩도 그런 시도 중 하나라고 소개했다.

그는 신기술 도입과 생산 공정이 바뀌면 일자리가 줄어든다는 생각은 '기우'라고 강조했다. 샬레 회장은 "신기술이 도입되면 일자리가 줄어드는 게 아니라 오히려 숙련된 노동이 더 강조될 것"이라며 "공장 근로자들이 공학자처럼 고부가가치 제품을 생산하면서 '블루 칼라'라는 말이 사라지고 '뉴칼라'라는 말이 생겨날 수 있다"고 말했다.

그는 "앞으로 산업과 과학에서 빅데이터와 데이터 과학이 막강한 힘을 발휘할 것"이라고 말했다. 막대한 데이터를 바탕으로 보이지 않는 현상을 알아내고 해결책을 찾는 재료로 사용될 수 있기 때문이다. 하지만 대다수 나라가 여전히 빅데이터 정책에 소극적이라고 지적했다. 빅데이터 선진국인 싱가포르 역시 많은 공공데이터를 보유하고 있지만 처음에는 제대로 활용하지 못했다. 하지만 이제는 시민이 보유한 스마트 사진 자료까지 실시간 수집해 도시 문제 해결에 적극적으로 활용하고 있다.

샬레 회장은 "한국을 비롯해 여러 나라가 여전히 많은 양의 빅데이터를 확보하고 있지만, 쌓아두고 사용하지 않은 '블랙데이터'인 경우가 많다"며 "정부가 적극적으로 나서 벤처와 과학자가 사용할 수 있도록 길을 더 열어야 한다"고 말했다.

3. 사례연구-3

〈"IoT로 건물 평가기준도 달라져… 업의 본질 완전히 바뀔 것"[3]〉

김기세 딜로이트컨설팅 USA IoT 전략총괄은 맥킨지 컨설턴트와 삼성, LG 임원을 지낸 모바일 비즈니스 및 IoT 분야의 권위자다. 그는 IoT에 대해 "누가 언제 어디서 무엇을 그리고 왜 어떻게 할 수 있는지 실시간으로 알 수 있게 하는 것"이라며 "이런 세상에서 여러분의 사업이 어떻게 바뀔 것인가를 생각해보기 바란다"고 거듭 강조했다.

IoT를 적용해 탈바꿈한 딜로이트의 네덜란드 사옥을 사례로 제시했다. 그는 "2만8000개의 센서, LED(발광다이오드) 조명, 동선과 업무 상황에 따른 전력 배분 등으로 건물 사용 전력이 60%나 줄었다"며 "직원들의 근무 패턴, 손님 미팅의 동선이 센서를 통해 다 파악되면서 불필요한 공간을 없애니 임대 공간이 더 늘어났다"고 설명했다.

에너지 사용을 줄이고, 공간 효율성은 높이면서 수익도 늘어나니 건물 가치가 크게 높아졌다. 건물 하나만 이렇게 바뀌어도 인력의 효율적인 운용, 업무 시간 조정, 생산성 등 다양한 분야에 큰 영향을 끼친다는 것이다. 김 총괄은 "기존에는 건물을 지을 때 위치가 가장 중요했다면 이제는 얼마나 더 효율적으로 유지하고 다른 비즈니스와 연결하느냐가 더 중요해졌다"며 "건물을 평가하는 기준에도 변화를 주고 있다"고 했다.

그는 제너럴일렉트릭(GE)이 금융 관련 자회사를 정리하고 IoT 관련 사업에 집중하는 것이 IoT가 산업의 중심축으로 변화하는 양상을 보여주는 상징적인 사례라고 소개했다. 그는 "비행기 엔진을 그냥 한 번 팔고 마는 것이 아니라 엔진 사용에 따른 과금을 하는 방식으로 사업 모델이 달라지고 있다"며 "프로덕트(상품) 판매에서 경험과 시간을 파는 것으로 축이 옮겨가고 있다"고 설명했다.

김 총괄은 IoT가 기업 그리고 각 직업 종사자들에게 큰 기회이자 엄청난 도전이 될 것이라고도 했다. 그는 "지금까지는 매장이나 우리 회사 제품을 찾은 손님이 언제 왔고 얼마나 자주 와서 무엇을 샀는지 정도를 파악했다면 이제는 이 손님이 왜 왔는지까지 파악해 앞으로 일어날 변화까지 예측해야 한다"며 "그렇지 않으면 IoT 시대의 경쟁에서 살아남기 쉽지 않을 것"이라고도 조언했다.

한편으로는 IoT로 인해 개인정보 보호 이슈가 거세게 제기돼 기술 발전과 제도의 충돌을 우려하기도 했다. 아무리 IoT로 사물이 연결되고 엄청난 데이터가 오가더라도 개인정보를 조회하거나 이를 분석하는 게 불가능하다면 IoT 관련 산업 발전을 저해할 수도 있다고 지적했다. 강연 말미에 한 청중이 "IoT가 전혀 적용되지 않을 사물이 있을까"라고

---

3) 한국경제, 스트롱코리아 포럼, 2017; 재인용 및 내용 정리.

질문했다. 이에 대해 그는 “하다못해 의자만 해도 앉아 있는 시간, 자세, 움직임 등에 대해 센서를 통해 다양한 데이터 수집이 가능하다”며 “조금이라도 가치가 있는 물건엔 센서가 다 부착될 것”이라고 강조했다.

4. 사례연구-4

〈[일자리 절벽시대] [上] '좋은 일자리'가 사라진다.4)〉

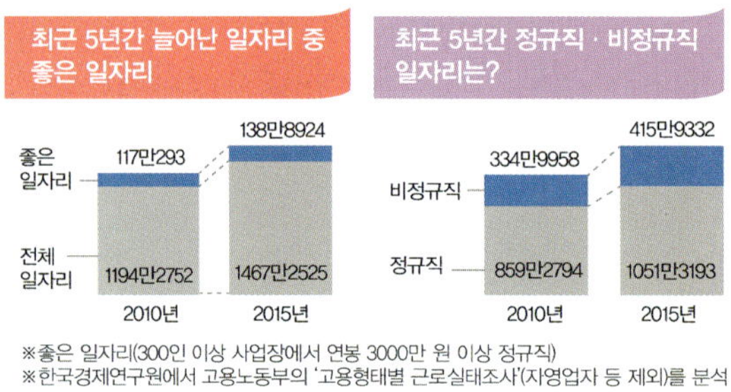

양질의 일자리 감소 현상

삼성그룹	채용 규모가 2012년 2만6100명에서 2015년 1만4000명으로 절반 가까이 줄어듦
포스코	전체 고용 인원이 10년 사이 1000명 가까이 줄어듦
한화토탈	충남 대산 공장에 5395억 원을 신규 투자하는데 추가 고용 인원은 수십 명
LG화학	충남 대산 공장에 2870억 원을 신규 투자하는데 추가 고용 인원은 수십 명
롯데케미칼	전남 여수 공장에 2530억 원을 신규 투자하는데 추가 고용 인원은 수십 명

자료: 각 기업

출처: 조선비즈(2017.05.22.). '1兆 클럽' 작년 영업익 73조… 고용은 1만5000명 줄어. https://biz.chosun.com/site/data/html_dir/2017/05/22/2017052202649.html

4차 산업혁명·스마트팩토리, 5년간 신규 일자리 272만 개 중 年 3000만 원 이상 정규직은 8%로 유지될 것이라 예상하고 있다. 세계 최대 규모(6000㎥)인 포스코 광양제철소 제1 고로(高爐)는 하루 1만5000t, 연간 530만t의 쇳물을 생산한다. 그런데 이런 대형 시설의 근무자는 단 8명에 불과하다. 철광석·석탄 등 원료를 집어넣는 작업, 쇳물을 다음 공정으로 운반하는 작업, 고로 운전을 컨트롤하는 작업 등 대부분 공정은 로봇이 담당한다. 불과 10년 전만 해도 이런 규모의 쇳물을 생산·관리하기 위해서는 20명 가까운 인력이 필요했지만, 작업 공정이 자동화·첨단화됨에 따라 인력이 줄어든 것이다. 세계 최고 철

---

4) 조선일보, 2017; 재인용 및 내용 정리.

강사인 포스코의 전체 고용 인원은 지난해 1만6584명으로, 10년 전인 2006년에 비해 1000여 명 가까이 줄어들었다.

포스코뿐만이 아닌 최근 국내 많은 대기업이 자동화·로봇화 때문에 시설 투자를 늘려도 '투자=고용 증대'란 등식이 성립되지 않고 있다. 대기업 투자가 일자리로 연결되지 않는 상황에서 은행, 증권사들도 인터넷 뱅킹 등에 밀리면서 대규모 감원을 하느라 여념이 없다. 그렇다 보니 우리 고용 시장은 절대적인 일자리 부족 못잖게 '좋은 일자리'의 태부족 현상도 점점 심각해지고 있다.

1조 클럽 상장사, 매출·영업이익 늘어도 1만5000명 줄였다

기업 정보 사이트 '재벌닷컴'과 함께 지난해 매출액 1조 원 이상 상장사 182곳의 사업보고서를 분석한 결과, 이 업체들의 직원 수는 100만2326명으로 1년 사이에 1만5000명이 줄어들었다. 이 기업들의 지난해 매출과 영업이익은 각각 1197조 원, 73조 원이다. 1년 사이 매출은 8조3000억 원, 영업이익은 6조5000억 원이 늘었는데 직원 수만 감소한 것이다. 대표적인 기업이 삼성전자다. 삼성전자는 1년 사이 3698명이 줄었는데, 영업이익은 2500억 원 증가했다. 지난해 창사 이래 첫 이익 1조 원을 돌파한 대기업 A사. 4년 전에 비해 영업이익은 4배 늘었지만 고용 총인원은 7900명에서 7600명으로 4%(300명) 감소했다.

A사 관계자는 "연간 투자액이 3500억 원에 이르지만, 국내 투자는 기술 · 자동 설비 위주"라며 "고용과 직결된 공장 증설 등은 대부분 인건비가 저렴한 해외에서 이뤄졌다"고 말했다.

'1兆 클럽' 작년 영업익 73조…

고용은 1만5000명 줄어 삼성그룹이 채용 규모를 밝힌 것은 2015년이 마지막이다. 당시 삼성은 고졸과 대졸 출신의 신입 · 경력 직원을 모두 포함해 1만4000명을 뽑았다. 3년 전인 2012년만 해도 삼성은 2만6100명을 뽑았다. 절반 가까이 줄어든 것이다.

5년간 늘어난 일자리 272만 개, 연봉 3000만 원 이상은 21만 개(8%)뿐

우리나라에서 연봉 3000만 원 이상 되는 '좋은 일자리'는 어느 정도 만들어지고 있을까. 한국경제연구원과 함께 고용노동부의 '고용형태별 근로실태조사'를 분석한 결과, 5년간 새로 생겨난 일자리 중 '좋은 일자리'(300인 이상 사업장에서 연봉 3000만 원 이상 정규직) 비중은 8%에 불과했다. 지난 5년 사이에 총 272만9773개의 일자리가 새로 생겼는데 이 중 '좋은 일자리'는 21만8631개란 것이다.

전체 일자리 중 '좋은 일자리'가 차지하는 비중도 2010년에는 9.8%였으나, 2015년에는 9.7%로 떨어졌다. 한경연 우광호 박사는 "세계에서 대학 진학률이 가장 높아 연간 대졸자만 50여만 명(휴학생 포함)이 쏟아지는 우리나라에서 양질의 일자리 창출 능력이 쇠퇴, 청년 실업문제를 심각하게 만들고 있다"고 말했다.

4차 산업혁명 앞에서 더욱 심각해지는 일자리 감소

고용 창출 능력의 감퇴는 산업계 전반으로 확산하고 있다. 특히 4차 산업혁명, 스마트 공장 등과 맞물려 더 빠른 속도로 퍼지고 있다.

경북에 있는 중견 기계부품회사는 지난해 스마트 공장 인증을 받았다. 이 회사 관계자는 "구매나 자재 관리, 재고 파악 등의 작업이 대부분 시스템으로 자동화되면서 상당수 직원들의 할 일이 없어졌다"며 "그렇다고 정규직을 해고할 수는 없어 업무 보정과 함께 신규 채용을 크게 줄이는 식으로 중·단기 인력 수급을 조정하고 있다"고 말했다. 이 회사는 초봉 3000만 원의 인기 중견 기업이다. 대규모 장치 산업인 석유화학 업체의 고용 사정은 더욱 심각하다. 롯데케미칼은 1000여 명이 근무하는 전남 여수 공장에 2530억 원을 들여 생산 설비를 늘리고 있지만, 추가 고용 인원은 수십 명이 채 안 될 전망이다. 800여 명이 근무하는 한화토탈의 대산 공장도 5395억 원의 시설 투자가 진행 중이지만 추가 고용 인력은 수십 명 수준이다. 업계 관계자는 "공장에서 대부분 로봇들이 업무를 대신하고 사람들은 거의 없는 석유화학 생산라인은 4차 산업혁명 시대 닥쳐올 제조업의 미래를 적나라하게 예고해준다"고 말했다. 배상근 전국경제인연합회 전무는 "우리 사회의 또 다른 취약점인 노동시장 양극화 해소와 중산층 복원을 위해서라도 좋은 일자리가 많이 생겨야 한다"면서 "최근 일본과 독일에서 과감한 규제 개혁과 사회 대타협을 통해 일자리 창출에 성공하고 있는 사례를 적극 흡수해 나가야 할 것"이라고 말했다.

5. 사례연구-5

2017년은 4차 산업혁명 원년
: 금융권에 상륙한 4차 산업혁명…블록체인 바람 분다[5)]

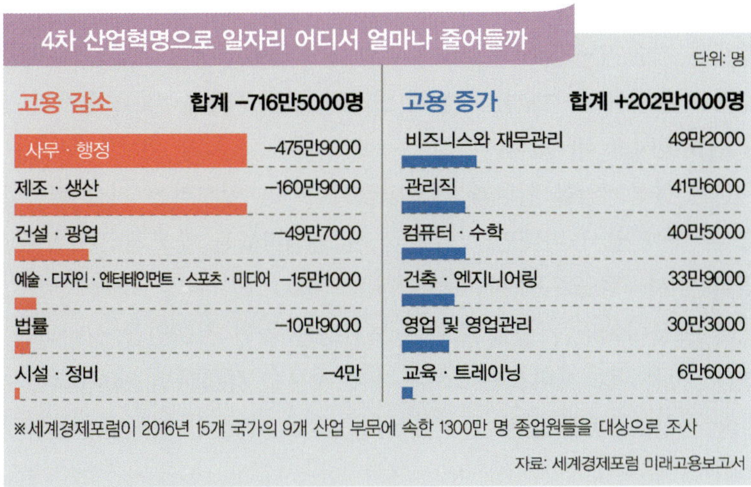

출처: 조선일보(2017.05.25.). 독일도 '로봇시대 일자리' 고민… 勞使政, 백서까지 만들어.
https://www.chosun.com/site/data/html_dir/2017/05/25/2017052500114.html

4차 산업혁명의 도래로 금융권이 격변의 시기를 맞았다. 4차 산업혁명 시대를 이끌 핵심기술로 꼽히고 있는 '블록체인(Blockchain)' 바람이 금융권 전반에 불고 있다. 블록체인은 거래 데이터를 중앙집중형 서버에 기록 · 보관하는 기존 방식과 달리 별도의 중앙 서버에 거래 정보를 저장하지 않고 모든 거래 참여자들이 거래 정보를 공유하고 함께 기록하는 시스템을 의미한다. 업계는 높은 보안성과 비용 절감 · 신속성 등을 바탕으로 한 블록체인 기술이 금융시스템 전반에 영향을 미칠 것으로 전망했다.

블록체인 분야 보폭 넓히는 금융업계

금융권에 따르면 은행 · 카드업계는 해외송금서비스, 인증 체계 개발 등 블록체인 기술을 활용한 금융 서비스 모색에 적극 나서고 있다. KEB하나은행, 신한은행, 국민은행 등 국내 주요은행들은 글로벌 43개 은행이 참여한 세계 최대규모의 블록체인 컨소시엄인

5) asIatoday, 2017; 재인용 및 내용 정리.

'R3CEV'에 가입, 블록체인 표준화 논의 및 공동프로젝트에 참여할 수 있는 협업체계를 마련했다.

개별 은행들도 블록체인의 금융서비스 상용화에 적극 나서고 있다.

신한은행은 영국현지 블록체인 전문업체 및 연구소와 전략적 업무제휴를 위한 MOU체결하고 블록체인 기술 연구 및 사업화에 대한 상호협업체계의 기틀을 구축했다. 지난해 이미 신한은행은 블록체인 기술을 활용해 골드바 구매 교환증 및 보증서를 발급하는 '골드안심서비스'를 출시한 바 있다.

KB국민은행은 블록체인을 활용해 해외송금서비스를 실시하는 기술 검증을 완료한 것으로 알려졌다. 이에 앞서 비대면 실명확인 시 증빙자료를 블록체인에 보관하고 위 · 변조여부 확인하는 시스템을 구축하기도 했다.

NH농협은행은 블록체인 기술을 결합해 보안성을 높인 지문인증 서비스를 인터넷뱅킹까지 확대했다. 지문인증 서비스는 스마트폰에 지문을 등록하면 계좌조회, 이체, 금융상품 상품, 대출 신청, 공과금 납부 등 전자금융 거래 시 본인 확인을 지문으로 가능하게 하는 서비스다.

하나금융도 국내 지급 결제시스템 중 '원화 차액 결제'와 관련해 블록체인 결제 기술검증을 완료했다. 블록체인 상용화를 위해 전국은행연합회와 16개 은행 및 2개 협력기관 등으로 구성된 '은행권 블록체인 컨소시엄'도 운영 중이다.

이 컨소시엄은 블록체인 기술 활용 공동 사업 발굴 등에 대한 논의를 하고 있다. 현재 과제 선정을 위한 안건을 추리는 작업을 하고 있으며, 이르면 올해 구체적인 윤곽이 드러날 것으로 보인다.

카드업계 역시 블록체인 기반 시스템을 발 빠르게 구축하고 있다.

롯데카드는 블록체인 기반의 지문인증 서비스를 오픈했다. 블록체인 기반의 지문인증 서비스를 향후 홍채인증 등 다양한 생체인증 서비스와도 융합해 나간다는 계획이다. 또 블록체인 기술을 문서 위변조 방지 체계에도 도입해 전자회원 가입신청서 등에도 적용했다.

KB국민카드 역시 지난해 12월 초 블록체인 기반의 인증서비스를 시행했다. 이는 블록체인 인증 정보가 담긴 키 저장매체와 블록체인 인증 네트워크를 통한 인증서비스다.

보안성 높은 블록체인… "4차 산업혁명의 핵심 인프라"

블록체인은 당초 비트코인 거래 정보 저장 기술로 고안됐다. 블록체인은 시스템 오류나 해킹 등이 발생할 경우 전체 네트워크에 영향을 미치지 않아 보안성이 높다는 강점이 있다. 블록체인은 데이터와 자산 거래의 신뢰성을 제공하는 4차 산업혁명의 핵심 인프라"라며 해킹을 통한 위 · 변조가 사실상 불가능해 중간의 '신뢰 담당자' 없이도 블록체인 위에서 거래할 수 있는 '스마트 계약'이 가능해진다. 거래비용과 시간 절감 역시 장점이다. 당사자 간 직거래가 가능해 수수료가 들지 않고, 중간 절차가 없어 시간도 절약할 수 있다. 업계는 높은 보안성과 효율성, 결제 신속성 등을 바탕으로 금융 서비스 적용 시 큰 폭의 비용 절감을 기대할 수 있을 것으로 내다봤다.

한국은행 금융결제국의 '분산원장 기술의 현황 및 주요 이슈' 보고서에 따르면 블록체인 기술 플랫폼에 향후 여러 금융 서비스 프로토콜이 더해진다면 금융 전반에 혁명을 불러올 것으로 예측했다. 다만 기술적 · 제도적으로 풀어야할 과제도 산적해 있다.

블록체인 기술 도입으로 새롭게 발생하거나 증대될 리스크 요인에 대한 점검이 필요하다는 의견이다. 한국은행 측은 "보안 리스크, 법적 리스크 등이 높아질 가능성이 크며 스마트계약이 분산원장에 결합되면서 발생 가능한 리스크에도 유의해야 한다"며 "혁신을 저해하지 않는 동시에 리스크에 적절히 대처할 수 있도록 금융당국의 규제가 적절히 이뤄져야 한다"고 강조했다.

또 신뢰를 보장해주는 제3의 외부기관이 존재하지 않아 참여자 간 서로 다른 의견이 나타났을 경우 이를 조정해주는 메커니즘이 미흡하다는 우려도 제기된다. 이러한 문제를 해결하는 정교한 규칙 체계가 사전적으로 필요하다는 주장이다.

이군희 서강대 교수는 하나금융경영연구소 논단에서 "블록체인 메커니즘을 통제할 법적 근거가 없으며, 이에 대한 금융감독 기준이 존재하지 않아 이에 대한 법제적 환경에 대한 논의가 필요한 시점"이라며 "금융규제적인 법적 분쟁이나 소송이 진행되는 경우 사법적 처리를 위한 규제기관 개입에 대한 적법성과 증거 수집을 위한 원칙과 절차 필요가 필요하다"고 지적했다.

제2절 글로벌 사례연구

1. 사례연구-1

〈[일자리 절벽시대] [中] 다양한 근로 형태 도입한 일본6)〉

마세 지즈코(38 · 여) 씨는 일본 도쿄 신주쿠의 유니클로 매장에서 '한정(限定) 정사원'으로 일한다. '한정 정사원'이란, 직종 · 근무시간 · 근무지역 등이 한정돼 있는 정규직이다. 정년 · 임금 · 복리후생은 일반 정규직과 같다. 마세 씨는 일주일에 4일, 하루 5.5시간(오전 9시~오후 3시 · 휴식 30분)만 이 매장에서 일한다. 그는 "집에 일찍 와 초등학생인 딸을 돌볼 수 있고, 정년 보장에다 근무지 이동이 없어 업무 효율도 훨씬 좋다"고 말했다.

한정 정사원은 일본 정부가 적극 권장하고 있는 이색 정규직이다. 근로자는 고용 안정과 일 · 가정 양립 등을 동시에 누릴 수 있고, 회사는 충성도 높은 '파트타임 직원'을 활용할 수 있다. 일본 기업의 절반 이상은 이 제도를 도입하고 있다.

유니클로는 근무시간과 지역을 직원이 원하는 대로 한정해 일하면서도, 정년이 보장되는 '한정 정사원'제도를 운용하고 있다. 블룸버그 '잃어버린 20년'을 보냈던 일본도 일자리 문제는 국가적 이슈였다. 2009년 대졸 취업률이 60% 수준으로 떨어졌지만, 올 초 97% 수준으로 완전 고용 상태로 회복했다. 최근엔 정규직 증가폭이 비정규직을 앞지르고, 올 1분기에는 비정규직 숫자는 줄어들었다. 배경엔 아베 신조 일본 총리가 일자리 문제를 사회문제가 아닌 '경제 이슈'와 결부시켜, '생산성 확대' 개념을 적용한 개혁이 있다.

우광호 한국경제연구원 박사는 "지금 우리는 '정규직과 비정규직'을 이분화해 무조건적으로 정규직 전환을 추진하고 있지만, 일본은 정규직을 세분화하고, 비정규직은 처우를 개선해 다양한 형태의 '좋은 일자리'를 만들기 위한 개혁을 단행하고 있다"고 말했다.

6) 조선일보, 2017; 재인용 및 내용 정리.

최근 일본의 비정규직을 앞지르는 정규직 일자리 증감폭 추이 [전년 대비 증감폭, 괄호 안은 전체 인원(명)]

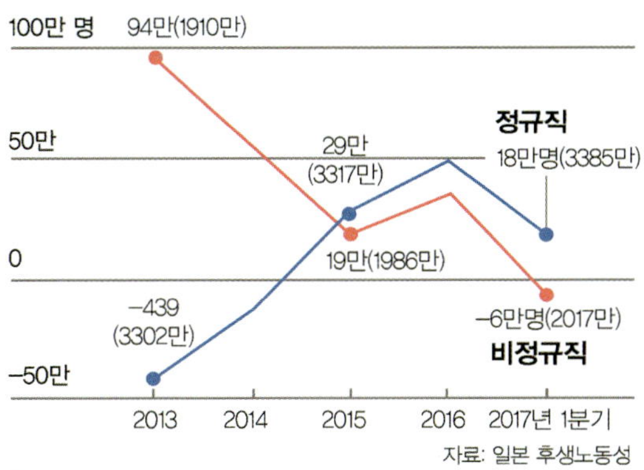

다양한 근로 형태가 등장하고 있는 일본

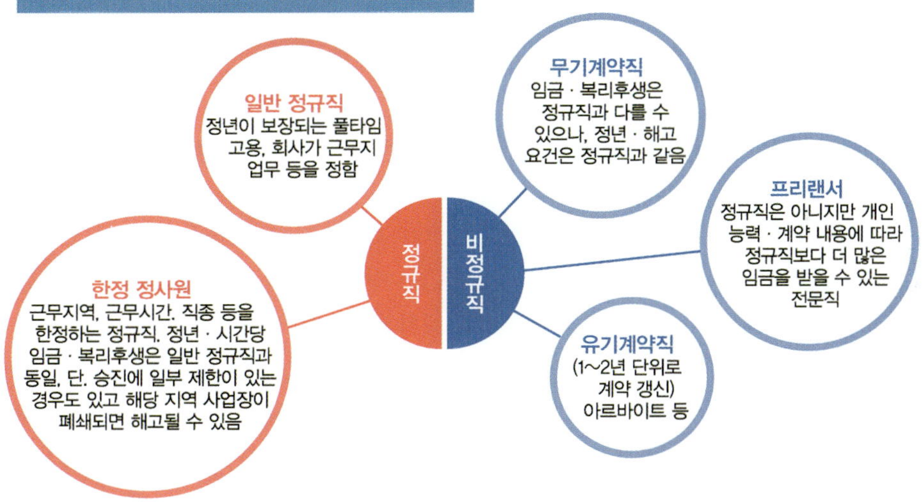

출처: 조선비즈(2017.05.24.). 日의 '일자리 개혁'… 근로 시간 · 장소 통념을 깨다.
https://biz.chosun.com/site/data/html_dir/2017/05/23/2017052303592.html

일본, 일자리 문제는 '노동 문제'가 아니라 '경제 문제'

아베 총리는 2015년 '강한 경제'를 천명하며 '근로 방식의 개혁'을 실천 방안으로 제시했다. 일자리 문제를 노동 · 사회 개혁 문제로 접근한 것이 아니라 '경제 개혁 문제'로 인식한 것이다. 아베 총리는 당시 "50년 후에도 인구 1억 명을 유지하고, 1억 인구가 모두 활약하는 강한 경제(1억 총활약 사회)를 만들겠다."면서 "다양한 근로 방식의 개혁을 추진하겠다."고 했다. 이 일련의 개혁은 전광석화처럼 진행됐다. 한 달 만에 아베 총리가 의장을 맡은 '1억 총활약 회의'가 신설됐고, 8개월간 9차례 회의를 마무리한 지 3개월 만에 '근로방식 개혁 실현 추진실'이 설치됐다. 이후 6개월간 10차례 회의를 열어 '실행 계획'을 내놓았다.

최근 일본의 비정규직을 앞지르는 정규직 일자리 증감폭 추이 외 일본 후생노동성 산하 노동정책연구 · 연수기구의 오학수 박사는 "일본의 '근로 방식의 개혁'은 근무 형태 · 직장 문화 · 라이프스타일 등을 근본적 · 총체적으로 바꾸자는 취지"라며 "비정규직은 처우를 개선하고, 정규직은 과도한 노동을 시정하는 등 다양하고 좋은 일자리를 만들어 모든 구성원이 성장의 과실을 골고루 나눠 갖자는 '경제 개혁'"이라고 말했다.

'동일노동 동일임금'으로 비정규직 처우 개선

일본 유명 의류 기업 아오키(AOKI)는 작년 9월, 60세 미만의 유기 계약 사원 420명(전체의 7.3%)을 무기 계약직으로 전환했다. 하루 8시간 근무, 월급 · 퇴직금 · 정년 등은 정사원과 똑같지만, 승진은 매장 관리자까지로 제한된다. 이 회사는 생애주기에 따라 '일하는 방식'을 스스로 선택할 수도 있다. 20~30대엔 정사원으로 입사했다가 출산 이후엔 '한정 정사원'으로 근무지 · 시간을 정해 일할 수도 있고, 상황에 따라 아르바이트생이 됐다가 다시 정사원으로 전환할 수도 있다. 이는 일본 정부가 작년 12월 제시한 비정규직 차별을 금지하는 '동일노동 동일임금' 가이드라인에 따른 것이다.

기본급 · 상여금 · 수당 · 복리후생 · 훈련 등에서 정규직과의 격차를 줄일 것을 구체적으로 명시했다. 특히 경험과 능력, 업적 · 실적, 근속연수가 동일하면 시간당 수당 · 복리후생을 동일하게 적용하도록 했다. 다만 상여금 · 직책수당에서 업적 · 공헌에 따른 차등은 인정했다. 일본 정부는 이 내용을 구체화해 2019년 법 시행을 목표로 올해 안에 법안을 제출할 계획이다. 이지평 LG경제연구소 수석연구위원은 "무조건 정규직으로 전환하는 것이 아니라 비정규직 처우를 개선함으로써, 기업들이 자발적으로 정규직을 더 채용하도록 유도하는 것"이라고 말했다.

재택근무 활성화… '스마트워킹'으로 효율성 추구

닛산 본사에서 근무하는 무라카미 미카코(여) 씨는 한 달에 5일을 재택 근무하며 육아를 병행한다. 인터넷 메신저인 '스카이프'로 팀원들에게 출근 인사를 하고, 퇴근할 땐 하루 성과를 이메일로 공유한다. 무라카미 씨는 "평가 · 승진은 성과에 따라 공평하게 이뤄지기 때문에 집에 있다고 놀지 않는다"고 말했다.

일본 정부는 재택 근무 시스템을 구축하는 사업장에 150만 엔(약 1500만 원)을 지원하는 등 재택 · 유연 근무를 권장하고 있다. 도요타는 최근 전 직원 중 3분의 1에 재택근무를 허용했다. '좋은 일자리'와 '근로 효율성'에 대한 문제의식 때문이다.

일본 노동법 전문가인 정영훈 한양대 법학연구소 박사는 "일본은 청년을 비롯해 간병 · 육아에 매인 사람들이 노동 조건이 열악한 직장을 기피하는 문제를 해결하기 위해 개혁을 추진해왔다"며 "우리나라도 실업자 중 절반이 대졸 이상이지만, 중소기업은 인력난에 시달리는 '일자리 미스매치'가 심각한 상황이라 일본식 개혁이 시사하는 바가 크다"고 말했다.

2. 사례연구-2

〈[일자리 절벽시대] [下] 노동시장 변화 대응하는 독일[7]〉

독일의 스포츠용품 브랜드인 아디다스는 작년 9월부터 독일 안스바흐에서 운동화 일부를 생산하고 있다. 1993년 운동화 생산 전량을 해외로 이전한 뒤 자국 생산을 재개한 건 23년 만이다. 독일 공장에선 연간 50만 켤레 운동화가 생산된다. 아시아에서 직간접적으로 100만 명을 고용하고 있지만 독일 공장에는 10명만 일한다. 동남아에서 생산할 때 필요한 인원의 60분의 1에 불과하다. 로봇 12대와 3D프린터가 사람을 대신해 운동화를 만들기 때문이다. 공장은 독일로 돌아왔지만 정작 일자리는 거의 늘지 않은 것이다.

독일 '노동 4.0'으로 4차 산업혁명 준비

독일 정부는 2011년부터 정보통신기술(ICT)을 융합한 '산업(인더스트리) 4.0'을 추진해왔다. 이런 4차 산업혁명은 아디다스 사례처럼 기존 제조업 일자리를 크게 위협하는 등 노동 환경을 바꿔가고 있다. 독일은 4차 산업혁명 추진과 함께 4차 산업혁명이 노동시장에 어떤 영향을 미칠지에 대한 물음도 함께 던졌다. 2015년부터 노사정(勞使政), 학계 등 전문가들이 머리를 맞댔고 작년 11월 관련 내용을 집대성한 '노동 4.0' 백서를 내놨다.

작년 말 완공된 독일의 아디다스 운동화 공장은 센서와 네트워크를 통해 로봇이 작업 방식을 조정해가며 원하는 제품을 생산한다. 연간 50만 켤레를 생산하지만 생산 인력은 10명이다. 24년 만에 독일 내 생산을 재개했지만 일자리는 거의 늘지 않은 것이다.

노동 4.0은 4차 산업혁명 시대에 어떤 일자리가 없어지고 새롭게 만들어질지, 근로 방식은 어떻게 바뀔지, 이런 변화에 어떻게 대응해야 할지 등 노동 시장 변화에 대한 광범위한 내용을 담고 있다.

4차 산업혁명은 일하는 방식을 근본적으로 바꿀 것으로 예상했다. 스마트 기기나 ICT는 언제 어디서든 일할 수 있는 환경을 가능하게 해 '오전 9시~오후 5시'라는 고정된 노동 시간과 사무실이라는 근로 공간의 경계를 없애 '유비쿼터스(Ubiquitous) 노동'을 가능하게 한다.

지금처럼 모든 근로자가 동일한 시간대에 늘 지정된 곳에서 노동할 필요가 없다. 또 수요자가 중심이 되는 '주문형(온디맨드) 경제', 'O2O(온·오프라인 연계) 서비스' 같은 플랫폼

---

7) 조선일보, 2017; 재인용 및 내용 정리.

경제(공유경제) 활성화는 고용의 형태와 근로 계약 방식도 근본적으로 바꿀 것으로 예상했다.

노동 4.0 "4차 산업혁명의 부작용 최소화해야"

하지만 이런 변화는 업무와 휴식시간의 경계를 무너뜨려 근로자 입장에선 노동 강도가 더 강해질 수 있다. 또 노동 4.0 시대에는 활발한 일자리 이동과 새로운 일자리 등장으로 인한 지속적인 직업 교육이 필요해지고, 실업자에 대한 사회적 보장도 한층 중요해진다.

플랫폼 경제를 기반으로 한 특수근로자들을 어떻게 보호할지에 대한 법적 문제도 발생한다. 독일은 노동 4.0을 바탕으로 이런 문제들을 해결하기 위한 법률 개정 등 대책을 마련할 계획이다.

이동응 한국경영자총협회 전무는 "4차 산업혁명으로 노동 시장의 유연성 확대는 불가피하다는 전제하에 부정적 영향을 최소화하기 위한 보완 조치가 시급히 이뤄져야 한다는 게 '노동 4.0'의 핵심 내용"이라고 말했다.

일자리 유연화로 실업 극복한 독일

독일은 앞선 2002년부터 '하르츠 개혁'을 추진해왔다. 제2차 세계대전 이후 실업률이 최고조에 이르자, 사민당 슈뢰더 총리는 폴크스바겐 인사담당 이사를 지낸 하르츠를 위원장으로 대대적인 노동 개혁에 나섰다.

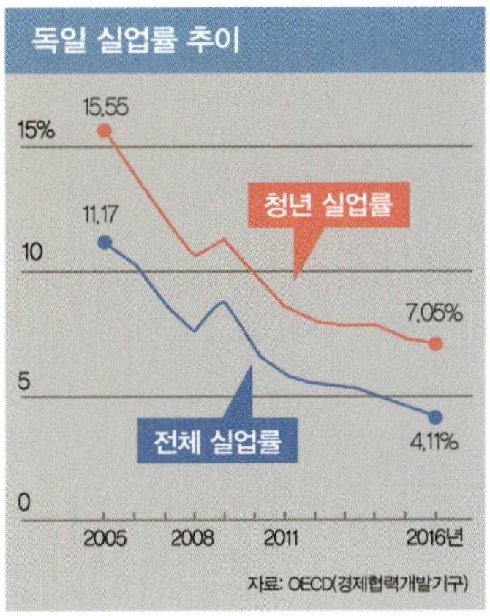

출처: 조선일보(2017.05.25.). 독일도 '로봇시대 일자리' 고민… 勞使政, 백서까지 만들어.
https://www.chosun.com/site/data/html_dir/2017/05/25/2017052500114.html

개혁의 핵심은 경기가 나쁘면 정리해고 기준 등을 완화하고, 경기가 좋을 때는 최대한 일자리를 보호하는 노동의 유연화였다.

하르츠는 네 차례에 걸쳐 비정규직 규제를 완화했다. 또 기업이 파견근로자를 사용할 수 있는 기간 제한을 없애는 등 파견근로자를 자유롭게 활용할 수 있게 했다. 2005년 청년실업률은 독일이 15.5%, 한국은 10.1%였다. 하지만 2016년 한국(10.6%)과 독일(7.0%)의 상황은 완전히 역전됐다.

김기선 한국노동연구원 연구위원은 "국가마다 일자리와 관련된 고질적 병폐들이 다를 수 있다"며 "지금 우리 노동시장의 문제가 무엇인지 의제를 마련하고 이에 대한 노사정의 공감대 형성이 필요하다"고 말했다.

제3절 4차 산업혁명 대응체계 구축[8)]

구분	주요 내용
데이터 인프라 구축	• 4차 산업혁명의 근간인 데이터 유통 · 활용 활성화 기반 마련
핵심기술 개발 [R&D]	• 지능형 제품, 맞춤형 서비스 구현을 위한 차세대 지능정보기술 개발 및 인프라 구축
산업생태계 조성	• 기업의 창의와 자율을 저해하는 핵심규제 개선 • 신산업 · 신기술 분야 시장 조성을 위한 정부지원 체계 개편
미래인재 양성	• 창의 · 융합형 인재양성을 위한 미래형 교육과정 편성 • 4차 산업혁명 전문인력 양성
노동시장 효율화	• 노동시장 유연성과 안정성 제고 • 부문 간 일자리 이동에 대비한 교육훈련시스템 정비

출처: 기획재정부(2021). 4차산업혁명 경제 · 사회시스템.

정부가 4차 산업혁명에 따른 경제·사회구조 변화에 체계적으로 대응하기 위한 컨트롤타워로 '4차 산업혁명 전략위원회'를 신설한다. 4차 산업혁명은 인공지능(AI), 데이터 기술이 모든 산업 분야에 적용돼 경제·사회 구조에 변화를 일으키는 기술혁명을 의미한다. 사물인터넷(IoT)·클라우드·빅데이터·모바일 등이 대표적이다. 맥킨지 보고서에 따르면 2030년까지 4차 산업혁명으로 인해 최대 460조 원의 경제적 효과 발생과 최대 80만 개의 일자리 창출이 기대된다.

기획재정부는 이 같은 내용을 골자로 하는 '2017년 경제정책방향'을 발표했다. 판교 창조경제밸리를 4차 산업혁명 혁신 클러스터로 집중 육성한다. 아울러 창조경제혁신센터를 기술·정보 확산의 거점으로 활용하고 창조경제혁신센터별 특화사업에 강점을 가진 전담기관을 보완한다. 인천(전담기관 : 한진)과 울산(전담기관 : 현대중공업)에 각각 KT, 울산과학기술원(UNIST)이 추가된다.

신기술 조기 상용화를 통해 유망 신산업 창출 촉진과 기존 산업 경쟁력을 제고한다. 내년부터 한국전력의 고공 철탑 약 4만기는 드론으로 시설을 점검받는다. 전남 고흥, 강원 영월 등 교통이 불편한 곳엔 드론으로 우편을 배달한다. 내년 하반기 경기 화성의 자율주행차 실험도시(k-city)에 고속주행구간을 우선 구축해 개방한다. 제조 전 과정에 정보

8) asIatoday, 2016; 재인용 및 내용 정리.

통신기술(ICT)을 활용하는 스마트공장도 4000개까지 확대할 계획이다.

교육 부문에선 창의융합형 인재 양성을 목표로 개정 국가교육과정을 초등학교는 내년부터, 중·고등학교는 2018년부터 시행한다. 4차 산업혁명의 핵심 경쟁력인 소프트웨어(S/W) 교육을 필수화한다.

노동 부문은 직종별 자동화에 의한 대체효과와 유망 신산업·직업별 수요예측 등을 기반으로 하는 '중장기 인력수급 전망'을 실시한다.

금융시장은 1분기까지 블록체인, 디지털 통화 등 신기술과 금융서비스 간 융합을 위한 2단계 핀테크 발전 로드맵을 마련한다. 올해 20조5000억인 기술금융 공급은 내년 34조 원으로 확대한다. 크라우드펀딩 규제 완화 등을 통해 모험자본 육성을 촉진한다.

공공분야에선 정책금융, 산업진흥, 보건·의료 3대 분야 기능 조정방안을 마련한다. 이밖에 국고보조금 통합관리시스템을 내년 1월부터 순차로 개통해 상반기에 완료하고, 분야별로 흩어져있는 바우처카드를 '국민행복카드'로 통합한다.

Part Ⅲ

창업가 마인드

출처: https://budhersong.com/747?category=291879

Chapter 10

창업가 마인드

제1절 창업가 정신의 개념과 사상

1. 창업가 정신(Entrepreneurship)

'창업가'라는 용어는 종종 '기업가'라는 용어가 같은 의미로 종종 사용되고 있다. 창업가정신과 기업가정신은 언제 발생하여 사용하게 된 것인지에 대하여 불명확하지만, 일반적으로 산업의 발전과 산업혁명 등으로 인해 사용된 것으로 추정된다. 이후 현대적 기업가정신은 19세기 후반에 프랑스의 경제학자 리처드 캉티용(Richard Cantillon)이 경제학에서 사용하면서[1)] 기업가정신은 새로운 학문으로 거듭 발전하고 있다.

프랑스에서 유래된 기업가정신은 "어떠한 일을 시도하다, 모험을 하다'라는 의미가 있다. 즉, 창업가정신은 자신의 기업을 지속적으로 발전 및 성장시킬 목적으로 기업가의 리더십을 바탕으로 ① 사물을 보는 관점, ② 사업에 대한 현명한 판단과 결정, ③ 조직을 이끌어가는 조직력과 책임감 등을 두루 갖추고 있는 자이다.

2. 창업가 정신의 사상

> 창업가정신이란 정말 무엇일까?
> 창업가정신은 어떻게 생기는 것일까?
> 창업가정신은 어떠한 모습일까?

창업가정신에 대한 정확한 답이 없음을 우리는 앞에서 살펴보았고, 지금도 연구가 되고 있는 분야이다. 그렇다면 기업자정신에 대한 연구대상은 누가 되는 것인가? 잘나가는 국내·외의 대기업 회장 또는 사장, 중소기업 사장, 창업에 성공한 창업자 등에 한정되어 있는 것인가?

나의 생각은 이렇다. 경제학, 경영학 등에서 다루어지는 개념도 중요하지만 기업가정

1) '리처드 캉티용'은 기업가에 대하여 "수요와 공급을 동일하게 유지시키는 기능 또는 중재자의 역할을 하면서 리스크 및 불확실성을 감수하는 자"로 설명하였다.

신은 대기업의 오너와 실무자, 창업자, 대학생, 고등학생, 중학생, 초등학생 등이 창업 또는 사업, 발명 등을 자신이 직접 진행해보는 과정에서 발생된 프로세스를 통해 성공과 실패를 직접 경험해 봄으로써 실무적으로 축적해놓은 Know-how와 아이템 기술에 대한 철학이라고 생각한다.

창업에 성공한 기업가 또는 창업에 재도전을 고려하고 있는 창업자는 자신이 진행해온 창업절차를 통해서 성공과 실패의 경험사례를 축적해놓았고, 이를 바탕으로 시제품, 마케팅, 홍보, 인적관리, 자금관리, 선택과 집중, 결정능력 등의 경험적 지식을 최대한 발휘할 수 있는 능력을 갖추고 있다. 또한 창업자 스스로가 판단 또는 결정을 내려야 하는 중요한 상황이 발생하였거나 봉착한 경우 창업자는 신중에 신중을 기한 최상의 현명한 판단을 통해서 시기적절하게 결정을 내리는 지혜가 생기고, 리스크를 최소화하여 안정적인 창업을 지속 유지해 나갈 수 있는 능력을 보유하고 있다. 그러나 창업자가 현재의 창업에 대한 성공만을 자축하고 있는 사이 다른 창업자는 더 혁신적인 아이템을 통해서 더 좋은 제품을 만들고 있다는 생각을 항상 하여야 한다. 따라서 창업자는 연구개발을 게을리하거나 진행하지 않을 경우 창업자는 또다시 '죽음의 계곡'으로 빠져들어 창업을 폐업하여야 하는 최악의 사태가 발생할 수도 있다. 그러므로 창업자는 기업가정신을 바탕으로 초심을 잃어서는 안 되며, 지속적으로 더 발전하고 성장할 수 있도록 항상 많은 고민과 해결 방안을 찾을 수 있도록 더 많이 배우고 익혀 신기술, 신제품 등이 안정화 될 수 있도록 적극 노력하여야 할 것이며, 기업가정신의 기본을 정리하면 다음의 그림과 같다.

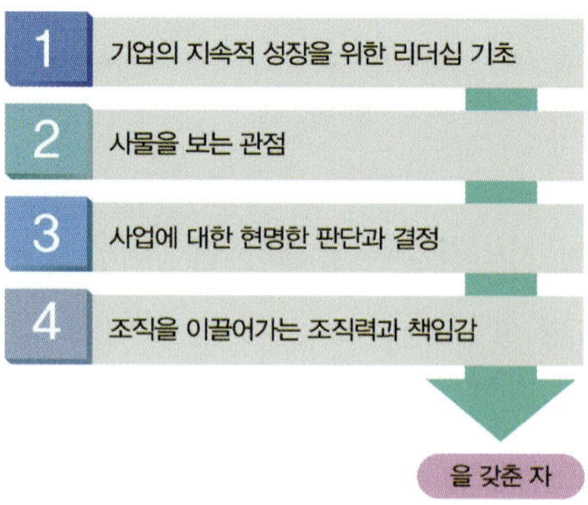

기업가정신의 기본

제2절 창업가 필요 능력

창업가 필요 능력

창업가에게 필요한 능력[2]에 대항 살펴보면 다음과 같다.

(1) 승부욕(모험심)

기업가는 자신의 창업 또는 사업에 대한 집착과 강한 집중력이 필요하다. 즉, 기업가는 자신의 창업 또는 사업에 대하여 모험을 할 줄 알아야 하고, 가능한 부분이 있다면 적극적으로 추진할 수 있어야 한다. 또한 경쟁업체를 지정하여 우리가 경쟁업체보다 더 잘할 수 있는 목표를 설정하고 달성함으로써 나의 사업을 꼭 성공시키겠다는 투철한 사명감과 욕심을 가지고 사업을 운영하여야 한다.

(2) 인내심

기업가는 생각보다 일의 진척이 늦거나 매출이 발생하지 않는 등 자신의 뜻대로 진행이 되지 않을 경우 즉시 포기하거나 다른 사업으로 전환하는 등의 행동을 해서는 안 된다. 필요한 경우 제3자 또는 전문가로부터 자신의 아이템 또는 제품에 대한 평가를 받아 부족한 점과 문제점에 대한 개선방안을 고민하여 적극 개선할 수 있는 마음을 갖추어야

2) 류석희·김송병·황일연(2013), 창업경영과 법률, 법률출판사, 53-57면.

한다.

(3) 네트워크 능력

기업가는 언제 어디서든 자신의 업무를 지원하고 협조해줄 수 있는 다양한 인적·물적 네트워크를 보유하고 있어야 한다.

예를 들어 아이템에 대한 문제점 및 개선방안을 도출해보고자 할 경우 기업가의 능력만으로는 해결하지 못할 때 전문가 또는 해당 아이템 관련 진출을 해본 선배 등에게 조언을 요청하여 원하는 답을 찾아낼 수도 있다. 또한 법률적으로 문제가 발생한 경우 아는 법조인 또는 해당 법률의 전문가와 상담을 하여 신속히 대처함으로써 추가적 손실 등을 예방할 수도 있다. 현대사회는 네트워크 없이는 성공할 수 없는 시대이므로 인간관계를 적극적으로 할 필요성이 있고, 자신이 다른 기업가 또는 창업가에게 도움을 줄 수 있는 것이 있다면 적극적으로 지원해줄 수 있는 마음가짐도 필요하다.

(4) 애사심

기업가는 자신이 만든 회사에 강한 애착심이 존재하는 것이 일반적이다. 그러나 기업자 자신부터 회사에 대한 애사심과 중요성을 가지고 있지 않다면 그 회사가 성장하는데 많은 어려움이 따를 것이다. 그러므로 기업가는 회사의 비전과 목표 등을 설정하여 애사심을 가지고 적극적으로 실천하는 노력이 필요하다.

(5) 인성

기업가는 창업 또는 사업에 조금 성공하였다고 흥청망청 유흥을 즐기거나 거만해질 경우 주변에 있던 친한 친구들과 사람들이 기업가에게 실망하여 떠나게 되는 경우도 발생할 수 있다. 즉, 창업 또는 사업에 성공한 경우 자신을 위해 노력하고 지원해 준 주변 사람들을 살펴보고 가능한 경우 사회에 조금이라도 도움을 줄 수 있는 행동을 한다면 기업가는 또 다른 성장을 하게 되고, 주위에서는 기업가에게 조금이라도 더 도움이 될 수 있는 지원을 해줄 수 있는 기회가 생길 수도 있을 것이다.

(6) 소통

기업가는 자신만의 창업 세계에 빠져 다른 사람의 의견을 무시하거나 자신의 기술에 대해서는 자신이 세계 최고임을 주장하면서 전문가의 조언 받는 것을 거부하는 경우가 있다. 기업가는 제3자가 생각하는 자신의 창업 아이템에 대하여 의견을 줄 경우 해당 의견에 대하여 검증을 통한 개선을 시도해보려는 것도 기업가의 중요한 사항으로 제3자의 말에 경청하고 확인하는 노력을 통해 소통하는 것을 게을리 해서는 안 된다. 즉, 현대사회는 소통이 매우 중요한 사회로 제3자의 의견을 적극 경청하고 좋은 의견 또는 조언은 기업가의 성장에 도움이 될 수 있음을 이해하여야 한다.

(7) 전문가

기업가는 창업에 대한 전문가가 되어야 한다. 기업가 자신의 창업아이템에 대한 문제가 발생한 경우 즉시 원인을 찾아 해결할 수 있는 능력이 필요하다. 또한 창업의 기술과 경영, 인적관리, 자금 확보 등에 대한 멀티플레이어가 되어야 하므로 기업가는 현실에 안주하는 것이 아니라 더욱더 연구하고 배우고 익혀 해당 분야의 전문가가 되어야 한다.

(8) 의사결정

기업가는 자신의 창업 또는 사업에 대한 책임자로서 회사의 업무에 대한 전반적인 프로세스를 명확히 이해하고 있어야 하며, 사안 발생 시 명확하고 신속한 의사결정을 통해 신속한 업무처리가 진행될 수 있도록 하여야 한다.

직원은 대표에게 즉시 결재를 받아 업체와 계약을 통해 매출을 발생시켜야 하는 입장에서 대표의 부재 또는 결재 보류에 따른 의사결정을 차일피일 미룬다면 이는 곧 기업가가 업무를 태만히 하여 스스로 기업의 손실을 초래한 사항으로 이후 직원들은 대표를 믿고 기업의 성장을 위해 적극적인 노력을 하지 않을 것이며, 이로 인해 조직관리의 실패로도 연결될 수 있다.

(9) 대책방안능력

기업가는 창업 또는 사업을 운영하면서 다양한 문제에 봉착하는 경우가 빈번히 발생할 수 있다.

만약 회사에 고객의 클레임, 거래처의 클레임, 사고 등이 발생한 경우 본인은 어떻게 하겠는가? 기업가가 해당 문제가 발생하여 당황하거나 대책방안을 제시하지 못한다면 회사는 어떻게 되겠는가?

기업가는 어떠한 상황이 발생하더라도 문제해결을 위한 마음과 중심을 가지고 발생된 문제에 대하여 적극적으로 처리할 수 있는 대책방안을 수립하고 해결할 수 수퍼맨의 능력을 갖추어야 한다. 또한 앞에서 살펴본 기업가의 네트워크 능력과 연계하여 문제가 발생할 경우 인적 네트워크의 도움을 받아 처리하는 방법, 클레임을 제기한 업체의 대표 또는 담당자 등과 긴급 협의 등을 통해 안정적으로 업무를 수행할 수 있도록 지원 및 대책방안 등을 제시하여 평정심을 유지할 수 있도록 처리하는 지혜가 필요하다.

(10) 책임감

기업가는 자신의 책임을 다른 사람의 책임으로 전가시키려 하기보다는 스스로의 책임으로 인정할 수 있어야 한다. 즉, 기업가 자신의 책임을 직원 또는 제3자가 지도록 억지를 쓴다거나 미룬다면 상호관계는 심각히 악화되어 적대관계가 형성이 될 수 있다. 이는 향후 기업가와 중요한 업무 등을 같이 추진함에 있어 부정적일 수 있으며, 유능한 인재를 퇴직시키는 불상사가 발생되어 회사의 손실을 초래할 수도 있다. 따라서 기업가라면 자신이 잘못한 부분에 대해서는 솔직하게 인정을 하고 향후 똑같은 일이 반복되지 않도록 준비하고 노력하는 자세로 솔선수범하는 것이 필요하다.

(11) 선택과 집중

기업가는 어떠한 업무를 할 경우 선택과 집중을 명확히 하여야 한다. 해당 업무가 완전히 해결되지 않았음에도 불구하고 다른 창업 아이템을 가지고 추가적인 창업을 추진한다면 차업에 역효과가 발생할 수도 있다.

안정적인 조직과 인력을 구성하고 있는 경우에는 필요에 따라 사업의 확대를 위해 다양한 아이디어를 개발하여 추진하는 것이 타당하나 처음 시작하는 단계에서 정신없이 성격이 다른 창업 아이템을 가지고 창업 활동을 한다면 일에 대한 효율이 낮아지게 되고, 직원 및 창업의 목적에 혼란을 발생시켜 결국 창업을 포기해야 하는 경우를 맞이할 수도 있다.

따라서 기업가가 처음 시작하는 단계의 위치에 있는 경우 선택과 집중을 명확하게 하여 최상의 업무적 효율화를 극대화할 수 있도록 지혜를 발휘해야 할 것이다.

Chapter 11

창업가 마인드 사례연구

창업가와 기업가의 정신에 따른 국내·외 주요사례를 소개하고, 창업자는 해당 사례를 분석 및 활용하여 창업자들이 한 단계 더 성장할 수 있기를 기대해 본다.

제1절 국내 사례연구

1. 사례연구

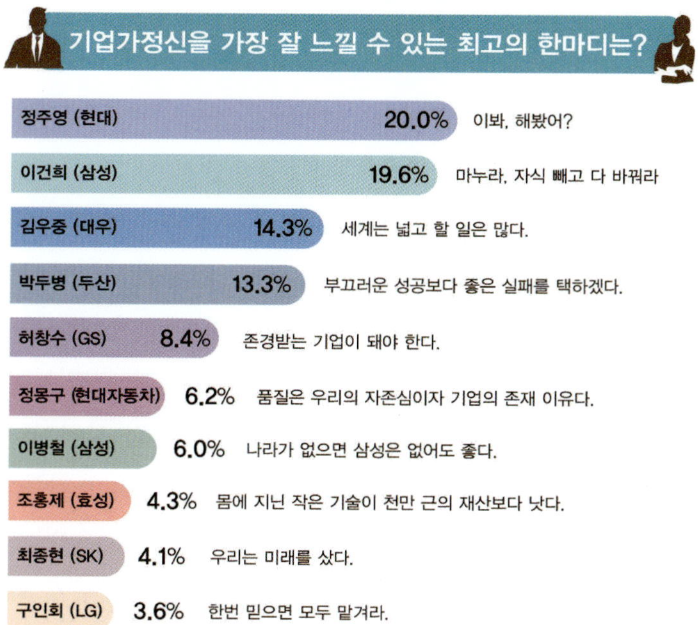

국내 기업가정신 어록[1)]

국내 기업가정신의 어록에는 기업가가 생각하는 신념과 비전, 목표 등이 내포되어 있음을 알 수 있다.

1) 연합뉴스(2015). "기업인 최고어록은 정주영 회장의 '이봐, 해봤어!'", 보도기사. http://www.yonhapnews.co.kr/bulletin/2015/10/22/0200000000AKR20151022067200003.HTML.

(1) 현대 정주영 회장[2)]

출처: 연합뉴스, https://m.yna.co.kr/view/AKR20151119063400003

아산 정주영은 한국 현대 경제사에서 삼성을 일군 호암 이병철과 함께 창업 1세대의 '성공 신화'를 대표하는 기업인으로 꼽힌다. 정주영이 손을 댄 자동차·조선·중공업·석유화학·건설·전자 등 이른바 '중후장대형' 전통 산업은 한국 경제의 중추로 성장했다. 그에게 뿌리를 두고 뻗어 나간 범현대 가문은 현대차·현대중공업·현대·현대백화점·케이씨씨(KCC)·한라·현대산업개발 등 8개 그룹 190여 개 계열사에 이를 정도로 한국 경제에서 큰 비중을 차지하고 있다. 정주영은 '이봐 해봤어?'로 상징되는 불굴의 도전정신을 보여주는 여러 일화들을 남겼다. 그는 1971년 조선소 건립 사업계획서와 예정 부지인 울산 미포만의 백사장 사진만 들고 영국으로 건너갔다. 그리고 거북선이 그려진 500원짜리 지폐를 보여주며 "우리는 400년 전에 이미 철갑선을 만들었다"고 당당히 말하면서 차관 도입과 선박 수주를 성사시켰다. 1984년 천수만 방조제 공사 때는 큰 바윗덩이도 순식간에 쓸려갈 정도로 유속이 빠른 곳에 길이 322m의 고철 유조선을 가라앉혀 물막이를 완수한 이른바 '정주영 공법'을 선보였다. 한국 최초의 고유 모델 자동차인 포니로 마이카 시대를 열고, 국토의 대동맥인 경부고속도로를 건설했으며, 세계 굴지의 건설사들을 제치고 사우디아라비아의 주베일 항만공사를 따내 '오일 쇼크' 극복에 일조했다. 그의 이름 앞에 '위기의 승부사' '세기의 도전자' '불굴의 개척자' 같은 수식어가 붙는

---

2) 한겨레, 2015. 재인용 및 일부 편집.
http://www.hani.co.kr/arti/economy/economy_general/718943.html#csidxf56bece888cc6cc87123f4b0ab57535.

이유다. 정주영의 동생인 정상영 케이씨씨 명예회장은 "개인적으로는 형님이지만 가장 존경한다. 형님은 실패를 두려워하지 않았다"고 회상했다. 하지만 이런 성공담은 이미 널리 알려진 얘기들이다. 그럼에도 2015년 한국 사회가 그를 다시 주목하는 이유는 무엇일까? 언론들은 "제조업 경쟁력 하락…정주영의 '해봤어' 정신 간절" "위기의 한국 경제, 정주영의 창조적 돌파력 절실" 등과 같은 표현으로, 그를 한국 경제의 위기 극복 화두와 연결시킨다. 현대차그룹의 고위 임원은 "20년 전 외환위기는 상당 부분 외부 충격에 의한 것인 반면, 지금은 전자·자동차·철강·조선·유화 등 한국의 주력 산업들이 모두 경쟁력을 잃어가고 있다는 우려가 커지는 시점에서 정주영식 '도전 정신'이 주목받는 것 같다"고 말했다. 정주영은 1960~70년대 불모지와 같았던 한국 경제에서 '무에서 유를 창조'하며 '한강의 기적'을 이루는 데 결정적 역할을 했다. 지금 한국 경제가 전례 없는 위기 상황에 직면하자 정주영에게 다시 위기 극복의 길을 묻고 있는 셈이다. 정상영 명예회장의 장남인 정몽진 케이씨씨 회장은 "큰아버지는 순간순간 모든 것을 걸었다. 조선이 그랬고, 자동차가 그랬다. 남들이 불가능하다고 생각한 일들을 모두 해냈다"고 말했다. 1910년을 전후로 한국 경제에 큰 족적을 남긴 기업인들이 잇달아 태어났다. 효성을 세운 조홍제가 1906년생이고, 엘지의 구인회가 1907년생이다. 또 삼성의 이병철이 1910년에, 삼양통상의 허정구가 1911년에 태어났다. 이들 대부분은 물려받은 재산으로 사업 밑천을 삼았다. 하지만 1915년 몰락한 양반의 후예로 태어난 정주영은 가진 것 없이 빈손으로 출발했다. 현대 경영학의 대부로 불리는 피터 드러커는 생전에 "세계적으로 뛰어난 기업가들이 많지만, 열악한 환경에서 뛰어난 업적을 남긴 정주영은 그 누구보다 빛난다"고 평가했다. 정주영은 성공한 기업인의 면모만 있는 게 아니었다. 1977년 현대건설 주식 절반을 내놓아 아산재단을 세우고 의료 사업, 연구 지원, 장학금 지급, 어린이집 무료 건립 등 사회공헌사업을 벌였다. 그는 1984년 부산대학교 특강에서 "주식을 사지 못할 정도로 가난한 사람들에게 혜택이 돌아가도록 하는 게 필요하다"고 강조했다. 자본주의 시스템을 유지하려면 분배에도 힘써야 한다는 게 그의 경영 철학이었다.

정주영은 1998년 소 떼를 끌고 두 차례 방북하고, 금강산 관광사업을 시작했다. 대북사업은 기업에 큰 위험이 따르는 일이다. 하지만 그에게는 단순한 돈벌이 수단이나 향수 달래기 차원이 아니었다. 정주영은 당시 기자회견에서 "남북간 화해와 평화를 이루는 초석이 되길 진심으로 바란다"고 밝혔다. 그를 오랫동안 보좌하며 현대자동차 사장을 지낸 이계안 전 의원은 "북한을 먹고 살 수 있게 만들면 전쟁의 공포를 없앨 수 있다고 생각했다. 돈을 많이 벌어 나라와 민족을 위하고 나아가 자본주의체제의 붕괴를 막기 위해 통 크게 사용한 경세가였다"고 회고했다. 그러나 정주영에게 공만 있는 것은 아니었다. 1992년 통일국민당을 만들어 14대 국회의원에 당선됐고 이어 대선까지 출마했으나 당시 여당인 민주자유당의 김영삼 후보에게 패배했다. 그의 이런 행보는 '정경유착'을 넘어 기업인으로서의 성공을 발판 삼아 권력의 장악까지 꾀한 최초의 '정경일체'의 시도라는 점에서 거센 비판을 받았다. 돈의 힘으로 민주주의를 위협한 셈이었다. 그는 고령으로 쇠약해진 뒤에도 경영 승계를 미루다가 결국 아들들의 경영권 다툼인 '왕자의 난'에 빌미를 제공했다. 시대 변화에 맞춰 정주영식 리더십을 비판적으로 수용해야 한다는 지적도 나온다. 맹목적 미화가 아니라, 지금도 유용한 것은 배우되, 그렇지 않은 것은 극복하는 지혜가 필요하다는 것이다. 경제개혁연대의 김상조 소장은 "과거 한국이 '빠른 추격자'였을 때는 '이봐 해봤어' 식의 자원동원형 리더십이 덕목이었다면, 지금처럼 어느 누구도 가보지 않은 길을 가야 하는 '개척자'가 된 상황에서는 조직이 해야 할 일과 해서는 안 될 일을 선택하고 관리하는 조정자 역할이 중요하다"고 강조했다. 현대차그룹의 한 임원은 "과거처럼 위에서 지시하는 것을 무조건 따라하는 방식으로는 국제 경쟁에서 경쟁우위를 점할 수 없다. 치열한 기업가정신은 본받되, 창의와 혁신이 꽃필 수 있는 새로운 일하는 방식이 필요하다"고 말했다. 전경련의 한 임원은 "과거 기업과 경제 규모가 작을 때는 뛰어난 최고경영자 한 사람이 모든 것을 결정하고 나머지는 따르는 방식이 주효했지만, 지금처럼 규모가 커지고 복잡해진 상황에서는 많은 정보와 의견을 취합·조정해서 합리적 결론을 도출하는 위원장식 리더십이 필요하다"고 말했다. 대기업들이 계열사 일감 몰아주기와 진입 장벽 쌓기로 시장경제를 어지럽히면서도, 무조건 규제 완화를 주장하는 것도 기득권 지키기에 불과하다는 지적을 피하기 어렵다. 정주영은 1981년 현대 간부사원 부인들을 대상으로 한 특강에서 이렇게 강조했다. "기업이란 자유경쟁체제에서 경쟁을 함으로써 생명력을 가지고 성장할 수 있다. 국내에서 독점적인 위치에서 보호받고 성장한 기업은 국제 경쟁에서 아무 힘도 발휘하지 못한다."

(2) 삼성 이병철 회장[3)]

출처: http://kosmba.or.kr/bbs/board.php?bo_table=entrepreneurship&wr_id=6

1934년 10월 어느 날 청년 이병철은 밤늦게까지 놀다가 집으로 돌아와 자녀들이 곤히 잠든 모습을 봤다. 문득 '세월을 너무 헛되게 보냈다'는 생각과 함께 정신이 번쩍 들었다. 그날 밤 뜬눈으로 지새면서 독립운동과 관료, 사업 가운데 어느 쪽으로 진로를 정할까 고민하다 결국 사업에 투신하기로 마음먹었다. 독립운동 못지않게 국민을 잘살게 하는 것이 중요하다는 생각에서다. 며칠 후 부친께 이 결심을 얘기했더니 "스스로 납득이 가는 일이라면 결단을 내려보는 것도 좋다"고 승낙했다. 시장조사 끝에 정미소를 시작하기로 하고, 1936년 지인 2명과 함께 1만 원(圓)씩 출자해 공동으로 마산에 '협동정미소'를 설립했다. 그 후 마산에는 상품을 운송할 수단이 크게 부족하다는 점에 착안해 '마산일출자동차회사'를 인수해 트럭만 20대를 보유한 자산가가 됐다. 하지만 그는 대규모 토지 매입 사업에서 큰 실패를 봤다. 절치부심 끝에 1938년 대구에 '삼성상회'를 설립하고 무역업으로 업종을 전환했다. 삼성상회는 현재 삼성그룹 모태가 됐다. 이병철은 한국전쟁을 겪으면서 수입품을 들여다 파는 무역업이 외화 낭비라는 것을 깨달았다. 수입품을 대체할 제조업에 뛰어들겠다는 뜻을 밝히자 주위에서는 '전쟁통에 무슨 공장 설립이냐. 수입해서 파는 편이 안전하고 이익이 더 난다'며 말렸다. 그렇지만 이병철은 의지를 굽히지 않았다. 1953년 순수 한국인 손으로 공장을 지어 설탕을 생산하기 시작했

---

3) 창업과 경영전략연구소, 2010. 재인용 및 일부 편집.
http://cafe.daum.net/venturechangmun/IUST/141?q=%C0%CC%BA%B4%C3%B6%20%B1%E2%BE%F7%B0%A1%20%C1%A4%BD%C5&re=1.

다. 오늘날 CJ 전신인 제일제당을 설립한 것이다. 이병철은 자서전에서 그때 기쁨을 이렇게 표현했다. “황무지에 공장이 들어서고 수많은 종업원들이 활기차게 일에 몰두한다. 기업가에게는 살아있다는 걸 확인하는 소중한 순간이다.” 당시 사람들은 제일제당으로 돈을 많이 번 이병철을 ‘돈병철’로 불렀지만 그에게 투자 동기가 됐던 것은 돈이 아니라 성취감와 국가경제에 기여한다는 사명감이었다. 그는 제일제당을 통해 수입대체 산업이라는 장르를 열었다. 무역업을 하던 상업자본가에서 산업자본가로 변신한 것이다. 이어 1954년에는 당시 수입의존도 80%인 모직을 국산화하기 위해 대구에 제일모직을 설립했다. 공장을 자력으로 짓겠다고 하자 미국 유명 모직기계 업체인 파이팅 임원은 새가 날개를 퍼덕이는 시늉을 하며 “한국인이 자력으로 건립한 공장에서 3년 이내에 제대로 된 제품이 생산된다면 하늘을 날겠다”고 비아냥거렸다.

‘다윗’에 비견된 제일모직은 400년 전통을 지닌 ‘골리앗’ 영국 모직업체들을 보란 듯이 물리쳤다. 그는 실패해도 계속 도전하는 불굴의 헝그리정신으로 삼성 사업영역을 하나둘씩 넓혀 나갔다.

“삼성 업종 구성을 개편하라.”

1972년 말 이병철 삼성그룹 회장은 비서실에 중화학공업 비중을 높이라는 특명을 내렸다. 비서실은 1972년 삼성그룹 전체 수출액에서 15.7%에 불과한 중화학 부문 비중을 1977년까지 37.4%로 높인다는 계획을 수립했다. 이에 따라 1974년 삼성석유화학과 삼성중공업이 세워졌으며, 그 뒤 삼성조선과 삼성정밀 등이 차례로 설립됐다. 일본 산요전기에서 기술을 들여온 삼성전자는 1977년부터 일본 측 지분을 모두 넘겨받아 독자적인 브랜드를 내걸고 글로벌시장 개척에 나서게 된다.

“대용량 메모리 반도체인 VLSI(초대규모 집적회로) 사업에 투자한다.”

이병철 회장은 1983년 2월 도쿄에서 대규모 반도체에 투자하기로 결심하고 당시 홍진기 중앙일보 회장에게 국제전화를 걸어 “대용량 메모리 반도체 사업 진출을 3월 15일을 기해 공표해 달라”고 전했다. 전문가들은 ‘도박’이라며 말렸으나 그의 기업가정신을 꺾지 못했다. 1987년 11월 세상을 뜨기 전 그가 참석한 마지막 공식행사도 그해 8월에 있었던 경기도 기흥반도체 3라인 착공식이었다.

(3) 애경 장영신 회장[4)]

34세 젊은 나이에 3남 1녀를 혼자 힘으로 양육하고 뒷바라지할 처지가 된 장영신 여사는 그 충격에 1년여를 집 밖을 벗어나지 않았다. 그런 장영신 여사에게 힘이 된 건 장남(채형석 애경그룹 총괄 부회장)이었다. 채 부회장은 당시 10살 남짓한 나이에도 실의에 빠져 있는 어머니에게 "엄마, 걱정 마. 학교 앞에서 학생들 상대로 떡볶이 장사하면 되잖아!"라고 위로했다고 한다. 장 회장은 평소 "위기 때마다 장 회장을 든든하게 지원해 준 가족이 있었기에 지금의 애경이 탄생할 수 있었다"는 이야기를 자주 했다. 이 같은 가족애는 나중에 애경그룹 특유의 가족경영으로 이어지는 한 원인이 된다.

타계한 남편의 1주기를 계기로 장영신은 남편의 사업을 이어받기로 결심한다. 네 아이의 어머니로서 자녀들을 자랑스러운 아들 딸로 키우기로 작정한 것. 장 회장이 '복식부기'와 재무제표 보는 법을 익히기 위해 6개월간 남몰래 종로 낙원동에 있는 경리학원에 다녔다는 것은 재계에서 잘 알려진 이야기다. 장 회장은 자서전『밀알 심는 마음으로』에서 "다른 선택의 여지는 없었다. 아이들을 잘 키워야겠다는 모성에서 출발했고, 남편의 유업을 그냥 버려둘 수 없다는 아내로서의 의리, 애경 종업원에 대한 책임감 등이 복합돼 운명적으로 기업경영을 맡아야겠다는 오직 한 가지 생각에서 무모한 모험을 시작한 것이다"고 썼다.

장 회장은 한번 마음먹으면 그대로 실행하고야 마는 굳센 의지의 인간형으로 알려진

---

4) 중앙일보, 2016. 재인용 및 일부 편집.
<http://news.joins.com/article/20155755?cloc=joongang%7Chome%7Cnewslist1>.

다. 1972년 7월 1일 첫 출근을 감행했고, 그해 8월 1일 사장에 취임하고야 만다. 당시 재계 분위기나 회사 정서로는 애경의 나이든 임원들이 젊은 여성 CEO 아래에서 일한다는 것은 받아들이기 쉽지 않은 일이었다. 몇몇 임직원들은 "같이 일해 달라", "최소한의 수준까지만 가르쳐달라"는 장 회장의 부탁을 외면한 채 애경을 떠나갔다. 장 회장은 자서전에서 "당시 나는 왕따였다. 사장이었지만 한동안 직원들은 결재조차 받으러 오지 않았고 이사회에서 임원들이 나누는 얘기를 한 마디도 알아들을 수 없었다"고 회고한 바 있다. 회사를 대표해 경제인 모임에 나갔다가 자신만 홀로 여자라는 자격지심에 기둥 뒤에 숨어 서 있다 오는 일도 한두 번이 아니었다고 한다. 장 회장은 후배 기업인들에게 "그 어려웠던 때에 나를 여기까지 이끈 힘은 죽을 만큼 힘든 순간에도 결코 포기하지 않은 미련한 인내심이었다"는 말을 했다. 자신이 생생하게 겪은 경험담이기에 그런 말을 할 수 있었을 것이다.

"애인경천(愛人敬天)"

"국민을 사랑하고, 국민을 하늘과 같이 존경하는 마음으로, 좋은 제품을 만들겠다는 정신"과 "국민으로부터 사랑받고 존경받는 기업으로 성장 발전하겠다는 기업정신"의 두 가지 의미가 애인경천에 함축되어 있다. 애경의 사훈은 "앞서서 나가자, 열심히 일하자, 마음을 모으자."이다. 1976년 사원 공모를 통해 결정된 사훈에는 애경의 경영이념이 담겨 있다.

바로 '앞서가는 사고와 앞서가는 기술, 앞서가는 경영으로 풍요롭고 행복한 삶을 창조하는 기업이 되자'는 것이다. 애인경천에 바탕을 두고 장영신 회장이 몸소 보여준 기업가 정신은 다음과 같다.

① 도전과 개척주의 정신

네 아이의 어머니로서, 극심한 난관과 좌절, 남녀 편견 때문에 어떻게 사장이라는 직책을 해낼까 하는 의아심과 극심한 반대 속에서도 "오직 할 수 있다"는 캔두이즘의 기업가정신으로 성공을 이뤄냈다는 점에서 장 회장은 '창조적 기업가'이다.

② 학습과 상식주의 정신

전문가가 되려면 학습과 상식을 풍부하게 해서 실력을 향상하도록 해야 한다. 장 회장은 초기의 신생기업을 그룹으로 성장시키는 과정에서 학습을 중요시하고 상식이 풍부한 기업가로 행동하는 성과를 일궈냈다.

③ 노사화합주의 정신

2003년 5월 13일 애경유화 울산공장은 장영신 회장과 채형석 부회장, 전기철 대표이사, 노조위원장 등이 참석한 가운데, 노사평화선언 선포식을 개최해 국민에게 큰 반향을 일으켰다. 애경산업 노사는 2003년 이후 올해까지 14년 연속 무교섭 타결을 이뤄냈다.

④ 고객만족주의 정신

"소비자는 기업에게 마치 『어린 왕자』에 나오는 장미와 같다. 신제품이 나오면 금방 반색을 하다가도 또한 금방 싫증을 내며, 기분이 언짢을 때는 아무리 좋은 제품이라도 거들떠보지도 않는다. 그런가 하면 이렇게 해달라, 저렇게 해달라 요구사항도 많고 트집도 잘 잡는다. 하지만 기업은 '어린 왕자'와 같은 마음을 가져야 성공한다. 토라진 소비자를 달래고, 기쁘게 해주기 위해 노력하고 요구사항은 충실히 들어주어야 한다. 이런 정신이 고객감동으로 이어지며 매출액도 증가한다." 장영신 회장은 늘 고객 만족주의를 추구했다.

⑤ 기술혁신에 의한 품질관리주의 정신

장영신 회장은 그룹 창업 때부터 연구개발을 시작, 기술혁신을 통한 품질관리 부문에서 특히 개가를 올렸다. 경영자로서 기술 혁신을 입버릇처럼 주창하고 강조했다.

(4) 동화약품 가송 윤광렬 회장[5)]

동화약품을 굴지의 제약기업으로 성장시킨 경영자는 가송 윤광렬 사장이다. 가송은 1948년 동화약품에 입사해 밑바닥부터 경영을 배워나간다.

선친 보당을 닮은 독립운동가 정신에다 혁신적 기업가정신을 보여준 민족기업인으로서 그의 진가는 1973년 그가 동화약품의 7대 사장으로 취임하면서 더욱 빛을 발하게 된다. 가송은 동화약품 창업자들이 해온 민족경제정신을 이어받아 끊임없이 혁신하는 것이 애국운동이라고 여겼다.

혁신을 주창한 슘페터가 주장한 혁신기업가는 신기술의 발명, 신제품의 도입 및 개발, 신시장의 개척, 신 원료의 확보, 신 조직의 형성 등에서 혁신을 이뤄내는 기업가인데, 가송은 이와 같은 혁신을 의약품 경영에서 실현시킨 경영자라는 것이 기업가정신 연구자들의 평가다.

가송은 특히 선진 제약국인 일본을 벤치마킹해 제품 생산의 자동화를 도입했다. 병만 투입하면 1분당 750병 이상의 생산력을 갖추도록 하는 자동화로 2000~3000명이 필요한 생산인원을 1/20 정도로 감소시켰고, 정부로부터 KGMP(한국 우수의약품 제조공정 및 품질관리 기준) 적격업체 승인을 받았다. 이런 혁신을 통해 지금의 동화약품을 21세기 제약 산업의 대표적 기업으로 발전시켰다.

가송은 임직원들에게 정직하게 살자는 윤리경영주의, 저축하며 살자는 근검절약주의, 같이 번영하자는 공존공영주의 사상을 기본 정신으로 강조했다. 가송은 이 같은 경영기본방침을 토대로 특히 다음의 4가지를 생활 속에서 실천하도록 강조했다.

첫째, 부정을 멀리하고, 원리원칙에 입각한 경영을 한다.

둘째, 기업주의 이익에 앞서 종업원의 처우개선과 복지향상을 도모한다.

셋째, 근면성실하게 연구하며 일함으로써 좋은 약을 싼값에 팔아 소비자에게 봉사한다.

넷째, 살생보다는 소생하는 약을 만들어 국민보건에 기여한다는 지침이다.

동화약품 임직원들은 이 같은 경영이념을 동력으로 삼아 국내 최장수 기업인 동화약품을 성장시켜 나갔다. 가송의 훌륭한 점은, 기업이윤의 사회 환원을 위한 가송재단의

5) 중앙일보, 2016. 재인용 및 일부 편집. <http://news.joins.com/article/20546249>.

설립으로 이어졌다는 점이다.

부채표 가송재단(可松財團)은 가송과 부인 김순녀 여사의 사재 출연을 통해 2008년 4월 설립됐다. 학계발전에 기여도가 크고 연구업적이 탁월한 의약학자들을 대상으로 대한의학회와 공동제정한 윤광열 의학상, 대한약학회와 공동제정한 윤광열 약학상, 대한치과의사협회와 공동제정한 윤광열 치과의료봉사상 등을 수여하고 있다. 장학생 선발 지원은 물론 공모전인 '가송예술상'을 제정해 신진작가를 지원하는 등 전통예술의 가치를 계승하고자 노력하고 있다.

"최고(最古)에서 최고(最高)의 회사로"

초대사장 민강, 보당 윤창식, 가송 윤광렬 등 이들 3인의 CEO가 강조한 정도경영, 윤리경영, 생명존중, 민족기업정신, 사원 우선주의 등 동화의 경영이념은 일제시대와 해방정국, 6·25전쟁과 경제재건이라는 큰 변화와 혼란기를 겪으면서도 시류에 퇴색하지 않고 지금까지 굳건히 동화 식구들의 행동지침이 되고 있다. 동화약품은 현재 400여 종의 우수의약품과 30여 종의 원료의약품을 생산, 국내 공급은 물론 세계 40여 개국에 수출하는 일류 제약 기업으로 성장했다.

생명존중 정신으로 제약보국의 기업가 정신을 지켜온 동화약품은 이제 동화의 미래를 상징하는 '최고최고정신', 즉 최고(最古)의 의약품 제조회사라는 자부심에 최고(最高)의 제약회사라는 미래 비전을 위해 전 임직원이 노력을 경주하고 있다. 동화약품은 2010년부터 고 윤광열 명예회장의 뒤를 이어 장남 윤도준 회장과 차남 윤길준 부회장이 함께 이끌고 있다.

창사 120주년인 내년까지 매출 7500억 원 달성을 목표로 글로벌 신약 발매, 해외 및 신규사업 확대, 일반 및 전문 의약품의 균형성장을 이루어내겠다는 목표를 내걸고 국내를 넘어 인류의 건강을 위해 매진하고 있다.

글의 마지막은 다시 활명수 이야기다. 바로 활명수의 글로벌화다. 동화약품은 생명을 살리는 물이라는 활명수의 의미를 살려 안전한 식수를 공급받지 못해 생명의 위협을 받고 있는 전 세계 어린이들에게 깨끗한 물을 전달하고 있다. 처음 시판됐을 때는 우리 민족의 생명을 살리는 물이었던 활명수가 이제 전 세계를 아울러 생명을 살리는 물의 역할을 해내고 있는 것이다. 생명을 살리고 국민의 건강을 지켜낸 동화약품이 이제 세계를 살리는 기업으로 발전해가고 있다.

제2절 글로벌 사례연구

1. 사례연구

(1) 페이스북 마크 저커버그(Mark Zuckerberg)[6]

"나에게 '기업가 정신'이란 변화를 만들어내는 것이지, 단지 회사를 창업하는 것만을 의미하는 것은 아니다. 사업으로 돈을 버는 것도 중요하지만, 핵심은 변화를 만들어낸다는 사명감이다."(2016년 글로벌 기업가정신 정상회의)

"평범한 호기심을 비즈니스로 연결시키다."

마크 저커버그는 흔히 '악동' 혹은 '괴짜'로 묘사된다. 2002년, 하버드 대학에 입학한 그의 전공은 심리학. '사람들이 가장 흥미로워하는 것은 바로 다른 사람들이다'라는 것이 그가 심리학을 선택한 이유였다. 그래서 그는 학생과 학생을 연결하는 프로그램 개발에 몰두했다.

우선 우리 과에 누가 있는지, 누가 어떤 수업을 듣는지 확인할 수 있게 한 '코스 매치'

6) SIEG FAHRENHEIT OFFICIAL BLOG, 2012. 재인용 및 일부 편집. <http://siegfahrenheit.tistory.com/149>.

를 개발했다. 그러던 그가 엉뚱한 생각을 하게 됐다. 하버드대 기숙사 여학생의 사진을 올려놓고 어떤 학생이 더 매력적인지 투표하도록 하는 '페이스매시(facemash)'를 오픈하게 된 것이다.

교내 가장 예쁜 여학생을 찾아보자는 20대 청년의 평범한 호기심에서 시작한 페이스매시는 현재 전 세계인의 6명 중 한 명이 사용하는 페이스북의 시초가 되었다. 물론, 처음엔 파문을 일으켰지만, 학생들 사이에서는 인기 폭발이었다. 이 일화로 하버드대의 악동이 된 그는 사람들이 인터넷을 사회적 소통에 활용하는 것을 좋아한다는 값진 교훈을 얻게 된다.

"성공의 시작은 철저히 즐기는 것"

즐기며 일하는 사람을 이길 수 없다는 말이 있다. 마크 저커버그의 성공 법칙은 재미와 흥미에서 시작했다는 것이다. "I mostly built stuff that I liked(나는 내가 좋아하는 것만 만든다)"라는 말에서 알 수 있듯, 그의 사업의 원천은 '재미'에 있다. 페이스매시 사례에서 볼 수 있듯 재미를 위한 아이디어를 실현하기로 결심하면서 창업의 길이 펼쳐진 것이다. 그래서 그의 성공은 자신의 이력을 위한 배움이 아닌, 호기심을 채우고자 시작했던 배움에서 만들어진 것으로 평가할 수 있다. 일을 하는 과정 역시 즐거워야 한다. 하루의 대부분을 회사에서 지내지만 죽어라 일만 하지는 않는다.

직원들의 평균 연령이 31세인 페이스북 사무실의 분위기는 무척 자유분방하다. 유쾌하게 떠들고 소통하며 자유롭게 일을 하는 것이 페이스북의 기업 문화다. 틀에 얽매이지 않는 라이프스타일을 선호하기 때문에 사무실에서도 캐주얼 차림을 선호한다. 후줄근한 티셔츠와 청바지, 삼선 슬리퍼는 그의 자유분방함을 알리는 트레이드 마크다. 덕분에 워스트 드레서로 꼽히기도 했다. 펍이나 카페 구석 자리에서 일을 하는 모습이나 패스트푸드와 맥주를 즐기며 여유로운 분위기에서 즐기듯 일을 하는 그의 사생활이 공개돼 화제가 되기도 했다.

"세계를 조금 더 열린 곳으로 만들고자 하는 그의 뚜렷한 가치관"

그가 어떻게 부자가 되었는지는 그의 꿈과 신조를 보면 알 수 있다. '개방, 사람을 연결하고 그들에게 중요한 것을 공유하는 데 보탬 되기, 혁명, 정보 흐름, 미니멀리즘.' 페이스북에 적힌 그의 신조다. 그가 만약 부와 성공을 위해 페이스북을 만들었다면 결코 성공하지 못했을 것이다. 그가 페이스북을 통해 실현하고자 한 것은 그가 투자자들에게 보내는 편지를 통해 알 수 있다. 세상을 더 열린 공간으로 만들어서 사람과 사람들을 서로 연결하고 서로 돕는 것, 그리고 모든 사람을 연결하고 목소리를 낼 수 있게 해주는 것이 페이스북의 사회적 임무라는 것이다.

그래서 그는 당장의 수익보다는 비전을 우선시했다. 그가 2006년, 야후의 인수 제안을 거절한 것은 유명한 일화다. 다른 누구보다 자신이 페이스북을 가장 흥미롭게 만들 수 있을 것이라는 자신감과 함께 돈과 주변의 유혹에 흔들리지 않는 배짱을 가지고 있었던 것이다.

"투자자들에게 보낸 편지 'The Hacker Way'"7)

Facebook was not originally created to be a company. It was built to accomplish a social mission — to make the world more open and connected.

We think it's important that everyone who invests in Facebook understands what this mission means to us, how we make decisions and why we do the things we do. I will try to outline our approach in this letter.

At Facebook, we're inspired by technologies that have revolutionized how people spread and consume information. We often talk about inventions like the printing press and the television — by simply making communication more efficient, they led to a complete transformation of many important parts of society. They gave more people a voice. They encouraged progress. They changed the way society was organized. They brought us closer together.

Today, our society has reached another tipping point. We live at a moment when the majority of people in the world have access to the internet or mobile phones — the raw tools necessary to start sharing what they're thinking, feeling and doing with whomever they want. Facebook aspires to build the services that give people the power to share and help them once again transform many of our core institutions and industries.

There is a huge need and a huge opportunity to get everyone in the world

---

7) looah, "Mark Zuckerberg's Letter to Investors: 'The Hacker Way', 2012. <http://www.looah.com/article/view/738>.

connected, to give everyone a voice and to help transform society for the future. The scale of the technology and infrastructure that must be built is unprecedented, and we believe this is the most important problem we can focus on.

We hope to strengthen how people relate to each other.

Even if our mission sounds big, it starts small — with the relationship between two people.

Personal relationships are the fundamental unit of our society. Relationships are how we discover new ideas, understand our world and ultimately derive long-term happiness.

At Facebook, we build tools to help people connect with the people they want and share what they want, and by doing this we are extending people's capacity to build and maintain relationships.

People sharing more — even if just with their close friends or families — creates a more open culture and leads to a better understanding of the lives and perspectives of others. We believe that this creates a greater number of stronger relationships between people, and that it helps people get exposed to a greater number of diverse perspectives.

By helping people form these connections, we hope to rewire the way people spread and consume information. We think the world's information infrastructure should resemble the social graph — a network built from the bottom up or peer-to-peer, rather than the monolithic, top-down structure that has existed to date. We also believe that giving people control over what they share is a fundamental principle of this rewiring.

We have already helped more than 800 million people map out more than 100 billion connections so far, and our goal is to help this rewiring accelerate.

We hope to improve how people connect to businesses and the economy.

We think a more open and connected world will help create a stronger economy with more authentic businesses that build better products and services.

As people share more, they have access to more opinions from the people they trust about the products and services they use. This makes it easier to discover the best products and improve the quality and efficiency of their lives.

One result of making it easier to find better products is that businesses will be rewarded for building better products – ones that are personalized and designed around people. We have found that products that are "social by design" tend to be more engaging than their traditional counterparts, and we look forward to seeing more of the world's products move in this direction.

Our developer platform has already enabled hundreds of thousands of businesses to build higher-quality and more social products. We have seen disruptive new approaches in industries like games, music and news, and we expect to see similar disruption in more industries by new approaches that are social by design.

In addition to building better products, a more open world will also encourage businesses to engage with their customers directly and authentically. More than four million businesses have Pages on Facebook that they use to have a dialogue with their customers. We expect this trend to grow as well.

We hope to change how people relate to their governments and social institutions.

We believe building tools to help people share can bring a more honest and transparent dialogue around government that could lead to more direct empowerment of people, more accountability for officials and better solutions to some of the biggest problems of our time.

By giving people the power to share, we are starting to see people make their voices heard on a different scale from what has historically been possible. These voices will increase in number and volume. They cannot be ignored. Over time, we expect governments will become more responsive to issues and concerns raised directly by all their people rather than through intermediaries controlled by a select few.

Through this process, we believe that leaders will emerge across all countries who are pro-internet and fight for the rights of their people, including the right to share what they want and the right to access all information that people want to share with them.

Finally, as more of the economy moves towards higher-quality products that are personalized, we also expect to see the emergence of new services that are social by design to address the large worldwide problems we face in job creation, education and health care. We look forward to doing what we can to help this progress.

Our Mission and Our Business

As I said above, Facebook was not originally founded to be a company. We've always cared primarily about our social mission, the services we're building and the people who use them. This is a different approach for a public company to take, so I want to explain why I think it works.

I started off by writing the first version of Facebook myself because it was something I wanted to exist. Since then, most of the ideas and code that have gone into Facebook have come from the great people we've attracted to our team.

Most great people care primarily about building and being a part of great things, but they also want to make money. Through the process of building a team — and also building a developer community, advertising market and investor base — I've developed a deep appreciation for how building a strong company with a strong economic engine and strong growth can be the best way to align many people to solve important problems.

Simply put: we don't build services to make money; we make money to build better services.

And we think this is a good way to build something. These days I think more and more people want to use services from companies that believe in something beyond simply maximizing profits.

By focusing on our mission and building great services, we believe we will create the most value for our shareholders and partners over the long term — and this in turn will enable us to keep attracting the best people and building more great services. We don't wake up in the morning with the primary goal of making money, but we understand that the best way to achieve our mission is to build a strong and valuable company.

This is how we think about our IPO as well. We're going public for our employees and our investors. We made a commitment to them when we gave them equity that we'd work hard to make it worth a lot and make it liquid, and this IPO is fulfilling our commitment. As we become a public company, we're making a similar commitment to our new investors and we will work just as hard to fulfill it.

The Hacker Way

As part of building a strong company, we work hard at making Facebook the best place for great people to have a big impact on the world and learn from other great people. We have cultivated a unique culture and management approach that we call the Hacker Way.

The word "hacker" has an unfairly negative connotation from being portrayed in the media as people who break into computers. In reality, hacking just means building something quickly or testing the boundaries of what can be done. Like most things, it can be used for good or bad, but the vast majority of hackers I've met tend to be idealistic people who want to have a positive impact on the world.

The Hacker Way is an approach to building that involves continuous improvement and iteration. Hackers believe that something can always be better, and that nothing is ever complete. They just have to go fix it — often in the face of people who say it's impossible or are content with the status quo.

note icon

Hackers try to build the best services over the long term by quickly releasing and learning from smaller iterations rather than trying to get everything right all at once. To support this, we have built a testing framework that at any given time can try out thousands of versions of Facebook. We have the words "Done is better than perfect" painted on our walls to remind ourselves to always keep shipping.

Hacking is also an inherently hands-on and active discipline. Instead of debating for days whether a new idea is possible or what the best way to build something is, hackers would rather just prototype something and see what works. There's a hacker mantra that you'll hear a lot around Facebook offices: "Code wins arguments."

Hacker culture is also extremely open and meritocratic. Hackers believe that the best idea and implementation should always win — not the person who is best at lobbying for an idea or the person who manages the most people.

To encourage this approach, every few months we have a hackathon, where everyone builds prototypes for new ideas they have. At the end, the whole team gets together and looks at everything that has been built. Many of our most successful products came out of hackathons, including Timeline, chat, video, our mobile development framework and some of our most important infrastructure like the HipHop compiler.

note icon

To make sure all our engineers share this approach, we require all new engineers — even managers whose primary job will not be to write code — to go through a program called Bootcamp where they learn our codebase, our tools and our approach. There are a lot of folks in the industry who manage engineers and don't want to code themselves, but the type of hands-on people we're looking for are willing and able to go through Bootcamp.

The examples above all relate to engineering, but we have distilled these principles into five core values for how we run Facebook:

Focus on Impact

If we want to have the biggest impact, the best way to do this is to make sure we always focus on solving the most important problems. It sounds simple, but we think most companies do this poorly and waste a lot of time. We expect everyone at Facebook to be good at finding the biggest problems to work on.

Move Fast

Moving fast enables us to build more things and learn faster. However, as most companies grow, they slow down too much because they're more afraid of making mistakes than they are of losing opportunities by moving too slowly. We have a saying: "Move fast and break things." The idea is that if you never break anything, you're probably not moving fast enough.

Be Bold

Building great things means taking risks. This can be scary and prevents most companies from doing the bold things they should. However, in a world that's changing so quickly, you're guaranteed to fail if you don't take any risks. We have another saying: "The riskiest thing is to take no risks." We encourage everyone to make bold decisions, even if that means being wrong some of the time.

Be Open

We believe that a more open world is a better world because people with more information can make better decisions and have a greater impact. That goes for running our company as well. We work hard to make sure everyone at Facebook has access to as much information as possible about every part of the company so they can make the best decisions and have the greatest impact.

Build Social Value

Once again, Facebook exists to make the world more open and connected, and not just to build a company. We expect everyone at Facebook to focus every day on how to build real value for the world in everything they do.

Thanks for taking the time to read this letter. We believe that we have an opportunity to have an important impact on the world and build a lasting company in the process. I look forward to building something great together.

(2) 알리바바 마윈(馬雲)[8]

서른에 접한 인터넷 "돈 된다" 직감…'양쯔강의 악어' 글로벌 거인 되다
영어에 미친 '싸움닭' 어릴 적부터 영어 배우기 즐겨 외국인 보면 달려가 "헬로"

미국서 받은 인터넷 충격 만능 검색 도구 "바로 이거다"
귀국 즉시 인터넷 회사 창업

중국 진출한 이베이 격파 '수수료 공짜'로 밀어붙이기
이베이 결국 중국서 밀려나

약 40년 전 중국 항저우에 독특한 꼬마가 있었다. 키가 작고 삐쩍 말랐는데도 덩치 큰 아이들을 결코 두려워하지 않았다. '싸움닭' 같았다. 이 아이는 영어 배우길 좋아해 외국인이 눈에 띄면 다짜고짜 달려가 "헬로!" 하며 말을 걸었다.

열 살 무렵엔 외국인에게 영어를 배우려고 매일같이 시내 호텔로 달려가곤 했다. 외국인에게 다가가 말을 걸고 무료로 시내 관광 가이드 역할을 하기도 했다. 영어를 더 배우고 싶어 용돈을 모아 라디오를 산 적도 있다. 영어만큼은 누구보다 잘했다. 그러나 수학

8) 한국경제, 2014. 재인용 및 일부 편집.
<http://www.hankyung.com/news/app/newsview.php?aid=2014091745741>.

을 잘못해 대학입시에 두 차례나 낙방했다.

그는 사범대에 진학해 영어를 공부했다. 졸업 후엔 다시 시련이 닥쳤다. 취업하려고 여기저기 지원했지만 번번이 실패했다. KFC 점원에도 지원했다가 낙방했다. 결국 대학 영어강사로 취업했다. 말이 강사지 월급은 12달러에 불과했다.

"미국에서 인터넷 접하고 창업 결심"

알리바바 창업자인 마윈(馬雲) 회장에 관한 이야기다. 마 회장은 1999년 수출업자와 해외 바이어를 연결해주는 알리바바닷컴을 설립했다. 중국의 선구적인 인터넷 기업 중 하나다. 바로 이 알리바바가 뉴욕증권거래소(NYSE)에 주식을 상장했다. 기업공개 규모가 250억 달러(약 25조9000억 원)로 역대 최대다.

마 회장의 알리바바 창업은 미국 방문에서 시작됐다. 서른 살 때인 1994년 미국을 처음 방문했을 때 미국인 친구 사무실에서 인터넷이란 것을 처음 접했다. 친구는 "이것이 인터넷이다. 여기서는 무엇이든 찾을 수 있다"고 설명했다. 마 회장은 검색창에 'beer(맥주)'를 입력했다. 많은 정보가 떴다. 그러나 중국어 검색 결과는 하나도 없었다.

마 회장의 남다른 점은 여기서도 나타난다. 검색 결과를 본 순간 '바로 이거다'라고 생각했다. 인터넷 기업을 창업하기로 마음먹은 것. 그는 귀국하자마자 '차이나 페이지스'라는 인터넷 회사를 차렸다. 중국 수출업자 목록을 작성해 해외 바이어와 연결해주는 사이트였다. 그는 직접 자료를 모으고 영어로 번역하는 등 몸으로 뛰었다.

창업할 때부터 '글로벌 기업' 지향

첫 인터넷 회사는 잘 돌아가지 않았고 돈을 벌지 못했다. 결국 회사를 접고 베이징으로 가서 회사원이 됐다.

그러나 창업하고 싶은 욕구를 견디지 못해 항저우로 내려가 1999년 자신의 아파트에서 알리바바를 창업했다. 1999년은 한국에서 네이버가 출범한 해다. 알리바바는 현재 기업가치에서 네이버의 일곱 배가 넘는 기업이 됐다.

알리바바를 창업한 1999년은 실리콘밸리에서 '닷컴 버블'이 한창 꺼지고 있을 때였다.

이런 시점에 창업한다는 것은 무모해 보였다. 마 회장은 자신의 아파트에서 공동 창업자 17명에게 창업 취지를 설명했다. 알리바바 성공 스토리를 담은 다큐멘터리 '양쯔강의 악어'를 보면 마 회장은 처음부터 '글로벌 웹사이트'를 지향했다.

이날 발언 요지는 이렇다. "우리 경쟁 상대는 중국 기업이 아니다. 실리콘밸리에 있는 기업들이다. 우리는 글로벌 기업이 돼야 한다. 실리콘밸리 사람들은 열심히 일한다. 오전 8시에 출근해 오후 5시에 정확히 퇴근하는 자세로는 이들을 이길 수 없다. 그렇게 하려거든 지금 당장 그만두는 게 낫다. 우리한테는 머리가 있고 강한 정신력이 있다."

'수수료 공짜'로 밀어붙여 이베이 꺾어

마 회장의 적극성은 비교 대상이 없을 정도로 대단했다. 어느 날 실리콘밸리 카페에서 알리바바를 회사명으로 택하려고 마음먹고 종업원에게 "알리바바를 아느냐?"고 물었다. "안다"고 했다. "무얼 아느냐?"고 물었다. "'열려라 참깨'를 안다"고 했다. 밖으로 나가 행인 20여 명을 붙잡고 물어봤다. 다들 알리바바를 안다고 답했다. 그래서 회사명을 알리바바로 지었다.

마 회장의 '싸움닭' 근성은 이베이와의 싸움에서 여실히 드러났다. 알리바바는 이베이를 꺾기 위해 '수수료 공짜'를 기치로 내걸었다. 개인 간 거래를 중개해주는 게 사업인데 중개수수료를 받지 않기로 했다. 이베이가 투자자들의 성화 때문에 '수수료 공짜'로 맞대응할 수 없다는 걸 간파한 전략이었다. 결국 이베이는 알리바바에 져서 밀려났다.

알리바바는 뉴욕 증시 상장을 계기로 글로벌 기업을 꿈꾸고 있다. 지금까지는 자국 내에서 정부의 보이지 않는 지원을 받으며 승승장구했다. 해외에서도 깃발을 날리며 명실상부한 글로벌 기업으로 도약할지 지켜볼 일이다.

(3) 소프트뱅크 손 마사요시[9]

사람의 감정을 이해하는 로봇 페퍼(Pepper)를 만들고 일본 이동통신 회사로서 일본에 처음으로 아이폰을 판매하고, 야후 재팬을 운영하기도 한 일본의 대표 IT분야 투자회사인 소프트뱅크. 이 소프트뱅크를 이끄는 CEO는 한국계 일본인 손 마사요시, 손정의다. 그는 적절한 시기에 명확한 판단력으로 투자 결정을 내려 일본 내 최고 부자로서 등극했다. 재일교포 출신으로 수많은 차별과 역경을 이겨냈다.

"오르고 싶은 산을 결정하면 인생의 반은 결정된다."

손정의는 19살 때 자신의 '인생 50년 계획'을 세웠다. ▲ 20대의 이름을 알린다. ▲ 30대의 사업자금을 모은다. ▲ 40대에 한판 승부를 한다. ▲ 50대에 어느 정도의 사업, 비즈니스 모델을 완성시킨다. ▲ 60대에 다음 경영진에게 자리를 물려준다.

그는 20대의 소프트뱅크를 창업해 젊은 기업가로 이름을 알렸으며 30대에는 증시를 상장시키고 야후에 투자해 야후 재팬을 설립했다. 40대에는 초고속 인터넷 도입, 보다폰을 인수하여 도쿄 내 이동통신사업 1위를 탈환했다. 50대에는 아시아의 대표 정보통신기술(ICT)그룹으로 발돋움시켰다. 그는 60대의 목표를 위해 후진양성 기관인 '소프트뱅크 아카데미아'를 설립해 자신의 후진을 양성시키고 있다.

---

9) 시선뉴스, "'선택과 집중'의 기업인 일본 소프트뱅크 CEO 손 마사요시", 2017. 재인용 및 일부 편집. http://www.sisunnews.co.kr/news/articleView.html?idxno=52115.

"무언가를 이루려면 덧셈이 아닌, 뺄셈 방식으로 접근하라"

그의 경영 철학 중 하나인 '뺄셈 방식'. 뺄셈 방식은 5년 후, 10년 후, 100년 후, 300년 후를 치열하게 고민하고 그로부터 역산해 지금 해야 할 일이 무엇인지를 생각하는 것이다. 그는 뺄셈 방식 관점을 통해 보다폰(Vodafone) 인수를 결정했다. 소프트뱅크가 거대 독점기업 NTT에 맞서 디지털 정보혁명을 이루고 싶었다. 2006년 NTT 도코모가 53%, KDDI 26% 보다폰 6%였다. 그는 10년 내에 NTT 도코모를 앞지르겠다는 포부를 선언했고 2014년 결국 그 목표를 이루게 된다. 이동통신사업에서의 그가 목표를 이룰 수 있던 것은 그의 뺄셈 방식으로 촘촘한 계획설립과 실행 덕분이다.

"망설여질 때일수록 먼 앞을 봐라. 2~3년 앞보다 20~30년 앞을 예측하는 게 쉬울 수 있다."

일본 소프트뱅크는 알리바바의 최대 주주다. 야후의 공통 창업자 제리양과 마윈은 우연한 만남으로 관계를 맺고 있었는데, 1999년 알리바바를 차린 마윈이 투자자를 찾고 있을 때, 손정의 회장을 소개시켜줬다. 한눈에 알리바바의 잠재력을 알아챈 손 회장은 만난 지 6분 만에 2000만 달러의 투자 결정을 내렸다. 14년 만에 59조 원을 벌어들이며 손 회장은 알리바바의 최대 주주가 됐다.

확고한 비전과 치밀한 분석, 과감한 승부수를 통해 일본 내 최고의 IT 기업을 만든 손마사요시. 그의 집요한 성격은 이미 아는 사람은 알고 있는 사실이라는 점. 창업을 하기 전 '오를 산'을 미리 정한 손 마사요시. 뚜렷한 목표 없이 헤매고 있는 이들에게 그의 삶은 좋은 본보기가 될 것이다.

(4) 애플 스티브 잡스(Steven Paul “Steve” Jobs)[10)]

스티브 잡스의 10대 제품

스티브 잡스
(Steve Jobs)
1955~2011

1976 – 애플 I	1977 – 애플 II	1983 – 리사	1984 – 매킨토시	1989 – 넥스트 컴퓨터
애플이 내놓은 첫 컴퓨터 제품으로 생산 대수는 많지 않았다. 애플의 공동 창업자인 스티브 워즈니악이 디자인하고 잡스가 자금을 모으고 마케팅을 맡았다.	최초로 성공한 개인용 컴퓨터 가운데 하나로 기술자 등 특정 집단을 대상으로 하지 않고 대량 생산을 목적으로 만들어졌다. 이 제품은 수차례 업그레이드를 거쳐 1993년까지 생산된 바 있다.	잡스가 제록스사의 팔로알토연구센터를 방문하고 나서 영감을 받아 개발한 첫 번째 상업용 컴퓨터다. 마우스로 작동되는 아이콘, 윈도, 커서 등이 장착된 그래픽 사용자 인터페이스를 갖췄으며 오늘날 컴퓨터 인터페이스의 기반이 된 제품이다. 그러나 지나치게 비싼 가격 때문에 상업적으로 성공을 거두지는 못했다.	리사와 마찬가지로 그래픽 사용자 인터페이스를 갖췄다. 가격이 싸고 속도가 빠른 데다 제품 광고도 대량으로 실시했다. 곧 사람들은 그래픽 인터페이스가 얼마나 유용한지 깨달았고 판매도 늘었다.	애플에서 물러난 잡스는 강력한 워크스테이션 컴퓨터를 제조하는 회사를 만들었다. 넥스트 컴퓨터는 많은 대수를 판매하지는 못했지만, 세계 최초의 웹브라우저를 만들어내는 등 큰 영향력을 발휘했다. 이 컴퓨터의 소프트웨어는 또한 오늘날 매킨토시와 아이폰 운영체계의 기초가 됐다.
1998 – 아이맥	**2001 – 아이팟**	**2003 – 아이튠즈**	**2007 – 아이폰**	**2010 – 아이패드**
잡스가 1996년 애플에 복귀했을 때 애플은 컴퓨터 시장이 움츠러들면서 무너지고 있었다. 아이맥은 이런 애플의 하락을 반전시킨 첫 번째 제품이다. 아이맥은 전 세계에서 인터넷의 이점에 눈을 뜬 사람들의 이목을 사로잡았으며 최초의 가정용 컴퓨터로 주목받았다.	하드 드라이버를 갖춘 최초의 디지털 음악 플레이어는 아니었지만 그 분야에서 성공한 최초의 모델이다. 휴대용 전자기기로의 애플의 사업 확장은 큰 파문을 불러왔고 아이팟의 성공으로 아이튠즈 음악 스토어와 아이폰 출시의 길을 열었다.	아이튠즈의 등장으로 귀찮고 불법 내려받기가 만연했던 디지털 음원 구매가 간편해졌다. 아이튠즈 스토어는 2008년 미국 최대의 음반 소매점이 됐다.	매킨토시가 개인용 컴퓨터 시장에서 해낸 일을 휴대전화 시장에서는 아이폰이 해냈다. 아이폰은 스마트폰을 좀 더 활용하기 쉽게 만들었고 다른 모든 스마트폰에도 큰 영향을 끼쳤다. 이를 통해 애플은 이제 세계 휴대전화 시장에서 가장 수익을 많이 올리는 기업이 됐다.	애플을 포함한 수십 개 회사가 아이패드 이전에 태블릿 컴퓨터를 만들었지만, 어느 한 제품도 성공을 거두지 못했다. 아이패드가 마침내 이를 깨고 컴퓨터 시장에서 완전히 새로운 카테고리를 만들었다.

10) 퍼팩트맨, “스티브잡스의 성공스토리”, 2015. 재인용 및 일부 편집.
http://blog.naver.com/PostView.nhn?blogId=vjvorxmaos82&logNo=220339036661.

"미국의 기업인으로, 애플의 창립자다.", "Stay hungry, stay foolish."

1976년 스티브 워즈니악, 로널드 웨인과 함께 애플을 공동 창업하고, 애플 2를 통해 개인용 컴퓨터를 대중화했다. 또한, GUI와 마우스의 가능성을 처음으로 내다보고 애플 리사와 매킨토시에서 이 기술을 도입하였다. 1985년 경영분쟁에 의해 애플에서 나온 이후 NeXT 컴퓨터를 창업하여 새로운 개념의 운영 체제를 개발했다. 1996년 애플이 NeXT를 인수하게 되면서 다시 애플로 돌아오게 되었고 1997년에는 임시 CEO로 애플을 다시 이끌게 되었으며 이후 다시금 애플을 혁신해 시장에서 성공을 거두게 이끌었다.

2001년 아이팟을 출시하여 음악 산업 전체를 뒤바꾸어 놓았다. 또한, 2007년 아이폰을 출시하면서 스마트폰 시장을 바꾸어 놓았고 2010년 아이패드를 출시함으로써 포스트PC 시대를 열었다. 스티브 잡스는 《인크레더블》과 《토이 스토리》 등을 제작한 컴퓨터 애니메이션 제작사인 픽사의 소유주이자 CEO였다. 월트 디즈니 회사는 최근 74억 달러어치의 자사 주식으로 이 회사를 구입하였다.

2006년 6월 이 거래가 완료되어 잡스는 이 거래를 통해 디즈니 지분의 7%를 소유한, 최대의 개인 주주이자 디즈니 이사회의 이사가 되었다. 한편 그는 2004년 무렵부터 췌장암으로 투병생활을 이어왔다. 그의 악화된 건강상태로 인하여 2011년 8월 24일 애플은 스티브 잡스가 최고경영책임자(CEO)를 사임하고 최고운영책임자(COO)인 팀 쿡이 새로운 CEO를 맡는다고 밝혔다. 잡스는 CEO직에서 물러나지만 이사회 의장직은 유지키로 했으나, 건강상태가 더욱 악화되어 사임 2개월도 지나지 않은 2011년 10월 5일에 56세의 나이로 사망하였다.

"스티브잡스의 주요 기업가정신[11]"

① 완벽하라(Go for perfect)

아이팟이 출시되기 하루 전 애플의 직원들은 날밤을 샜다. 이어폰 잭을 꽂으면 '딸깍' 하는 느낌이 시원하게 나야 하는데 잡스가 보기에 영 시원치 않았기 때문이다. 야심찬 물건을 내놓기 불과 하루 전이었지만 잡스는 개의치 않았다.

② 전문가를 이용하라(Tap the experts)

잡스는 1등이 되기 위해 전문가와 손잡을 줄 알았다. 그는 컴퓨터 시스템 'NeXT' 로고 디자인을 위해 유명 건축가 이오 밍 페이(I. M. Pei)를 고용했고, 애플스토어 출시를 위해

---

11) 박인규(2011). 여의도 스티브잡스의 성공 10계명. 행복우물.

Gap의 대표 미키 드렉슬러(Mickey Drexler)를 이사진으로 영입했다.

③ 1등을 넘어서라(Be ruthless)

잡스는 기존 제품을 넘어서는 제품을 만들 때마다 자부심을 느꼈다. 그는 1세대 PDA인 팜파일럿을 능가하는 제품을 만드는 데 애썼고, 후에는 휴대전화가 PDA를 넘어설 것이라 확신했다.

④ 특정 전문가들의 의견에 연연하지 마라(Shun focus groups)

"당신이 그것을 보여주기 전까지, 사람들은 자신이 원하는 것을 알지 못한다." 잡스의 유명한 어록이다. 그는 외부 전문가에게만 의존하지 않고, 시제품을 집에 가져가 몇 달간 직접 연구하기도 했다.

⑤ 연구를 멈추지 마라 (Never stop studying)

애플 브로셔 제작 초기 당시, 잡스는 Sony의 글자 폰트와 레이아웃, 종이 무게까지 일일이 분석했다. 초기 맥의 케이스 디자인을 기획할 땐 애플의 주차장을 돌아다니며 독일과 이탈리아 명품 차들의 체형을 직접 연구했다.

⑥ 간결하라(Simplify)

잡스의 디자인 철학은 간결함이었다. 그는 디자이너에게 아이팟 시제품의 전원버튼을 포함한 모든 버튼을 제거하라고 했다. 디자이너는 불평했다. 그러나 이를 계기로 아이팟의 대명사인 원형 스크롤이 탄생했다.

⑦ 비밀을 지켜라(Keep your secrets)

애플의 비밀을 누구와도 이야기하지 말라. 철저한 보안은 소비자들이 애플의 신제품을 더욱 주목하게 만들었다.

⑧ 팀은 작게(Keep teams small)

매킨토시 초창기, 개발팀은 불과 100명이었다. 101번째로 고용이 되었다면 누군가는 나가야 했다. 잡스는 100명 직원의 이름을 외울 수 있다고 확신했다.

⑨ 채찍보다는 당근(Use more carrot than stick)

잡스는 냉정했지만 그의 카리스마는 직원들에게 강한 동기부여가 됐다. 그의 열정덕에 매킨토시(Mac) 개발팀은 3년간 주당 90시간을 일했고, 매킨토시는 세계적으로 히트를 쳤다.

⑩ 견본품도 최고로 만들어라(Prototype to the extreme)

잡스는 하드웨어, 소프트웨어는 기본이고 애플스토어의 견본품까지 최고로 만들도록 했다.

〈스티브 잡스의 성공스토리〉

"가정 환경"

폴 잡스는 세일즈맨과 동시에 중고차를 사들인 후 수리하여 재판매하는 일을 하였는데, 스티브 잡스에게 기계에 대한 자신의 열정을 물려주려고 하였다. 예를 들면, 해체하여 다시 조립할 수 있는 물건을 주는 식이었다. 어린 시절 잡스의 집은 마운틴뷰에 있었는데, 폴 잡스는 차고 안에 있던 작업대의 반을 스티브에게 주며 보이지 않는 뒷부분도 앞면과 같이 신경을 쓰는 것이 중요하다는 철학을 전달해 주었다. 이는 후에 잡스의 제품 철학이 된다. 하지만 잡스는 실제로 기계를 다루는 데에는 큰 흥미를 보이지 않았다. 오히려 아버지가 부품을 구하기 위해 흥정을 하는 모습을 흥미롭게 지켜보았다.

잡스의 집은 디아블로가 286번지에 위치해 있었는데, 이 일대의 집들은 대부분 부동산 개발업자 조셉 아이클러가 지은 것이었다. 아이클러는 깨끗하고 심플하면서도 저렴한 주택들을 지었으며, 잡스는 아이클러의 깔끔한 디자인이 애플 컴퓨터가 애초부터 추구했던 디자인이라 밝혔다.

당시 캘리포니아에는 군수산업 붐이 일어났으며, 첨단 기술이 밀집된 지역이 되었다. 그 영향을 받아 잡스는 동네의 어른들에게 여러 질문을 하며 엔지니어링에 대한 흥미를 키워 갔다.

"고등학교"

잡스는 9학년이 되자마자 홈스테드 고등학교에 진학하였다. 고등학교 시절에 그는 다양한 경험을 하는데, 그 주가 되는 것이 반문화 운동이었다. 잡스는 반문화 운동에 빠져 있던 12학년의 여러 학생들과 많은 교류를 하며 전자공학과 수학, 과학 등에 대한 많은 이야기를 나누었으며 마약의 한 종류인 LSD와 반문화 운동 전반에 대해서도 흥미를 보였다. 잡스는 후에 실리콘밸리의 전설이 된 존 맥콜럼의 전자공학 수업을 듣기도 하였는데, 군대식 규율을 중요시하는 맥콜럼에게 권위에 대한 반감을 숨기지 않았다.

맥콜럼에게 미움을 사던 잡스와 달리, 후에 스티브 잡스와 함께 애플사를 세울 스티브 워즈니악은 맥콜럼의 총애를 받던 학생이었다. 스티브 워즈니악은 스티브 잡스보다 다섯 살 많은 학생으로, 같은 동네에 살던 빌 페르난데스가 워즈니악에게 잡스를 소개해 주었다. 1971년, 워즈니악과 잡스는 애플의 탄생에 큰 기여를 한 블루 박스를 제작하고 판매하였다.

잡스는 초등학교 때부터 알고 지내던 래리 랭의 차고를 종종 방문하였는데, 래리 랭은 잡스에게 히스키트라는 아마추어 전자공학 키트에 관심을 가지게 하였고, 이 키트 덕분에 잡스는 어려서부터 전자제품의 작동원리를 익히게 되었다. 또한 래리 랭은 HP 탐구자 클럽에 잡스를 합류시켰다.

잡스는 이 클럽에서 거대한 몸집의 컴퓨터들을 볼 수 있었고, 잡스는 이 컴퓨터를 아주 인상적으로 바라보았다. 그는 후에 "거기서 나는 첫 데스크톱 컴퓨터를 봤어요. 9100A라고 불린 그것은 사실 계산기를 미화해 말하는 것이었지만 진정 최초의 데스크톱 컴퓨터이기도 했지요. 20킬로그램 정도 되는 거대한 몸집이었지만 정말 아름다웠어요. 첫눈에 반해 버렸지요."라고 말했다.

잡스는 고등학교 시절에 다양한 일을 하였는데, HP의 조립라인에서 반복되는 조립을 하는 일과 신문 배달, 전자 기기 상점에서 재고품을 정리하는 일 등이었다. 잡스는 HP에서 동료 직원들보다는 윗층에서 일하는 엔지니어들과 더 친해졌으며, 전자 기기 상점에서는 다양한 전자 기기들을 접하며 즐거워했다. 또한 잡스는 고등학교 때 자신이 해야 할 일에 대해서 어렴풋이나마 알게 되는데, 전자공학과 창작의 교차점에 서 있는 자신을 발견한 것이다. 그는 과학 분야가 아닌 다른 여러 분야의 책들도 관심을 가지고 많이 읽기 시작했고, 음악도 많이 들었다. 잡스는 특히 〈리어 왕〉과 〈모비 딕〉, 그리고 딜런 토마스의 시를 좋아했다.

"대학교 이후"

1974년 2월, 잡스는 캘리포니아 로스앨터스의 부모님 댁으로 돌아가 직장을 구하기 시작했고, 구인 광고에 "즐기면서 돈 버는 곳"이라고 적혀 있었던 비디오게임 제조사 아타리의 로비에 들어가 채용해 줄 때까지 버티고 있겠다고 고집을 부렸고, 결국 아타리의 공동 창업자이자 수석 엔지니어였던 앨 알콘에 의해 고용된다.

아타리에서도 잡스는 고집스러운 면과 남을 깔보는 성격을 내보였지만, 아타리의 창업자 놀란 부시넬은 잡스를 높게 평가하여 그가 야간 근무를 할 수 있도록 도왔다. 잡스는 아타리에서 몇몇 게임이 개선되도록 도왔으며, 복잡한 설명서를 읽을 필요가 없는 직관적이고 단순한 아타리 게임에 큰 영향을 받았다.

잡스는 아타리에서 일하던 도중인 1974년 초, 인도 순례 여행을 떠났고 7개월간의 여행 후 다시 아타리로 돌아와 일하였다. 부시넬은 잡스에게 브레이크아웃(Breakout)이라는 벽돌 깨기 게임을 설계할 것을 지시했는데, 칩을 50개 미만으로 사용하면 줄어든 칩에 비례해 보너스를 주겠다고 약속했다. 잡스는 워즈니악에게 보수를 반씩 나누는 조건으로 도움을 청하고 워즈니악은 불과 4일만에 45개의 칩만으로 게임을 설계해내지만, 잡스는 워즈니악에게 기본 수고비의 절반인 350달러만을 주었다. 잡스가 아타리로부터 받은 돈은 5,000달러였다.

(5) 마이크로소프트 빌 게이츠(Bill Gates)[12]

"여러분의 지식과 능력을 남을 돕고 세상을 더 나은 곳으로 바꿔나가는 것에 써 주세요. 소프트웨어는 그것을 이룰 수 있는 '마법'을 제공할 것입니다."

– 빌 게이츠, 2008년 2월 19일, 스탠퍼드대 강연 내용 중

1975년 '소프트웨어'라는 개념조차 미미하던 시절에 소프트웨어의 가능성을 발견하고 작고(micro) 유연한(soft) 분야에 매진하겠다는 포부를 밝히며 MS를 창립한 사람이 있었다. 컴퓨터 업계의 황제라 불리는 빌 게이츠(Bill Gates)이다. 그는 당시 소프트웨어를 복제해 사용하는 걸 당연하게 여기던 분위기에 제동을 걸었다. 언론을 통해 소프트웨어 저작권에 대한 자기 생각을 적극적으로 피력하는 한편, 자신이 만든 베이직 복사본을 무단으로 사용하는 컴퓨터 사용자들에게 공개편지를 띄웠다.

"그건 도둑질이야!"

이후 소프트웨어 개발에 박차를 가한 빌 게이츠는 당시 최고의 컴퓨터 제조사였던 IBM으로부터 운영체제 소프트웨어 개발을 의뢰받고 MS 사상 최고의 축복이라 불리는 MS-도스(DOS)를 세상에 내놓게 된다. 이때부터 빌 게이츠는 억만장자 대열에 이름을 올리게 되었다.

하지만 현재에 만족할 빌 게이츠가 아니었다. 그는 도스의 인기가 한창이던 1983년부터 MS 내 '윈도우 개발팀'을 두고 차세대 운영체제 개발에 막대한 재원을 쏟아부었다. 그리고 1995년 8월 24일, MS는 '포스트 도스' 시대를 열어갈 '윈도우95'를 출시했다. 도스가 텍스트를 입력해 명령을 내리는 방식이었다면, 윈도우는 아이콘을 클릭해 컴퓨터에

---

12) 대통령의 특별한 만남(2008). 재인용 및 일부 편집.
http://www.pa.go.kr/portal/contents/stroll/special/view.do?bd_seq=48.

명령을 내리는 간단한 방식이었다. 이는 PC의 대중화 선언을 의미했다. 뉴욕증시에서 MS는 연일 상한가를 달렸고 빌 게이츠는 세계 최고 부자의 위치에 오르며 미국 경영전문지 포브스가 선정하는 세계 억만장자 순위에서 1995년부터 2007년까지 1위 자리를 지켰다.

세계적인 소프트웨어 업체의 회장이자 세상에서 가장 부자인 빌 게이츠가 2008년 5월 6일 한국을 방문했다. 짧은 일정을 마치고 한국을 떠난 빌 게이츠는 그해 6월 27일 미국 워싱턴주 레드먼드에 있는 MS 본사 컨퍼런스룸에서 800여 명의 임직원이 지켜보는 가운데 퇴임식을 했다. 이 자리에서 빌 게이츠는 회사 창립 이후 가장 큰 실수가 무엇이었느냐는 질문에 "큰 변화를 읽지 못하고, 탁월한 인재들을 그 변화에 투입하지 못한 것"이라고 대답하며 "우리가 실수한다는 얘기는 맞다. 우리도 안다. 그러나 우리는 실수에서 배운다. 마이크로소프트의 탁월한 업적들이 바로 그런 결과이다."라고 강조했다.

실수를 두려워하지 않고 내일을 위해 오늘을 혁신하며 33년간 이끌어오던 마이크로소프트를 떠난 빌 게이츠는 2000년 아내와 공동으로 설립한 '빌&멜린다 게이츠 재단(Bill & Melinda Gates Foundation)'을 통해 기부 사업을 펼치며 세계 최대의 기부자로 활동하고 있다.

"빌 게이츠의 주요 기업가정신"

① 업종을 신중히 선택하라

당신이 즐길 수 있는 일을 하라. 광적인 정열 없이 생산적이 되는 것은 어렵다.

② 조심스럽게 고용하고 기꺼이 해고시킬 준비를 하라

당신은 강팀을 필요로 한다. 아무리 경영을 잘한다 해도 변변치 못한 팀은 변변치 못한 결과를 낳기 때문이다. 그저 웬만큼 일하는 사람을 그대로 두는 것은 흔히 있는 실수다. 훌륭한 경영자는 그를 교체하거나 그가 분명히 성공할 수 있는 다른 일을 맡긴다.

③ 생산적인 환경을 조성하라

이것은 각 회사가 처한 상황에 따라 서로 다른 접근법을 요구하기 때문에 쉬운 일이 아니다. 모두에게 자신의 사무실을 주거나 아니면 모두를 열린 공간에 둠으로써 생산성을 극대화할 수 있다. 때로는 금전적인 인센티브를 도입할 수 있다. 대개는 여러 접근법의 조합이 요구된다.

④ 성공을 정의하라

당신의 직원들에게 성공이란 무엇이고 어떻게 그들의 업적을 측정할 수 있는지를 분명히 밝혀라. 목표는 현실적이어야 한다. 프로젝트의 작업 일정은 그 일을 직접 하는 사람에 의해서 정해져야 하는 것이다. 달성이 불가능한 목표는 조직을 좀먹는다.

⑤ 훌륭한 경영자가 되려면 사람을 좋아하고 대화에 능숙해야 한다

이것은 가장 하기 어려운 것이다. 사람들과 교류하는 것을 진정으로 즐기지 않는다면 그들을 잘 다루는 것은 어렵다.

⑥ 당신의 직원들이 당신보다 더 일을 잘 할 수 있도록 발전시켜라

당신의 기술을 그들에게 전수하라. 부하직원이 일을 잘해 당신 자리를 빼앗을지 모른다고 걱정이 되면 사장에게 "교육을 잘 시키는 대신 저에게 맡길 새로운 일이 있습니까"라고 물어라. 많은 똑똑한 경영자들은 이 같은 방법으로 자신을 자유롭게 하고 미개척 분야에서 새로운 일을 해낸다.

⑦ 윤리를 확립하라

직원들에게 그들의 일이 회사와 고객에게 얼마나 중요한지를 느낄 수 있도록 하라. 훌륭한 성과를 얻었을 때는 모두가 그것을 함께 느낄 수 있어야 한다.

⑧ 프로젝트를 직접 수행하라

직원들이 제일 싫어하는 상사는 일을 분배만 하고 정작 자신은 일하지 않는 사람이다.

⑨ 똑같은 결정을 두 번 내리지 말라

한 번에 확고한 결정을 내릴 수 있도록 시간과 생각을 잘 활용하고 다시 그 문제를 다루지 않도록 하라. 자신 없게 지나간 문제를 끄집어냈다가 같은 결정을 다시 내리는 것은 어리석은 일이다.

⑩ 직원들에게 누구를 기쁘게 할지를 알게 하라

그것은 당신일 수도 있고 당신의 사장일 수도 있으며 혹은 다른 사람일 수도 있다. 직원들이 '이 사람을 기쁘게 해줘야 하나 다른 사람을 기쁘게 해야 하나'라고 고민하게 되면 당신은 조직에서 곤란을 겪게 될 것이다.

부록

Appendix

1. 중소기업창업 지원법
2. 동물보호법

중소기업창업 지원법

[시행 2024.08.28.] [법률 제20364호, 2024.02.27. 일부개정]

제1장 총칙

제1조(목적) 이 법은 국민 누구나 창의적인 아이디어와 혁신적인 기술을 바탕으로 기업가 정신을 발휘하여 창업에 도전하고 글로벌 선도기업으로 성장할 수 있는 창업생태계를 조성하여, 디지털경제 시대에 새로운 국가경제의 성장동력과 일자리를 창출하는 창업 국가 건설을 목적으로 한다.

제2조(정의) 이 법에서 사용하는 용어의 뜻은 다음과 같다. <개정 2024. 2. 27.>

1. "중소기업"이란 「중소기업기본법」 제2조에 따른 중소기업을 말한다.
2. "창업"이란 대통령령으로 정하는 바에 따라 중소기업을 새로 설립하는 것을 말한다.

2의2. "국외 창업"이란 대한민국 국민(대한민국 법률에 따라 설립된 법인을 포함한다)이 외국의 법률에 따라 보유 주식 총수나 출자 지분 총액 등 대통령령으로 정하는 실질적인 지배력을 가지는 법인을 외국에 새로 설립하는 것을 말한다.

3. "창업기업"이란 중소기업을 창업하여 사업을 개시한 날부터 7년이 지나지 아니한 기업(법인과 개인사업자를 포함한다)을 말한다. 이 경우 사업 개시에 관한 사항 등 창업기업의 범위에 관한 세부사항은 대통령령으로 정한다.

3의2. "국외 창업기업"이란 국외 창업하여 사업을 개시한 날부터 7년이 지나지 아니한 법인을 말한다. 이 경우 사업 개시에 관한 사항 등 국외 창업기업의 범위에 관한 세부사항은 대통령령으로 정한다.

4. "예비창업자"란 창업을 하려는 개인 등을 말한다.
5. "재창업"이란 중소기업을 폐업하고 새로운 중소기업을 설립하는 것을 말한다.
6. "재창업기업"이란 재창업하여 사업을 개시한 날부터 7년이 지나지 아니한 기업을 말한다. 이 경우 사업 개시에 관한 사항 등 재창업기업의 범위에 관한 세부사항은 대통령령으로 정한다.
7. "예비재창업자"란 재창업을 하려는 개인 등을 말한다.
8. "신산업창업"이란 기존 산업을 융복합하거나 시장성, 파급효과, 성장 잠재력 및 국민경제 발전에 기여도가 높을 것으로 예상되는 산업(이하 "신산업"이라 한다)을 기반으로 하여 창업하는 것을 말한다.

9. "기술창업"이란 창의적인 아이디어, 신기술, 과학기술 및 정보통신기술에 기반하여 문화 등 다양한 부문과의 융합을 촉진함으로써 새로운 사업영역을 개척하거나 도전하는 창업을 말한다.

10. "초기창업기업"이란 창업하여 대통령령으로 정하는 기준에 따른 사업을 개시한 날부터 3년이 지나지 아니한 창업기업을 말한다.

11. "청년창업기업"이란 창업기업 대표자의 연령이 39세 이하인 창업기업을 말한다.

12. "예비청년창업자"란 창업을 하려는 39세 이하의 개인 등을 말한다.

13. "중장년창업기업"이란 창업기업 대표자의 연령이 40세 이상인 창업기업을 말한다.

제3조(정부와 지방자치단체의 책무) ① 정부는 창업국가 건설을 위하여 신산업창업 및 기술창업(이하 "신산업·기술 창업"이라 한다)을 활성화하고 창업기업의 사업화 촉진 및 국제화 역량 강화에 필요한 시책을 세우고 추진하여야 한다.

② 정부는 예비창업자, 창업기업, 예비재창업자, 재창업기업 등(이하 "창업기업 등"이라 한다)의 기술성, 사업성, 혁신성, 성장 가능성 등을 두루 고려하여 지원대상의 특성에 맞는 창업지원방안을 마련하여야 한다.

③ 지방자치단체는 지역의 자원을 활용한 특색 있는 창업을 촉진하기 위하여 창업을 저해하는 규제를 완화하고 창업친화적인 환경을 조성하도록 노력하여야 하며, 지역단위의 창업생태계를 활성화하기 위하여 대학, 연구기관 등 지역 내 창업 관련 기관·단체와 교류 및 협력하여야 한다.

④ 정부와 지방자치단체는 상호간의 협력을 통하여 중소기업의 창업 및 창업기업 등에 대한 지원의 효과를 높일 수 있도록 노력하여야 한다.

제4조(창업기업 등의 책무) ① 창업기업 등은 혁신적인 아이디어와 기술의 개발 및 활용을 통하여 글로벌 경쟁력을 확보하고, 지속적인 성장 및 발전을 위하여 노력하여야 한다.

② 정부와 지방자치단체의 창업지원사업에 참여하는 창업기업 등과 그와 관련된 자는 정부와 지방자치단체의 창업정책 및 계획의 수립·시행에 공정하고 투명하게 참여하고 적극적으로 협력하여야 한다.

③ 창업기업 등은 자신이 보유한 경험, 지식, 기술 등의 역량과 자원을 활용하여 새로운 창업기업의 발굴 및 성장, 창업생태계의 발전에 기여할 수 있도록 노력하여야 한다.

제5조(적용 범위) ① 이 법은 창업 및 창업기업 등에 관하여 적용한다. 다만, 사행산업 등 경제질서 및 미풍양속에 현저히 어긋나는 업종의 창업 및 창업기업 등에 관하여는 적용하지 아니한다.

② 제1항 단서에 해당하는 업종의 범위는 대통령령으로 정한다.

제5조의2(준용 규정) 국외 창업기업에 대해서는 제3조, 제7조, 제8조, 제10조, 제25조 및

제26조를 준용한다.

[본조신설 2024. 2. 27.]

제6조(다른 법률과의 관계) 창업 및 창업기업 등에 관하여 다른 법률에 특별한 규정이 있는 경우를 제외하고는 이 법에서 정하는 바에 따른다.

제2장 창업정책의 수립 및 추진체계

제7조(창업지원종합계획의 수립 등) ① 중소벤처기업부장관은 창업의 촉진 및 창업기업 등의 성장과 발전을 위하여 「중소기업기본법」 제20조의4에 따른 중소기업정책심의회의 심의를 거쳐 창업지원종합계획(이하 "종합계획"이라 한다)을 3년마다 수립·시행하여야 한다.

② 종합계획에는 다음 각 호의 사항이 포함되어야 한다.

1. 종합계획의 기본방향
2. 창업 촉진 및 창업기업 등의 성장·발전 지원에 관한 사항
3. 청년창업기업, 중장년창업기업, 예비창업자, 재창업기업 등 대상별 창업지원 기반 조성에 관한 사항
4. 신산업·기술 창업 등 분야별 지원에 관한 사항
5. 창업기업 등의 기술혁신역량 강화를 위한 사항
6. 창업기업 등의 판로, 해외시장 진출 등에 관한 사항
7. 창업기업 등과 창업지원기관 간 교류·협력에 관한 사항
8. 해외의 우수한 창업기업 및 관련 인력의 국내 유치 등에 관한 사항
9. 창업 관련 제도 및 법령의 개선에 관한 사항
10. 그 밖에 중소벤처기업부장관이 필요하다고 인정하는 사항

제8조(창업지원시행계획의 수립 등) ① 중소벤처기업부장관은 종합계획을 시행하기 위하여 매년 관계 중앙행정기관의 장과의 협의를 거쳐 창업지원시행계획(이하 "시행계획"이라 한다)을 수립하여 공고하여야 한다.

② 중소벤처기업부장관과 관계 중앙행정기관의 장은 시행계획 중 소관 사항을 시행하고, 이에 필요한 재원을 확보하기 위하여 노력하여야 한다.

③ 중소벤처기업부장관과 관계 중앙행정기관의 장은 창업 촉진 및 창업기업 등의 성장·발전을 지원하기 위하여 필요한 때에는 지방자치단체의 장에게 시행계획을 시행하는 데에 필요한 조치를 취하도록 요청할 수 있다.

제9조 삭제 <2023. 10. 31.>

제10조(창업 활성화 지원사업의 추진 등) ① 중소벤처기업부장관은 중소기업의 창업을

활성화하고 창업기업 등의 성장·발전을 지원하기 위하여 다음 각 호의 사항에 관한 사업을 추진하거나 필요한 시책을 수립·시행할 수 있다.

1. 창업기업 등의 발굴·육성 및 그에 대한 지원
2. 창업기업 등의 우수한 아이디어 사업화에 대한 지원
3. 기업, 창업 관련 단체 등을 통한 창업기업 등의 발굴·육성
4. 창업기업 등의 판로개척 및 해외진출 지원
5. 창업기업 등에 대한 창업교육 및 창업기반시설 확충
6. 해외인재 또는 해외기업 유치 활성화
7. 인터넷 등 정보통신망을 통한 창업정책 및 창업기업 등과 관련한 지식·정보 등 데이터의 축적, 가공, 공유 및 활용 등의 촉진
8. 그 밖에 대통령령으로 정하는 사업

② 중소벤처기업부장관은 제1항에 따른 사업을 추진하는 경우에는 다음 각 호의 자를 우대할 수 있다.

1. 예비청년창업자 또는 청년창업기업
2. 여성 예비창업자 또는 여성창업기업(창업기업 대표자의 성별이 여성인 창업기업을 말한다)
3. 장애인(「장애인기업활동 촉진법」 제2조 제1호의 장애인을 말한다) 예비창업자 또는 장애인창업기업(창업기업 대표자가 「장애인기업활동 촉진법」 제2조 제1호의 장애인인 창업기업을 말한다)

③ 중소벤처기업부장관은 제1항에 따른 사업을 추진하기 위하여 필요하다고 인정하는 경우에는 예산의 범위에서 대학, 연구기관, 공공기관, 기업 등 해당 사업을 수행하는 자에게 사업을 수행하는 데에 드는 비용의 전부 또는 일부를 출연하거나 보조할 수 있다. <개정 2024. 2. 27.>

④ 제3항에 따른 출연·보조의 절차 및 방법 등에 관한 사항은 대통령령으로 정한다.

제11조(연령별 창업지원시책의 수립 등) ① 중소벤처기업부장관은 청년창업기업 및 중장년창업기업 등 창업기업의 연령별 특수성을 종합적으로 고려하여 창업지원시책을 수립·시행할 수 있다.

② 제1항에 따른 연령별 창업지원시책에는 다음 각 호의 사항이 포함되어야 한다.

1. 연령별 특성에 맞는 창업 활성화 기반 조성
2. 창업기업의 연령별 특수성을 고려한 성장·발전 지원
3. 청장년 융합창업 및 연령별 창업기업 간 교류·협력 촉진
4. 그 밖에 연령별 창업기업의 경쟁력 강화를 위하여 중소벤처기업부장관이 필요하다

고 인정하는 사항

③ 관계 중앙행정기관의 장 또는 지방자치단체의 장은 제1항에 따른 연령별 창업지원시책에 필요한 행정적·재정적 지원을 할 수 있다.

제12조(창업지원정책의 효율화) ① 중앙행정기관의 장과 지방자치단체의 장은 국가와 지방자치단체의 재정지원에 따라 수행되는 창업지원사업(이하 "창업지원사업"이라 한다)이 기존 사업과 유사하거나 중복되지 아니하도록 노력하여야 하며, 창업지원사업 간 연계 및 협력을 강화하는 등 창업지원정책을 효율적으로 추진하여야 한다.

② 중소벤처기업부장관은 창업지원사업(「국가연구개발혁신법」의 적용을 받는 국가연구개발사업은 제외한다)을 효율적으로 추진·관리하기 위하여 관계 중앙행정기관과의 협의를 거쳐 다음 각 호의 사항에 관한 기준 등을 제시할 수 있다.

1. 창업지원사업의 기획, 공고 등에 관한 사항
2. 창업지원사업의 선정, 협약 등에 관한 사항
3. 창업지원사업의 정보 및 성과관리 등 지원사업 수행 등에 관한 사항
4. 그 밖에 창업지원사업의 기획, 관리 및 환류 등에 관하여 필요한 사항

③ 중소벤처기업부장관은 제1항의 창업지원정책(「국가연구개발혁신법」의 적용을 받는 국가연구개발사업은 제외한다)을 효율적으로 추진하기 위하여 「중소기업기본법」 제20조의3 및 제20조의5를 따른다.

④ 중소벤처기업부장관은 제2항에 따른 기준 등을 정하는 경우에는 그 내용을 고시하여야 한다.

제13조(실태조사 및 통계작성) ① 중소벤처기업부장관은 중소기업의 창업을 촉진하고 종합계획 및 시행계획을 효율적으로 수립·추진하기 위하여 매년 중소기업의 창업 및 창업기업 등의 현황 및 실태 등에 대한 조사를 실시하여야 한다.

② 중소벤처기업부장관은 제1항에 따른 실태조사 등을 참고하여 중소기업의 창업 및 창업기업 등에 관한 통계를 작성·관리하고 공표하되, 필요한 경우 통계청장과 협의할 수 있다.

③ 제1항에 따른 실태조사의 범위와 방법 및 그 밖에 필요한 사항은 대통령령으로 정한다.

제14조(창업정책정보의 수집 및 제공) 정부는 창업기업 등에 대하여 창업 및 창업기업의 성장과 발전에 필요한 자금, 인력, 기술, 판로, 입지 등에 관한 정보를 수집 및 제공하기 위하여 필요한 시책을 강구하여야 한다.

제15조(창업종합관리시스템의 구축 및 운영) ① 중소벤처기업부장관은 창업 관련 정보를 종합적으로 관리하고 효과적으로 제공하기 위하여 창업종합관리시스템을 구축 및 운

영할 수 있다.

② 제1항에 따른 창업종합관리시스템의 구축, 운영 및 그 밖에 필요한 사항은 대통령령으로 정한다.

제3장 창업저변 확대 및 환경 개선

제16조(기업가정신의 함양 및 확산) ① 중소벤처기업부장관은 창업기업 등을 포함한 전체 국민이 경제환경 변화에 능동적으로 대응하면서 새로운 기회와 가치를 창출하기 위하여 창의적으로 도전하는 의지와 자세 및 사회적 책임 등(이하 "기업가정신"이라 한다)을 함양하도록 하고, 사회 전반에 기업가정신을 확산시키기 위하여 다음 각 호의 사항을 추진할 수 있다.

1. 기업가정신 함양을 위한 교육과정의 개발 및 운영
2. 창업기업 등에 대한 기업가정신 관련 컨설팅 · 멘토링
3. 기업가정신 관련 협력 · 네트워크의 구축 및 운영
4. 해외 기업가정신 관련 교류 · 협력 및 국제연대 강화
5. 그 밖에 기업가정신의 함양 및 확산을 위하여 중소벤처기업부장관이 필요하다고 인정하는 사항

② 중소벤처기업부장관은 제1항에 따른 사항을 추진하는 데 필요한 경우 예산의 범위에서 그 비용의 전부 또는 일부를 출연하거나 보조할 수 있다.

제17조(청년기업가정신재단에 대한 출연 등) 중소벤처기업부장관은 국민과 창업기업 등을 대상으로 기업가정신을 함양 및 확산하기 위하여 「민법」 제32조에 따라 중소벤처기업부장관의 설립허가를 받은 비영리법인으로서 다음 각 호의 사항을 주요 목적으로 하는 재단법인에 대하여 예산의 범위에서 출연 또는 보조할 수 있다.

1. 기업가정신 활성화 사업의 기획, 개발 및 연구
2. 기업가정신 실태조사 및 통계의 작성 및 관리
3. 기업가정신 교육과정 및 교재의 개발 · 보급, 교육사업의 관리 · 운영 지원
4. 기업가정신 모범사례의 발굴 및 전파 등 기업가정신 함양 및 확산을 위한 사회 · 경제적인 분위기 조성
5. 기업가정신 여건 확충 및 저해요인의 발굴 및 해소
6. 그 밖에 기업가정신의 함양 및 확산을 위하여 중소벤처기업부장관이 지정 · 위탁하는 사항

제18조(창업교육의 활성화) ① 중소벤처기업부장관은 창업저변의 확충 및 예비창업자의 준비된 창업을 위하여 아동 · 청소년, 대학생 및 청년 등 국민과 창업기업 등에 창업교

육을 할 수 있다.

② 중소벤처기업부장관은 제1항에 따른 창업교육을 효율적으로 추진하기 위하여 다음 각 호의 사항을 추진할 수 있다.

1. 창업교육의 내용·방법 등에 관한 연구
2. 창업교육 콘텐츠의 기획 및 개발
3. 지역별 창업교육의 활성화
4. 창업교육을 통한 창업인식 개선
5. 창업교육에 관한 국제협력
6. 창업교육 강사 등의 양성 및 활동 지원
7. 「초·중등교육법」 및 「고등교육법」 등에 따른 학교의 교육, 「직업교육훈련 촉진법」에 따른 직업교육훈련, 「진로교육법」에 따른 진로교육 및 「평생교육법」에 따른 평생교육 등과 창업교육 간 연계
8. 그 밖에 창업교육의 활성화를 위하여 중소벤처기업부장관이 필요하다고 인정하는 사항

③ 중소벤처기업부장관은 제2항 각 호에 따른 사항을 추진하는 경우에는 관계 중앙행정기관의 장과 지방자치단체의 장에게 협조를 요청할 수 있다. 이 경우 협조를 요청받은 자는 특별한 사유가 없으면 그 요청에 적극 협조하여야 한다.

제19조(창업대학원의 지정 등) ① 중소벤처기업부장관은 「고등교육법」 제29조 제1항에 따른 대학원 중 창업분야 전문인력 양성을 목적으로 하는 대학원(이하 "창업대학원"이라 한다)을 지정하여 예산의 범위에서 그 운영 등에 필요한 경비를 출연하거나 그 밖에 필요한 지원을 할 수 있다.

② 중소벤처기업부장관은 창업대학원이 연합하여 물적·인적 자원 공유 등 교육과정을 효율화하는 경우 이에 필요한 경비를 지원할 수 있다.

③ 중소벤처기업부장관은 창업대학원의 지정·지원 등에 관하여 필요한 사항을 고시하여야 한다.

제20조(창업문화 및 분위기 확산) ① 중소벤처기업부장관은 창업에 대한 국민의 인식을 제고하고 사회 전반에 창업을 활성화하기 위하여 진취적이고 도전적인 문화 및 분위기 확산에 필요한 다음 각 호의 사항을 추진할 수 있다.

1. 일자리 창출 및 투자 유치 등의 성과가 우수한 창업기업의 발굴, 포상 및 홍보
2. 창업 활성화 등에 대한 지원 공로가 큰 공공기관과 소속 임직원 등에 대한 지원사례의 발굴 및 포상
3. 창업 활성화를 위한 학술대회 및 세미나 등의 개최

4. 창업기업 및 창업지원기관 간 교류·협력을 위한 국내외 행사 및 축제 등의 기획 및 추진

5. 그 밖에 창업문화 및 분위기 확산을 위하여 중소벤처기업부장관이 필요하다고 인정하는 사항

② 중소벤처기업부장관은 제1항에 따라 추진하는 사업이 국제화·대형화·전문화를 통하여 국제 경쟁력을 갖춘 사업으로 발전할 수 있도록 지원할 수 있다.

제21조(창업저해 규제의 발굴 및 개선) ① 정부는 창업을 저해하거나 창업기업 등의 성장을 가로막는 불필요한 규제를 완화·제거하기 위하여 각종 규제를 발굴하여 개선하도록 노력하여야 한다.

② 중소벤처기업부장관은 제1항에 따른 규제의 개선방안을 「중소기업기본법」 제20조의4에 따른 중소기업정책심의회의 심의를 거쳐 의결할 수 있다. <개정 2023. 10. 31.>

③ 중소벤처기업부장관은 제1항에 따른 규제의 개선방안을 수립·시행하는 데 필요하다고 인정하는 경우에는 관계 중앙행정기관의 장과 지방자치단체의 장에게 협조를 요청할 수 있다. 이 경우 협조를 요청받은 자는 특별한 사정이 없으면 그 요청에 따라야 한다.

제22조(창업절차 및 비용 등 부담 완화) ① 정부는 창업을 촉진하고 창업기업이 원활하게 성장할 수 있는 환경을 조성하기 위하여 창업기업 등의 행정절차 간소화 및 비용부담 완화 등에 관한 제도적·절차적 조치를 마련할 수 있다.

② 제1항에 따른 조치에는 다음 각 호의 사항을 포함할 수 있다.

1. 창업 소요시간 단축을 위한 절차 간소화
2. 창업 관련 비용부담 완화를 위한 금융 지원 등
3. 그 밖에 창업기업 등의 부담 완화를 위하여 필요한 사항

③ 중소벤처기업부장관은 제2항에 따른 조치를 시행하는 데 필요하다고 인정하는 경우에는 관계 중앙행정기관의 장과 지방자치단체의 장에게 협조를 요청할 수 있다. 이 경우 협조를 요청받은 자는 특별한 사정이 없으면 그 요청에 따라야 한다.

제23조(창업기업의 부담금 면제) ① 제45조에 따라 공장 설립계획의 승인을 받은 창업기업에 대하여는 사업을 개시한 날부터 7년 동안 다음 각 호의 부담금을 면제한다.

1. 「농지법」 제38조 제1항에 따른 농지보전부담금
2. 「초지법」 제23조 제8항에 따른 대체초지조성비
3. 「산지관리법」 제19조 제1항에 따른 대체산림자원조성비
4. 「개발이익 환수에 관한 법률」 제7조에 따른 개발부담금

② 삭제 <2022. 10. 18.>

③ 대통령령으로 정하는 지식서비스업을 영위하는 창업기업에 대하여 사업을 개시한 날부터 7년 동안 다음 각 호의 부담금을 면제한다. <개정 2022. 10. 18.>

1. 제4항 각 호의 부담금 중 제2호, 제7호, 제15호 및 제16호를 제외한 부담금
2. 「농어촌 전기공급사업 촉진법」 제3조 제1항 제2호에 따른 전기사용자의 일시부담금

④ 「통계법」 제22조 제1항에 따라 통계청장이 작성·고시하는 한국표준산업분류상의 제조업을 영위하기 위하여 중소기업을 창업하는 자에 대하여 사업을 개시한 날부터 7년 동안 다음 각 호의 부담금을 면제한다. 다만, 제8호부터 제11호까지의 부담금의 경우 부담금이 최초로 부과된 날부터 3년 동안 면제한다. <신설 2022. 10. 18.>

1. 「지방자치법」 제155조에 따른 분담금
2. 「농지법」 제38조 제1항에 따른 농지보전부담금
3. 「초지법」 제23조 제8항에 따른 대체초지조성비
4. 「전기사업법」 제51조 제1항에 따른 부담금
5. 「대기환경보전법」 제35조 제2항 제1호에 따른 기본부과금(대기오염물질배출량의 합계가 연간 10톤 미만인 사업장만 해당한다)
6. 「물환경보전법」 제41조 제1항 제1호에 따른 기본배출부과금(1일 폐수배출량이 200세제곱미터 미만인 사업장에 한정한다)
7. 「자원의 절약과 재활용촉진에 관한 법률」 제12조 제1항에 따른 폐기물부담금(연간 매출액이 20억 원 미만인 제조업자만 해당한다)
8. 「한강수계 상수원수질개선 및 주민지원 등에 관한 법률」 제19조 제1항에 따른 물이용부담금
9. 「금강수계 물관리 및 주민지원 등에 관한 법률」 제30조 제1항에 따른 물이용부담금
10. 「낙동강수계 물관리 및 주민지원 등에 관한 법률」 제32조 제1항에 따른 물이용부담금
11. 「영산강·섬진강수계 물관리 및 주민지원 등에 관한 법률」 제30조 제1항에 따른 물이용부담금
12. 「산지관리법」 제19조 제1항에 따른 대체산림자원조성비
13. 「도시교통정비 촉진법」 제36조에 따른 교통유발부담금
14. 「지하수법」 제30조의3에 따른 지하수이용부담금
15. 「오존층 보호 등을 위한 특정물질의 관리에 관한 법률」 제24조의2에 따른 특정물질 제조·수입 부담금

16. 「해양심층수의 개발 및 관리에 관한 법률」 제40조에 따른 해양심층수이용부담금

⑤ 제1항, 제3항 및 제4항에 따른 부담금 면제의 절차 및 방법 등에 관하여 필요한 사항은 대통령령으로 정한다. <개정 2022. 10. 18.>

[법률 제19020호(2022. 10. 18.) 제23조 제4항의 개정규정은 같은 법 부칙 제2조의 규정에 의하여 2027년 8월 2일까지 유효함]

제24조(온라인창업지원시스템의 구축 및 운영) ① 중소벤처기업부장관은 「전자정부법」 제2조 제10호에 따른 정보통신망을 통하여 회사를 설립할 수 있는 시스템(이하 "온라인창업지원시스템"이라 한다)을 구축 및 운영할 수 있다.

② 관계 중앙행정기관 및 관련 기관은 해당 기관의 소관 업무를 신속하게 처리하고 관련 시스템을 효율적으로 연계하는 등 온라인창업지원시스템을 통한 창업 절차가 원활하게 진행될 수 있도록 협조하여야 한다.

③ 중소벤처기업부장관은 예산의 범위에서 관계 중앙행정기관 및 관련 기관이 온라인창업지원시스템에 연계되는 개별 시스템을 운영하는 데에 드는 비용의 전부 또는 일부를 지원할 수 있다.

④ 온라인창업지원시스템을 통하여 처리할 수 있는 업무는 대통령령으로 정한다.

제4장 신산업·기술 창업의 촉진 등

제25조(유망 신산업·기술 창업기업 집중 육성) ① 정부는 혁신창업 생태계 조성과 일자리 창출 등 국민경제 발전에 기여가 큰 유망 창업기업을 발굴·육성하기 위하여 신산업·기술 창업을 한 창업기업 등(이하 "신산업·기술 창업기업"이라 한다)을 우선적으로 지원하는 등 신산업·기술 창업기업의 집중 육성에 필요한 시책을 수립할 수 있다.

② 정부는 신산업·기술 창업기업의 육성을 위하여 다음 각 호의 조치를 할 수 있다.

1. 신산업·기술 창업 촉진 및 사업화 지원
2. 혁신적 유망 신산업·기술 창업기업의 발굴·육성
3. 신산업·기술 창업기업 육성에 필요한 기반 조성
4. 그 밖에 신산업·기술 창업기업의 발굴·육성 등을 위하여 중앙행정기관의 장이 필요하다고 인정하는 사항

③ 정부는 창업지원사업을 추진하는 경우 신산업·기술 창업기업을 우선하여 지원할 수 있다.

④ 정부는 제2항에 따른 사업을 추진하는 경우 제2조 제3호에 따른 규정에도 불구하고 중소벤처기업부장관이 정하여 고시하는 신산업 창업 분야의 중소기업에 대하여 사업을 개시한 날부터 10년 이내의 범위에서 지원할 수 있다.

⑤ 정부는 신산업·기술 창업 활성화와 관련한 기관 또는 단체의 조직 및 운영에 필요한 비용의 전부 또는 일부를 지원할 수 있다.

제26조(신산업·기술 창업촉진사업의 추진 등) 정부는 신산업·기술 창업을 촉진하고 신산업·기술 창업기업의 혁신역량을 강화하기 위하여 다음 각 호의 사항을 추진할 수 있다.

1. 신산업·기술 창업 분야 창업기업 등의 발굴·육성
2. 신산업·기술 창업기업의 기술개발 및 기술혁신 성과의 사업화 지원
3. 신산업·기술 창업기업의 기술 및 사업모델 혁신을 위한 기술·경영 지도
4. 대학, 연구기관, 기업 등과 신산업·기술 창업기업 간 공동기술개발, 기술이전 및 이전받는 기술의 사업화 지원
5. 국내외 기업과 신산업·기술 창업기업 간 기술, 정보, 인력 등의 교류·협력 및 인프라 등의 공동활용 촉진
6. 신산업·기술 창업기업의 국내외 판로개척 지원
7. 신산업·기술 창업기업의 지식재산권 출원, 등록, 이전 및 활용 지원
8. 신산업·기술 창업 활성화에 필요한 전문인력의 양성
9. 그 밖에 신산업·기술 창업 촉진 및 창업기업의 혁신역량 제고 등을 위하여 중앙행정기관의 장이 필요하다고 인정하는 사항

제27조(신산업·기술 창업촉진 등을 위한 협의체 운영) ① 중소벤처기업부장관은 신산업·기술 창업촉진정책의 효율적인 수립 및 시행을 위하여 정부, 공공기관 및 창업 관련 전문가 등으로 구성되는 신산업·기술 창업지원협의체(이하 "지원협의체"라 한다)를 운영할 수 있다. 이 경우 중소벤처기업부장관은 지원협의체의 구성 및 운영에 필요한 경비를 지원할 수 있다.

② 지원협의체의 구성 및 운영에 필요한 사항은 대통령령으로 정한다.

제28조(지역특화형 신산업·기술 창업의 활성화) ① 정부와 지방자치단체는 지역에 특화된 자원과 특성을 기반으로 한 신산업·기술 창업의 촉진 및 관련 창업기업의 발굴·육성을 위한 지원사업 등을 추진할 수 있다.

② 정부와 지방자치단체는 「규제자유특구 및 지역특화발전특구에 관한 규제특례법」 제75조에 따라 지정·고시된 규제자유특구의 특성 및 완화된 규제환경 등을 고려하여 제1항에 따른 사업을 추진할 수 있다.

③ 정부와 지방자치단체는 지역경제 활성화를 위하여 지역의 자연환경과 문화적 자산 등을 기반으로 가치를 창출하는 창업기업 등을 지원할 수 있다.

④ 정부와 지방자치단체는 제1항부터 제3항까지의 규정에 따른 사업의 수행에 필요하다

고 인정하는 경우에는 관계 중앙행정기관의 장과 지방자치단체의 장에게 협조를 요청할 수 있다.

제29조(민관협력형 신산업·기술 창업기업의 발굴·육성) ① 정부는 신산업·기술 창업기업과 대기업, 중견기업 및 중소기업(이하 "대·중견·중소기업"이라 한다) 등 기업 간 상생협력 및 동반성장을 촉진하기 위하여 국내외 창업생태계를 구성하는 공공기관, 민간, 기관 및 단체 등과 긴밀한 협력체계를 구축하도록 노력하여야 한다.

② 정부는 제1항에 따른 민관협력형 창업을 촉진하기 위하여 다음 각 호의 사항을 추진할 수 있다.

1. 신산업·기술 창업분야 유망 창업기업 등의 공동 발굴·육성
2. 신산업·기술 창업기업과 대·중견·중소기업 등 기업 간 기술·정보·인력 등의 교류·협력 및 인프라 등의 공동활용 촉진
3. 사업의 공모·제안, 공동마케팅 등 창업기업제품의 판로 확대를 위한 협력
4. 연구개발 및 성능인증 등에 필요한 시설·장비의 공동활용 및 공동기술개발
5. 해외의 창업기업, 기관, 단체 등과 공동기술개발 및 교류·협력
6. 신산업·기술 창업기업과 대·중견·중소기업 등 기업 간 상생협력 및 동반성장에 관한 문화 조성 및 분위기 확산
7. 그 밖에 민관협력형 창업기업의 발굴·육성 체계의 구축 및 활성화를 위하여 중앙행정기관의 장이 필요하다고 인정하는 사항

③ 정부는 민간과 협력하여 유망 창업기업, 투자자 및 보육기관 등이 교류·협력할 수 있는 보육공간을 설치 및 운영할 수 있다. 이 경우 정부는 필요한 비용의 전부 또는 일부를 지원할 수 있다.

④ 정부는 제2항 및 제3항에 따라 추진하는 사업을 통하여 발굴·육성된 예비창업자 및 창업기업 중 유망한 자에 대하여 연구개발비 또는 창업자금 등을 우선하여 지원할 수 있다.

[시행일: 2021. 12. 28.] 제29조

제30조(기업 간 개방형 혁신창업 활성화) ① 정부는 기업으로 하여금 내부의 역량과 자원을 활용하여 신산업·기술 창업을 촉진할 수 있도록 하고, 신사업 발굴과 신시장 창출을 위하여 기업 간 협업하는 개방형 혁신창업 생태계를 조성하도록 노력하여야 한다.

② 정부는 제1항에 따른 개방형 혁신창업 활성화에 필요하다고 인정하는 경우에는 예산의 범위에서 사업을 수행하는 데에 드는 비용의 전부 또는 일부를 출연하거나 보조할 수 있다.

③ 중소벤처기업부장관은 제1항 또는 제2항에 따른 개방형 혁신창업 활성화를 위하여 노력하는 기업에 대해서는 「대·중소기업 상생협력 촉진에 관한 법률」 제15조에 따른 대·중소기업 상생협력지수 산정 시 우대할 수 있다.

제31조(대학·연구기관 기반 신산업·기술 창업의 촉진) 정부는 신산업·기술 창업의 바탕이 되는 대학·연구기관 기반 연구개발 성과물의 사업화와 대학·연구기관 내에서 교원, 학생 또는 연구원이 창업하는 창업기업의 성장·발전을 촉진하기 위하여 노력하여야 한다.

제32조(대학 내 창업지원 전담조직의 설립 등) ① 대학은 대학 내 창업지원사업을 수행하기 위하여 학교규칙으로 정하는 바에 따라 창업지원업무를 전담하는 조직(이하 "창업지원 전담조직"이라 한다)을 둘 수 있다.

② 창업지원 전담조직은 창업선도대학 육성 사업의 운영, 대학 기업가센터 운영 등의 사업을 할 수 있다.

③ 중소벤처기업부장관은 창업지원 전담조직의 운영 및 제2항에 따른 사업 수행에 필요한 경비를 출연하거나 그 밖에 필요한 지원을 할 수 있다.

④ 창업지원 전담조직이 이 법에 따른 지원을 받으려면 그 회계를 수입과 지출 내역이 명백하도록 대학 내 다른 회계와 구분하여 처리하여야 한다.

⑤ 창업지원 전담조직의 업무 및 제4항에 따른 회계 운영에 필요한 사항은 대통령령으로 정한다.

제33조(창업기업 육성 시설·지역의 지원 등) ① 정부와 지방자치단체는 창업기업의 입주공간을 마련하고 사업화를 지원하는 등 창업기업을 집중적으로 육성할 수 있는 시설을 설치·지원할 수 있으며, 대학·연구소 등 창업기업 육성과 관련한 기관·시설 등이 밀집한 지역을 지원할 수 있다.

② 정부와 지방자치단체는 제1항에 따라 설치·운영하고 있는 시설, 지역 등에 입주한 창업기업 등에 대하여 우선 지원할 수 있다.

제5장 창업기업의 성장 및 재창업 촉진

제34조(창업기업의 성장촉진 지원 강화) ① 정부는 창업기업이 국제 경쟁력을 갖춘 기업으로 신속하게 성장할 수 있도록 자금 및 인력 등의 원활한 공급, 기술혁신 촉진, 판로확대 및 해외진출 지원 등 성장촉진을 위한 제도를 마련하여야 한다.

② 정부, 지방자치단체, 공공기관 및 창업지원기관 등은 제1항에 따른 창업기업 성장촉진에 관한 제도를 효과적으로 추진하기 위하여 매출, 일자리 창출 등의 성과가 탁월한 성장유망 창업기업을 다른 창업기업 등에 우선하여 집중 지원할 수 있다.

③ 제2항에 따른 성장유망 창업기업의 기준, 지원 절차·방법 등에 관한 사항은 대통령령으로 정한다.

제35조(창업기업 융자·투자 등 금융지원) ① 정부는 중소기업의 창업 및 창업기업 등의 활동에 필요한 자금의 원활한 공급을 위하여 창업기업 등과 창업지원사업을 하는 자에게 필요한 자금을 출연·보조·융자하거나 그 밖에 필요한 지원을 할 수 있다.

② 정부는 제1항에 따른 금융지원이 효과적으로 시행될 수 있도록 창업기업 등에 대한 민간의 투자 촉진, 창업기업 연대보증채무의 감경·면제 등 금융지원 활성화를 위한 제도적 기반을 마련하도록 노력하여야 한다.

제36조(창업기업의 기술혁신 역량 강화) ① 정부는 창업기업 등이 디지털경제 시대에 부응하는 신사업을 창출하고 중장기 경쟁력을 확보할 수 있도록 기술혁신 역량 강화와 기술혁신 결과물의 사업화 촉진에 필요한 지원을 할 수 있다.

② 정부는 제1항에 따른 지원을 효율적으로 추진하기 위하여 창업기업에 특화된 맞춤형 연구개발 지원방안을 강구하고, 대학·연구기관 등의 기술혁신 인프라에 대한 창업기업의 접근성·활용성을 높이기 위하여 노력하여야 한다.

제37조(창업기업의 인력 양성 및 활용) ① 정부는 창업기업 등이 필요한 인력을 원활히 확보하고 유치할 수 있도록 창업 관련 인력의 양성 및 활용에 관한 다음 각 호의 사항을 추진할 수 있다.

1. 분야별·지역별 창업기업의 인력수요에 적합한 인력 양성
2. 창업·취업 예정자 및 희망자를 대상으로 시행하는 창업기업 현장연수
3. 창업기업 재직자의 역량강화를 위한 교육 및 훈련
4. 창업 관련 전문인력 활용에 관한 협력
5. 그 밖에 창업기업 등에 필요한 인력의 양성 및 활용을 위하여 중소벤처기업부장관이 필요하다고 인정하는 사항

② 정부는 제1항에 따라 추진하는 사업에 필요한 비용의 전부 또는 일부를 출연 또는 보조할 수 있다.

제38조(창업기업제품의 공공기관 우선구매) ① 공공기관(「중소기업제품 구매촉진 및 판로지원에 관한 법률」 제2조 제2호에 따른 공공기관을 말한다)의 장은 창업기업이 직접 생산하는 물품, 제공하는 용역 및 수행하는 공사(이하 이 조에서 “창업기업제품”이라 한다)의 구매를 촉진하여야 한다.

② 공공기관의 장이 「중소기업제품 구매촉진 및 판로지원에 관한 법률」 제5조 제1항에 따라 작성하는 구매계획에는 창업기업제품의 구매계획을 구분하여 포함시켜야 한다.

③ 제2항에 따른 창업기업제품의 구매계획에는 대통령령으로 정하는 비율 이상의 구매목

표를 포함시켜야 하며, 공공기관의 장은 해당 구매계획을 이행하여야 한다.

④ 중소벤처기업부장관은 제3항에 따른 구매계획을 확인한 결과 개선이 필요하다고 인정되는 사항에 대하여는 해당 공공기관의 장에게 그 개선을 권고할 수 있다. 이 경우 해당 공공기관의 장은 특별한 사정이 없으면 구매계획에 이를 반영하여야 한다.

⑤ 제2항부터 제4항까지의 규정에 따른 구매계획과 구매실적의 통보에 관하여는 「중소기업제품 구매촉진 및 판로지원에 관한 법률」 제5조 제5항을 준용한다.

제39조(창업기업의 확인 등) ① 제38조에 따라 공공기관의 우선구매에 참여하려는 자는 중소벤처기업부장관에게 기업이 창업기업에 해당하는지 여부를 확인하여 줄 것을 신청할 수 있다.

② 중소벤처기업부장관은 제1항에 따른 신청을 받으면 조사한 후 해당 기업이 창업기업에 해당하면 이를 확인(이하 "창업기업의 확인"이라 한다)하여 주어야 한다. 이 경우 3년 이내의 범위에서 대통령령으로 정하는 유효기간을 명시한 증명서류를 함께 발급할 수 있다.

③ 제40조 제1호에 해당하여 창업기업의 확인이 취소된 자는 1년 이내의 범위에서 대통령령으로 정하는 기간 내에는 제1항에 따른 신청을 할 수 없다.

④ 중소벤처기업부장관은 창업기업의 확인, 증명서류의 발급 등 대통령령으로 정하는 업무를 수행하기 위하여 창업기업확인시스템을 구축·운영할 수 있다.

⑤ 그 밖에 창업기업의 확인 절차, 증명서류의 발급 등 창업기업의 확인에 필요한 사항은 대통령령으로 정한다.

제40조(창업기업 확인의 취소) 중소벤처기업부장관은 창업기업의 확인을 받은 자가 다음 각 호의 어느 하나에 해당하면 창업기업 확인을 취소할 수 있다. 다만, 제1호의 경우에는 창업기업 확인을 취소하여야 한다.

1. 거짓이나 그 밖의 부정한 방법으로 창업기업의 확인을 받은 경우
2. 제2조 제3호에 따른 창업기업의 기준에 맞지 아니하게 된 경우
3. 폐업 등의 사유로 기업활동을 하지 아니하게 된 경우
4. 정당한 사유 없이 제60조 제1항의 보고와 검사를 거부한 경우

제41조(창업기업 및 생태계의 국제화 촉진) ① 정부는 예비청년창업자 및 청년창업기업을 포함한 국내 창업기업 등의 국제 경쟁력을 강화하고 창업생태계를 국제화하기 위하여 노력하여야 한다.

② 정부는 예비창업자 또는 창업기업에 대하여 다음 각 호의 사항에 관한 지원을 할 수 있다.

1. 예비창업자 또는 창업기업의 해외진출에 대한 교육, 컨설팅 및 사업화 지원

2. 예비창업자 또는 창업기업의 국제교류 촉진
3. 예비창업자 또는 창업기업의 해외 홍보·마케팅 지원 및 해외투자 유치
4. 해외 창업 관련 기관과의 협력관계 구축
5. 창업지원을 위한 해외 시설·공간 구축, 운영 및 서비스 제공
6. 창업기업의 해외 전시회 참가 지원 및 전시회 기획·운영
7. 그 밖에 예비창업자 또는 창업기업의 국제화를 촉진하기 위하여 중앙행정기관의 장이 필요하다고 인정하는 사항

③ 정부는 우수한 혁신역량과 성장 가능성을 보유한 해외 우수인력 및 창업기업의 국내 유치를 촉진시키기 위하여 다음 각 호의 사항을 추진할 수 있다.

1. 해외 우수인력 및 창업기업의 국내 유치 활성화 전략 수립
2. 창업비자 발급요건의 완화 등 해외 우수인력 및 창업기업의 국내 유치를 위한 여건 개선
3. 기술, 인력, 금융, 경영 등 분야별 해외 전문가의 국내 파견·알선
4. 외국투자자본의 유입 촉진
5. 창업 관련 연구, 정보, 기술, 교육, 인력, 홍보 등 분야별 국제협력 촉진
6. 창업 관련 국제기구 및 국제행사의 국내 유치
7. 그 밖에 국내 창업생태계의 국제화를 촉진하기 위하여 중앙행정기관의 장이 필요하다고 인정하는 사항

④ 중소벤처기업부장관은 제2항에 따라 추진하는 창업기업 등의 국제화 지원사업에 대한 전문적인 지원을 위하여 해외의 창업전문회사 또는 창업전문기관을 해외창업지원기관으로 지정하여 운영할 수 있다. 이 경우 중소벤처기업부장관은 해외창업지원기관의 업무 수행을 위하여 필요한 비용의 전부 또는 일부를 지급할 수 있다.

⑤ 제4항에 따른 해외창업지원기관의 지정, 운영 및 업무에 관한 구체적인 사항은 대통령령으로 정한다.

제42조(재창업지원계획의 수립 및 시행) ① 중소벤처기업부장관은 재창업을 활성화하고 재창업기업의 사업 성공률을 높이기 위하여 재창업기업의 특성을 고려한 중소기업 재창업지원계획을 수립하여야 한다.

② 중소벤처기업부장관은 제1항에 따른 계획에 따라 재창업지원에 필요한 다음 각 호의 사항을 추진할 수 있다.

1. 우수한 기술과 경험을 보유한 예비재창업자의 발굴 및 재창업 교육
2. 재창업에 장애가 되는 각종 부담 및 규제 등의 제도 개선
3. 조세·법률 상담 등 재창업을 위한 상담 지원

4. 교육센터의 지정·운영 등 재창업지원 시설의 확충
5. 재창업에 필요한 자금 지원 및 관련 정보 제공
6. 재창업 교육 및 상담을 위한 전문가 양성
7. 재창업 지원사업에 대한 정기 점검 및 평가
8. 재창업에 관한 종합 데이터베이스의 구축·관리
9. 그 밖에 재창업지원과 관련하여 중소벤처기업부장관이 필요하다고 인정하는 사항

③ 중소벤처기업부장관은 제2항에 따라 추진하는 사업에 대하여 필요하다고 인정하는 경우에는 예산의 범위에서 대학, 연구기관, 공공기관, 기업 등 해당 사업을 수행하는 자에게 사업을 수행하는 데에 드는 비용의 전부 또는 일부를 출연하거나 보조할 수 있다. <개정 2024. 2. 27.>

④ 제3항에 따른 출연·보조의 절차 및 방법 등에 관한 사항은 대통령령으로 정한다.

제43조(재창업기업 성실경영 평가) ① 중소벤처기업부장관은 예비재창업자 또는 재창업기업의 대표자(대표이사, 업무집행조합원, 대표집행임원 등 대표권이 있는 임원으로 등기되어 있거나 대표자로 등록되어 있는 자를 말한다)가 재창업 전의 기업을 경영하면서 분식회계, 고의부도, 부당해고 등을 하지 아니하고 성실하게 경영하였는지 여부 등을 평가(이하 "성실경영 평가"라 한다)하여 출연, 보조, 융자 등 재정지원을 제한하거나 지원 대상자 선별에 활용할 수 있다.

② 관계 중앙행정기관의 장 또는 지방자치단체의 장은 성실경영 평가가 필요하다고 판단할 경우 중소벤처기업부장관과 협의를 거쳐 중소벤처기업부장관에게 그 평가를 요청할 수 있다.

③ 중소벤처기업부장관은 성실경영 평가에 필요한 경우 본인의 동의를 받아 대통령령으로 정하는 바에 따라 경찰청장, 관할 시·도경찰청장 또는 경찰서장에게 「형의 실효 등에 관한 법률」 제5조의2 제2항에 따른 범죄경력자료 중 다음 각 호에 해당하는 자료의 제공을 요청할 수 있다.

1. 「형법」 제347조, 제356조, 제357조의 죄 등 대통령령으로 정하는 기업경영 관련 죄에 관한 범죄경력자료
2. 「근로기준법」 등 대통령령으로 정하는 노동 관계 법률 위반의 죄에 관한 범죄경력자료

④ 중소벤처기업부장관은 성실경영 평가를 한 결과 성실한 경영을 하였으나 실패한 사업자(이하 "성실경영실패자"라 한다)로 판정된 경우에는 성실경영실패자의 재창업을 지원할 때 장애가 되는 각종 부담 및 규제를 개선할 수 있다. 이 경우 중소벤처기업부장관은 개선의 내용 및 기준 등을 정하여 고시할 수 있다.

⑤ 중소벤처기업부장관은 성실경영 평가에 필요한 기준을 정하여 고시할 수 있다.

제44조(재창업기업 성실경영 평가 전담기관의 지정 등) ① 중소벤처기업부장관은 성실경영 평가를 효과적으로 수행하기 위하여 이를 전담하는 기관(이하 "성실경영 평가 전담기관"이라 한다)을 지정할 수 있다.

② 중소벤처기업부장관은 성실경영 평가 전담기관으로 하여금 성실경영 평가를 효과적으로 수행하고 관리할 수 있도록 통합관리체계를 구축·운영하게 할 수 있다.

③ 정부와 지방자치단체는 예산의 범위에서 성실경영 평가 전담기관의 운영에 필요한 경비의 전부 또는 일부를 출연하거나 보조할 수 있다.

④ 성실경영 평가 전담기관의 장은 중소벤처기업부장관에게 성실경영 평가와 관련하여 제43조 제3항 각 호에 해당하는 자료의 조회를 요청할 수 있다.

⑤ 제1항에 따라 지정된 성실경영 평가 전담기관이 아닌 자는 성실경영 평가 전담기관임을 표시하거나 이와 유사한 명칭을 사용하지 못한다.

⑥ 성실경영 평가 전담기관의 지정 및 운영 등에 필요한 사항은 대통령령으로 정한다.

제6장 창업기업의 공장 설립절차 특례

제45조(창업기업의 공장 설립계획의 승인) ① 제조업(「통계법」 제22조 제1항에 따라 통계청장이 작성·고시하는 한국표준산업분류상의 제조업을 말한다)을 영위하려는 창업기업은 대통령령으로 정하는 바에 따라 공장 설립계획(이하 "공장 설립계획"이라 한다)을 작성하고, 이에 대한 시장·군수 또는 구청장(자치구의 구청장을 말한다. 이하 같다)의 승인을 받아 사업을 할 수 있다.

② 시장·군수 또는 구청장은 제1항에 따른 공장 설립계획의 승인을 할 때에는 그 공장의 건축면적이 「산업집적활성화 및 공장설립에 관한 법률」 제8조 제2호에 따른 기준공장면적률에 적합하도록 하여야 한다.

③ 시장·군수 또는 구청장은 제1항에 따른 공장 설립계획의 승인 신청을 받은 날부터 20일 이내에 승인 여부를 알려야 한다. 이 경우 20일 이내에 승인 여부를 알리지 아니한 때에는 20일이 지난 날의 다음 날에 승인한 것으로 본다.

④ 제1항에 따라 공장 설립계획의 승인을 받은 사항 중 사업자 또는 공장용지의 면적 등 대통령령으로 정하는 중요 사항을 변경하려는 경우에는 변경승인을 받아야 하고, 중소벤처기업부령으로 정하는 경미한 사항을 변경하려는 경우에는 시장·군수 또는 구청장에게 신고하여야 한다.

⑤ 공장 설립계획의 승인을 받은 자가 공장건설이나 제조시설 등의 설치를 완료하였을 때에는 중소벤처기업부령으로 정하는 기간 내에 시장·군수 또는 구청장에게 완료신고

를 하여야 한다.

⑥ 중소벤처기업부장관은 공장 설립계획의 승인업무에 관한 지원 및 협의를 위하여 지방중소벤처기업청에 창업민원처리협의회를 둘 수 있다. 이 경우 창업민원처리협의회의 구성 및 업무 등에 필요한 사항은 대통령령으로 정한다.

⑦ 중소벤처기업부장관은 창업에 따른 절차를 간소화하기 위하여 제1항에 따른 공장 설립계획 승인에 관한 업무를 처리할 때 허가·인가에 관한 사항 등 대통령령으로 정하는 업무처리기준에 따라 처리하여야 한다.

제46조(설립승인의 사전협의) ① 창업기업은 제45조 제1항에 따른 공장 설립계획 승인을 신청하기 전에 시장·군수 또는 구청장에게 공장 설립계획의 승인 가능성 등에 관하여 사전협의를 요청할 수 있다.

② 제1항에 따른 사전협의 절차 등에 필요한 사항은 대통령령으로 정한다.

제47조(공장설립 관련 인·허가 등의 의제) ① 제45조 제1항에 따라 공장 설립계획의 승인을 할 때 다음 각 호의 허가, 인가, 면허, 승인, 지정, 결정, 신고, 해제 또는 용도폐지(이하 이 조에서 "허가등"이라 한다)에 관하여 시장·군수 또는 구청장이 제4항에 따라 다른 행정기관의 장과 협의를 한 사항에 대하여는 그 허가등을 받은 것으로 본다. <개정 2022. 12. 27.>

1. 「산업집적활성화 및 공장설립에 관한 법률」 제13조 제1항에 따른 공장설립등의 승인
2. 「사방사업법」 제14조에 따른 벌채 등의 허가와 같은 법 제20조에 따른 사방지(砂防地) 지정의 해제
3. 「공유수면 관리 및 매립에 관한 법률」 제8조에 따른 공유수면의 점용·사용허가, 같은 법 제17조에 따른 점용·사용 실시계획의 승인 또는 신고 및 같은 법 제28조에 따른 공유수면의 매립면허
4. 「하천법」 제30조에 따른 하천공사의 허가와 같은 법 제33조에 따른 하천의 점용허가
5. 「산지관리법」 제14조에 따른 산지전용허가, 같은 법 제15조에 따른 산지전용신고, 같은 법 제15조의2에 따른 산지일시사용허가·신고 및 같은 법 제21조에 따른 용도변경 승인과 「산림자원의 조성 및 관리에 관한 법률」 제36조 제1항 및 제5항에 따른 입목벌채 등의 허가와 신고
6. 「사도법」 제4조에 따른 사도(私道)의 개설허가
7. 「국토의 계획 및 이용에 관한 법률」 제56조 제1항에 따른 개발행위의 허가, 같은 법 제86조에 따른 도시·군계획시설사업의 시행자 지정 및 같은 법 제88조에 따른

실시계획의 작성·인가

8. 「농지법」 제34조 제1항에 따른 농지의 전용허가, 같은 법 제35조 제1항에 따른 농지전용신고 및 같은 법 제40조 제1항에 따른 용도변경의 승인
9. 「초지법」 제23조에 따른 초지의 전용 허가 또는 전용 신고
10. 「국유재산법」 제30조에 따른 행정재산의 사용허가 및 같은 법 제40조에 따른 도로, 하천, 도랑 및 제방의 용도폐지
11. 「도로법」 제61조 제1항에 따른 도로의 점용 허가
12. 「환경영향평가법」에 따른 소규모 환경영향평가 협의
13. 「농어촌정비법」 제23조 제1항 본문에 따른 농업생산기반시설의 사용허가
14. 「장사 등에 관한 법률」 제27조 제1항에 따른 타인의 토지 등에 설치된 분묘 개장(改葬)의 허가
15. 「공유재산 및 물품 관리법」 제20조 제1항에 따른 행정재산의 사용·수익허가 및 같은 법 제11조에 따른 행정재산의 용도폐지
16. 「부동산 거래신고 등에 관한 법률」 제11조에 따른 토지거래계약에 관한 허가
17. 「소하천정비법」 제14조에 따른 소하천 점용허가
18. 「자연재해대책법」 제4조에 따른 재해영향평가등의 협의

② 제45조 제1항에 따라 공장 설립계획의 승인을 받은 공장에 대하여 「건축법」 제11조에 따른 건축허가를 할 때 해당 시장·군수 또는 구청장이 다음 각 호의 허가, 인가, 승인, 동의, 심사 또는 신고(이하 이 조에서 "승인 등"이라 한다)에 관하여 제4항에 따라 다른 행정기관의 장과 협의를 한 사항에 대하여는 그 승인등을 받은 것으로 본다. <개정 2021. 12. 28.>

1. 「도로법」 제61조 제1항에 따른 도로의 점용 허가
2. 「하수도법」 제24조에 따른 점용허가와 같은 법 제27조 제3항 및 제4항에 따른 배수설비의 설치 신고
3. 「하수도법」 제34조 제2항에 따른 개인하수처리시설의 설치신고
4. 「소방시설 설치 및 관리에 관한 법률」 제6조 제1항에 따른 건축허가등의 동의, 「소방시설공사업법」 제13조 제1항에 따른 소방시설공사의 신고 및 「위험물안전관리법」 제6조 제1항에 따른 제조소등의 설치허가
5. 「대기환경보전법」 제23조, 「물환경보전법」 제33조, 「소음·진동관리법」 제8조 및 「가축분뇨의 관리 및 이용에 관한 법률」 제11조에 따른 배출시설의 설치 허가 또는 신고
6. 「폐기물관리법」 제29조 제2항에 따른 폐기물처리시설의 설치승인 또는 설치신고

7. 「수도법」 제52조 및 제54조에 따른 전용수도설치의 인가
8. 「전기안전관리법」 제8조에 따른 자가용전기설비의 공사계획 인가 또는 신고
9. 「총포 · 도검 · 화약류 등의 안전관리에 관한 법률」 제25조 제1항에 따른 화약류저장소 설치허가
10. 「건축법」 제11조 제1항에 따른 건축허가, 같은 법 제14조 제1항에 따른 건축신고, 같은 법 제20조 제1항 · 제3항에 따른 가설건축물의 건축허가 또는 건축신고 및 같은 법 제83조 제1항에 따른 공작물 축조의 신고
11. 「토양환경보전법」 제12조에 따른 특정토양오염관리대상시설의 설치신고
12. 「액화석유가스의 안전관리 및 사업법」 제5조에 따른 가스용품 제조사업의 허가 및 같은 법 제8조에 따른 액화석유가스 저장소의 설치 허가
13. 「고압가스 안전관리법」 제4조에 따른 고압가스의 제조허가와 저장소의 설치허가, 같은 법 제5조 제1항에 따른 용기 · 냉동기 및 특정설비의 제조등록, 같은 법 제20조 제1항에 따른 특정고압가스 사용신고
14. 「산업안전보건법」 제42조 제4항에 따른 유해위험방지계획서의 심사 및 같은 법 제45조 제1항에 따른 공정안전보고서의 심사

③ 제45조 제1항에 따라 공장 설립계획의 승인을 받은 공장에 대하여 「건축법」 제22조에 따라 건축물의 사용승인을 할 때 해당 시장 · 군수 또는 구청장이 다음 각 호의 검사, 신고, 동의 또는 신청(이하 이 조에서 "검사 등"이라 한다)에 관하여 제4항에 따라 다른 행정기관의 장과 협의를 한 사항에 대하여는 그 검사 등을 받은 것으로 본다. <개정 2021. 12. 28.>

1. 「하수도법」 제37조에 따른 개인하수처리시설의 준공검사
2. 「소방시설 설치 및 관리에 관한 법률」 제6조 제1항에 따른 사용승인의 동의, 「소방시설공사업법」 제14조에 따른 소방시설공사의 완공검사 및 「위험물안전관리법」 제9조에 따른 제조소등의 완공검사
3. 「폐기물관리법」 제29조 제4항에 따른 폐기물처리시설의 사용개시 신고
4. 「대기환경보전법」 제30조 제1항 및 「물환경보전법」 제37조에 따른 배출시설 등의 가동개시 또는 가동시작 신고
5. 「총포 · 도검 · 화약류 등의 안전관리에 관한 법률」 제43조에 따른 완성검사
6. 「먹는물관리법」 제23조 제1항에 따른 먹는샘물등의 제조업 조건부 영업허가
7. 「전기안전관리법」 제9조에 따른 자가용전기설비의 사용전검사
8. 「액화석유가스의 안전관리 및 사업법」 제36조 제2항에 따른 저장시설 및 가스용품 제조시설의 완성검사

9. 「고압가스 안전관리법」 제16조 제3항에 따른 고압가스의 제조, 저장소 설치, 용기 등의 제조시설 설치공사의 완성검사 및 같은 법 제20조 제4항에 따른 특정고압가스의 사용시설 완성검사
10. 「국토의 계획 및 이용에 관한 법률」 제62조 제1항 및 같은 법 제98조 제2항에 따른 준공검사
11. 「공간정보의 구축 및 관리 등에 관한 법률」 제64조 제2항에 따른 토지 이동 등의 등록 신청

④ 시장·군수 또는 구청장이 제45조에 따른 공장 설립계획의 승인 또는 「건축법」 제11조 제1항 및 제22조 제1항에 따른 건축허가와 사용승인을 할 때 그 내용 중 제1항부터 제3항까지에 해당하는 사항이 다른 행정기관의 권한에 속하는 경우에는 그 행정기관의 장과 협의하여야 하며, 협의를 요청받은 행정기관의 장은 대통령령으로 정하는 기간 내에 의견을 제출하여야 한다. 이 경우 다른 행정기관의 장이 그 기간 내에 의견을 제출하지 아니하면 의견이 없는 것으로 본다.

제48조(법령 제정·개정 시의 협의) 관계 행정기관의 장은 제45조에 따른 공장 설립계획의 승인, 창업기업의 공장에 대한 「건축법」 제11조 제1항의 건축허가나 같은 법 제22조 제1항의 사용승인과 관련되는 사항을 법령으로 제정하거나 개정하려면 미리 중소벤처기업부장관과 협의하여야 한다.

제49조(창업기업 공장 설립승인의 취소 등) ① 시장·군수 또는 구청장은 공장 설립계획의 승인을 받은 자가 다음 각 호의 어느 하나에 해당하면 공장 설립계획의 승인과 공장 건축허가를 취소하거나 해당 토지의 원상회복을 명령할 수 있다.

1. 공장 설립계획의 승인을 받은 날부터 대통령령으로 정하는 기간이 지난 날까지 「건축법」 제21조 제1항에 따라 착공신고서를 제출하지 아니하거나 공장착공 후 대통령령으로 정하는 기간 이상 공사를 중단한 경우
2. 공장 설립계획의 승인을 받은 공장부지 또는 해당 공장부지 내 건축물을 「산업집적활성화 및 공장설립에 관한 법률」 제15조에 따른 공장설립등의 완료신고를 하기 전에 다른 사람에게 양도한 경우(경매로 인한 경우를 포함한다). 다만, 창업기업에 양도한 경우에는 그러하지 아니하다.
3. 공장 설립계획의 승인을 받은 공장부지 또는 해당 공장부지 내 건축물을 다른 사람에게 임대하거나 공장이 아닌 용도로 활용하는 경우
4. 공장 설립계획의 승인을 받은 후 대통령령으로 정하는 기간이 지난 날까지 「산업집적활성화 및 공장설립에 관한 법률」 제15조에 따른 공장설립등의 완료신고를 하지 아니한 경우

② 시장·군수 또는 구청장은 제1항에 따른 원상회복명령을 위반하여 원상회복을 하지 아니하면 대집행(代執行)에 따라 원상회복을 할 수 있다.

③ 제2항에 따른 대집행의 절차에 관하여는 「행정대집행법」을 적용한다.

④ 시장·군수 또는 구청장은 제1항에 따라 공장 설립계획의 승인을 취소하려면 청문을 하여야 한다.

제50조(사업분리에 의한 창업기업의 공장등록 특례) 「법인세법」 제2조 제1호에 따른 내국법인(이하 이 조에서 "내국법인"이라 한다)이 하는 사업의 일부를 분리하여 그 사업을 개시하는 중소기업이 다음 각 호의 요건을 모두 갖춘 경우에는 「부가가치세법」 제8조에 따라 발급받은 사업자등록증은 해당 사업을 개시한 날부터 2년 동안은 「산업집적활성화 및 공장설립에 관한 법률」 제16조에 따라 공장등록을 하였음을 증명하는 서류로 본다.

1. 내국법인의 임직원이었던 자가 대표자, 최대주주 또는 최대출자자일 것
2. 내국법인과 사업의 분리에 관한 계약 및 그 내국법인의 공장 전부 또는 일부의 공동사용에 관한 계약을 서면으로 체결할 것

제7장 창업지원 기반 구축

제51조(창업진흥원) ① 창업을 촉진하고 창업기업의 성장을 효율적으로 지원하기 위하여 창업진흥원을 설립한다.

② 창업진흥원은 법인으로 하며, 주된 사무소의 소재지에서 설립등기를 함으로써 성립한다.

③ 제2항에 따른 주된 사무소의 소재지는 정관으로 정하며, 창업진흥원은 정관으로 정하는 바에 따라 필요한 곳에 지원 또는 지부, 그 밖의 사무소를 둘 수 있다.

④ 창업진흥원은 다음 각 호의 사업과 업무를 수행한다.

1. 창업활성화를 위한 정책의 조사연구
2. 창업기업에 대한 자금(정책자금 융자는 제외한다), 인력, 판로 및 입지 등에 관한 정보제공 및 지원
3. 창업촉진을 위한 교육모델 개발 및 운영·보급
4. 창업실태조사 및 분석
5. 창업기업 및 창업생태계와 관련한 데이터의 수집, 가공, 분석, 활용 및 제공 등에 관한 사항
6. 국제기구 및 외국과의 창업 관련 교류 및 협력
7. 창업기업의 해외진출 지원 및 외국인의 국내창업 지원

8. 우수 예비창업자의 발굴 및 지원
9. 재창업기업의 교육 및 지원
10. 청년창업기업 및 중장년창업기업 교육 및 사업화 지원
11. 청소년 및 예비창업자 등에 대한 창업교육 등 기업가정신 제고
12. 대학 및 연구기관 등의 창업촉진 활동 지원
13. 창업분야 전문인력 육성 및 지원
14. 창업저변 확대 및 창업문화 조성을 위한 지원
15. 창업촉진을 위한 지원시설 등 창업기반 조성, 운영 및 지원
16. 제61조 제2항에 따라 창업진흥원에 위탁한 업무
17. 그 밖에 중소벤처기업부장관 및 관계 중앙행정기관의 장이 위탁하는 사업 및 업무

⑤ 정부는 창업진흥원의 설립 및 운영에 필요한 경비를 예산의 범위에서 출연하거나 보조할 수 있다.

⑥ 중앙행정기관의 장과 지방자치단체의 장은 제4항 각 호의 사업 및 업무를 창업진흥원으로 하여금 수행하게 할 수 있고, 이에 필요한 비용의 전부 또는 일부를 출연 또는 보조할 수 있다.

⑦ 공공기관, 중소기업, 개인 또는 단체는 제4항 각 호의 사업 및 업무 수행에 필요한 경비를 지원할 수 있다.

⑧ 창업진흥원은 제1항의 목적 달성에 필요한 재원을 조달하기 위하여 대통령령으로 정하는 바에 따라 수익사업을 할 수 있다.

⑨ 이 법에 따른 창업진흥원이 아닌 자는 창업진흥원 또는 이와 유사한 명칭을 사용하지 못한다.

⑩ 창업진흥원에 관하여 이 법에서 정한 것을 제외하고는 「민법」 중 재단법인에 관한 규정을 준용한다.

제52조(지역창업전담기관의 지정 등) ① 중소벤처기업부장관은 지역의 혁신창업 생태계 활성화를 위하여 각 지역별로 전담기관(이하 "지역창업전담기관"이라 한다)을 지정할 수 있다.

② 지역창업전담기관은 다음 각 호의 사업과 업무를 수행한다.
1. 지역에 기반한 신산업·기술 창업 활성화와 기업가정신 고취를 위한 정책과제의 발굴 및 운영
2. 지역 창업기업의 기술혁신 역량 강화를 위한 지원과 이를 위한 관련 기관·프로그램과의 연계 및 총괄
3. 지역 창업기업의 투자 생태계 활성화를 위한 지원과 이를 위한 관련 기관·프로그

램과의 연계 및 총괄

4. 지역의 예비창업자, 창업기업 또는 중소기업과 관련된 법률, 금융, 고용 및 특허 등 상담과 관련 사무의 지원
5. 창의적인 아이디어, 신기술 등을 활용한 지역의 청년고용 창출 지원 및 교육 프로그램 운영
6. 중소벤처기업부장관, 관계 중앙행정기관 또는 지방자치단체의 장으로부터 위탁받은 사업과 업무
7. 그 밖에 대통령령으로 정하는 사업과 업무

③ 정부 또는 지방자치단체는 예산의 범위에서 제2항에 따른 지역창업전담기관의 운영 및 사업 수행에 필요한 비용의 전부 또는 일부를 출연하거나 보조할 수 있다.

④ 제1항에 따른 지역창업전담기관의 지정 및 운영에 필요한 사항은 대통령령으로 정한다.

제53조(창업보육센터사업자의 지정 등) ① 창업의 성공 가능성을 높이기 위하여 창업기업에 시설·장소를 제공하고 경영·기술분야에 대하여 지원하는 것을 주된 목적으로 하는 사업장(이하 "창업보육센터"라 한다)을 설립·운영하는 자(설립·운영하려는 자를 포함한다. 이하 "창업보육센터사업자"라 한다)로서 이 법에 따른 지원을 받으려는 자는 다음 각 호의 요건을 갖추어 중소벤처기업부장관의 지정을 받아야 한다.

1. 다음 각 목의 시설 및 장소를 갖출 것
   가. 창업기업이 이용할 수 있는 시험기기나 계측기기 등의 장비
   나. 10개 이상의 창업기업이 사용할 수 있는 500제곱미터 이상의 장소
2. 경영학 분야의 박사학위 소지자, 「변호사법」에 따른 변호사, 그 밖에 대통령령으로 정하는 전문인력 중 2명 이상을 확보할 것
3. 창업보육센터사업을 수행하기 위한 사업계획 등이 중소벤처기업부령으로 정하는 기준에 맞을 것

② 중소벤처기업부장관은 창업보육센터사업자를 지정하는 경우 청년을 위한 창업보육센터사업자를 우선 지정할 수 있다.

③ 국가는 「국유재산법」 및 그 밖의 다른 법령에도 불구하고 창업의 성공가능성을 높이기 위하여 필요한 경우 창업보육센터에 입주한 자(이하 "입주자"라 한다)에 대하여 국유재산의 사용료를 감면할 수 있다.

④ 국가가 제3항에 따라 국유재산의 사용료를 감면하는 경우 입주자에 대한 국유재산의 연간 사용료는 해당 재산가액에 100분의 1 이상을 곱한 금액의 범위에서 대통령령으로 정하는 금액으로 한다.

⑤ 국유재산을 사용허가 하는 경우 그 기간은 「국유재산법」 제35조에서 정하는 바에 따른다.

⑥ 지방자치단체는 「공유재산 및 물품 관리법」 및 그 밖의 다른 법령에도 불구하고 입주자에게 공유재산의 사용료를 대통령령으로 정하는 바에 따라 감면할 수 있다.

⑦ 중소벤처기업부장관은 창업보육센터사업자가 「벤처투자촉진에 관한 법률」 제2조 제9호에 따른 창업기획자로 전환할 경우 필요한 비용의 전부 또는 일부를 지원할 수 있다.

제54조(중소기업상담회사의 등록 등) ① 중소기업의 사업성 평가 등 다음 각 호의 사업을 영위하는 회사로서 이 법에 따른 지원을 받으려는 자는 중소벤처기업부령으로 정하는 바에 따라 중소벤처기업부장관에게 중소기업상담회사로 등록하여야 한다. 중소기업상담회사가 등록한 사항 중 회사명과 소재지 등 중소벤처기업부령으로 정하는 중요 사항을 변경하려는 경우에도 또한 같다.

1. 중소기업의 사업성 평가
2. 중소기업의 경영 및 기술 향상을 위한 용역
3. 중소기업에 대한 사업의 알선
4. 중소기업의 자금 조달·운용에 관한 자문 및 대행
5. 창업 절차의 대행
6. 창업보육센터의 설립·운영에 관한 자문
7. 제1호부터 제6호까지의 사업에 딸린 사업으로서 중소벤처기업부장관이 정하는 사업

② 제1항에 따른 중소기업상담회사는 다음 각 호의 요건을 모두 갖추어야 한다.

1. 다음 각 목의 어느 하나에 해당하는 법인으로서 해당 각 목의 요건을 갖출 것
   가. 「상법」에 따른 회사: 납입자본금이 대통령령으로 정하는 금액 이상일 것
   나. 「협동조합 기본법」에 따른 협동조합등, 「중소기업협동조합법」에 따른 중소기업협동조합: 조합원이 납입한 출자금 총액이 대통령령으로 정하는 금액 이상일 것
2. 임원이 다음 각 목의 어느 하나에 해당하지 아니하는 자일 것
   가. 미성년자 또는 피성년후견인
   나. 파산선고를 받고 복권되지 아니한 자
   다. 금고 이상의 실형을 선고받고 그 집행이 끝나거나(집행이 끝난 것으로 보는 경우를 포함한다) 집행이 면제된 날부터 3년이 지나지 아니한 자
   라. 금고 이상의 형의 집행유예를 선고받고 그 유예기간 중에 있는 자

마. 금융거래 등 상거래에서 약정한 날짜 이내에 채무를 갚지 아니한 자로서 대통령령으로 정하는 자

3. 대통령령으로 정하는 기준에 따른 전문인력 및 시설을 보유할 것

③ 중소벤처기업부장관은 중소기업상담회사가 창업기업에 용역을 제공하면 대통령령으로 정하는 바에 따라 그 용역 대금의 일부를 지원할 수 있다.

④ 이 법에 따라 중소기업상담회사로 등록한 자는 정부기관의 명칭, 상징 등을 무단 사용하거나 그 밖에 정부기관으로 오인·혼동하게 할 우려가 있는 표시 또는 광고를 하여서는 아니 된다.

제55조(창업민원처리기구의 설치 등) ① 정부는 민원인의 편의를 위하여 특별시·광역시·특별자치시·도·특별자치도 또는 시·군·구의 창업에 관련된 민원을 종합적으로 접수하여 처리할 수 있는 기구(이하 "중소기업창업민원실"이라 한다)를 설치할 수 있다.

② 중소기업창업민원실의 설치 및 운영에 필요한 사항은 대통령령으로 정한다.

제8장 보칙

제56조(지정 등의 취소) ① 중소벤처기업부장관은 창업대학원이 다음 각 호의 어느 하나에 해당하면 지정을 취소하거나 5년의 범위에서 대통령령으로 정하는 바에 따라 이 법에 따른 지원을 중단할 수 있다. 다만, 제1호에 해당하면 그 지정을 취소하여야 한다.

1. 거짓이나 그 밖에 부정한 방법으로 지정을 받은 경우
2. 지원받은 자금을 다른 목적으로 사용한 경우
3. 정당한 사유 없이 1년 이상 운영하지 아니한 경우
4. 스스로 지정의 취소를 원하는 경우

② 중소벤처기업부장관은 제41조 제4항에 따른 해외창업지원기관이 다음 각 호의 어느 하나에 해당하면 지정을 취소하거나 5년의 범위에서 대통령령으로 정하는 바에 따라 이 법에 따른 지원을 중단할 수 있다. 다만, 제1호에 해당하면 그 지정을 취소하여야 한다.

1. 거짓이나 그 밖의 부정한 방법으로 지정을 받은 경우
2. 제41조 제5항에 따른 지정 요건에 맞지 아니하게 되었거나 업무를 수행할 능력을 상실한 경우
3. 정당한 사유 없이 1년 이상 업무를 수행하지 아니한 경우
4. 스스로 지정의 취소를 원하는 경우

③ 중소벤처기업부장관은 제44조에 따른 성실경영 평가 전담기관이 다음 각 호의 어느 하

나에 해당하면 대통령령으로 정하는 바에 따라 지정을 취소할 수 있다. 다만, 제1호에 해당하는 경우에는 그 지정을 취소하여야 한다. <신설 2024. 2. 27.>

1. 거짓이나 그 밖의 부정한 방법으로 지정을 받은 경우
2. 제44조 제6항에서 정하는 지정 요건에 적합하지 아니하게 된 경우
3. 정당한 사유 없이 1년 이상 운영하지 아니한 경우
4. 스스로 지정의 취소를 원하는 경우

④ 제3항에 따라 지정이 취소된 성실경영 평가 전담기관은 그 지정이 취소된 날부터 2년 이내에는 성실경영 평가 전담기관으로 다시 지정받을 수 없다. <신설 2024. 2. 27.>

⑤ 중소벤처기업부장관은 지역창업전담기관이 다음 각 호의 어느 하나에 해당하는 때에는 지정을 취소하거나 5년의 범위에서 대통령령으로 정하는 바에 따라 이 법에 따른 지원을 중단할 수 있다. 다만, 제1호에 해당하면 그 지정을 취소하여야 한다. <개정 2024. 2. 27.>

1. 거짓이나 그 밖의 부정한 방법으로 지정을 받은 경우
2. 제52조 제4항에 따른 지정 요건에 맞지 아니하게 되었거나 사업을 수행할 능력을 상실한 경우
3. 지정받은 사항을 위반하여 업무를 행한 경우
4. 스스로 지정의 취소를 원하는 경우

⑥ 중소벤처기업부장관은 창업보육센터사업자가 다음 각 호의 어느 하나에 해당하면 사업자의 지정을 취소하거나 5년의 범위에서 대통령령으로 정하는 바에 따라 이 법에 따른 지원을 중단할 수 있다. 다만, 제1호에 해당하면 그 지정을 취소하여야 한다. <개정 2024. 2. 27.>

1. 거짓이나 그 밖에 부정한 방법으로 지정을 받은 경우
2. 지원받은 자금을 다른 목적으로 사용한 경우
3. 창업보육센터를 중소기업 창업지원 외의 목적으로 사용한 경우
4. 창업보육센터의 운영 실적이 중소벤처기업부령으로 정하는 기준에 미치지 못한 경우
5. 스스로 지정의 취소를 원하는 경우
6. 제53조 제1항에 따른 지정 요건에 맞지 아니하게 되었을 경우

⑦ 중소벤처기업부장관은 제54조에 따른 중소기업상담회사가 다음 각 호의 어느 하나에 해당하면 그 등록을 취소하거나 5년의 범위에서 대통령령으로 정하는 바에 따라 이 법에 따른 지원을 중단할 수 있다. 다만, 제1호에 해당하면 그 등록을 취소하여야 한다. <개정 2024. 2. 27.>

1. 거짓이나 그 밖에 부정한 방법으로 등록을 한 경우
2. 제54조 제2항에 따른 등록요건에 맞지 아니하게 된 경우. 다만, 임원 중 같은 항 제2호 각 목의 어느 하나에 해당하는 자가 있는 경우 6개월 이내에 그 임원을 바꾸어 임명한 경우에는 그러하지 아니하다.
3. 회사의 책임 있는 사유로 제54조 제1항에 따른 사업수행이 어렵게 된 경우
4. 정당한 사유 없이 1년 이상 계속하여 사업을 하지 아니한 경우

제57조(청문) 중소벤처기업부장관은 다음 각 호의 지정이나 등록을 취소하려면 청문을 하여야 한다. <개정 2024. 2. 27.>

1. 제19조 제1항에 따른 창업대학원의 지정
2. 제41조 제4항에 따른 해외창업지원기관의 지정
3. 제44조 제1항에 따른 성실경영 평가 전담기관의 지정
4. 제52조 제1항에 따른 지역창업전담기관의 지정
5. 제53조 제1항에 따른 창업보육센터사업자의 지정
6. 제54조 제1항에 따른 중소기업상담회사의 등록

제58조(업무의 지도·감독) ① 중소벤처기업부장관은 창업진흥원 및 지역창업전담기관 등 창업지원기관의 업무를 지도·감독할 수 있다.

② 제1항에 따라 중소벤처기업부장관의 지도·감독을 받는 창업지원기관의 범위와 지도·감독에 필요한 사항 등은 대통령령으로 정한다.

제59조(업무기준의 고시) 중소벤처기업부장관은 대통령령으로 정하는 창업지원기관이 창업기업 등을 효율적으로 지원할 수 있도록 창업지원 업무에 관한 기준 등을 정하여 고시할 수 있다.

제60조(보고와 검사) ① 중소벤처기업부장관은 제40조에 따른 창업기업 확인의 취소사유에 해당하는지 여부를 점검하기 위하여 필요하다고 인정하면 해당 기업에 대하여 관련 자료를 제출·보고하게 하거나 소속 공무원으로 하여금 검사하게 할 수 있다.

② 중소벤처기업부장관은 창업지원 전담조직, 제41조 제4항에 따른 해외창업지원기관, 창업보육센터사업자, 제54조 제1항에 따른 중소기업상담회사에 대하여 업무운용 상황 등에 관한 자료를 대통령령으로 정하는 바에 따라 제출·보고하게 하거나 소속 공무원으로 하여금 검사하게 할 수 있다.

③ 중소벤처기업부장관 또는 지방자치단체의 장은 지역창업전담기관에 대하여 관련 자료를 제출·보고하게 하거나 소속 공무원으로 하여금 검사하게 할 수 있다.

④ 제1항부터 제3항까지에 따른 검사를 하는 경우에는 검사 7일 전까지 검사 일시·목적·내용 등 검사계획을 검사받을 자에게 알려야 한다. 다만, 긴급하거나 증거인멸 등으

로 검사 목적을 달성할 수 없다고 인정하는 경우에는 그러하지 아니하다.

⑤ 제1항부터 제3항까지에 따라 출입·검사하는 공무원은 그 권한을 표시하는 증표를 지니고 이를 관계인에게 내보여야 하며, 출입할 때 성명·출입시간·출입목적 등이 표시된 문서를 관계인에게 내주어야 한다.

제61조(권한 또는 업무의 위임·위탁) ① 이 법에 따른 중소벤처기업부장관의 권한은 대통령령으로 정하는 바에 따라 그 일부를 소속 기관의 장이나 지방자치단체의 장에게 위임할 수 있다.

② 중소벤처기업부장관은 제63조에 따라 이 법의 지원금에 대하여 행하는 환수, 제39조 제4항에 따른 창업기업의 확인, 증명서류의 발급, 창업기업확인시스템의 구축·운영 등 대통령령으로 정하는 권한을 창업진흥원에 위탁할 수 있다. <개정 2023. 9. 14.>

③ 중소벤처기업부장관은 이 법에 따른 업무의 일부를 대통령령으로 정하는 바에 따라 다른 행정기관의 장, 창업진흥원, 「중소기업진흥에 관한 법률」 제68조에 따른 중소벤처기업진흥공단, 그 밖의 중소기업 관련 기관에 위탁할 수 있다.

제62조(자료의 요청) ① 중소벤처기업부장관은 다음 각 호의 업무를 수행하기 위하여 관계 중앙행정기관의 장, 지방자치단체의 장, 공공기관의 장, 「신용정보의 이용 및 보호에 관한 법률」 제25조 제2항 제1호의 종합신용정보집중기관의 장, 창업 및 창업기업 관련 기관·단체의 장 등(이하 "중앙행정기관의 장 등"이라 한다)에게 필요한 자료 또는 정보의 제출이나 의견의 진술 등을 요청할 수 있다. 이 경우 요청을 받은 자는 특별한 사유가 없으면 이에 협조하여야 한다.

1. 종합계획 및 시행계획의 수립
2. 창업지원사업의 평가
3. 제13조에 따른 실태조사
4. 제15조에 따른 창업종합관리시스템의 구축 및 운영
5. 제35조에 따른 금융지원
6. 제39조 제4항에 따른 창업기업확인시스템의 구축 및 운영
7. 제42조에 따른 재창업지원계획의 수립
8. 제45조에 따른 창업기업의 공장 설립계획의 승인

② 중앙행정기관의 장등이 제1항 제4호 또는 제6호에 따른 자료 또는 정보를 제공하는 경우에는 제15조에 따른 창업종합관리시스템 또는 제39조 제4항에 따른 창업기업확인시스템과 연계하는 방법으로 제공할 수 있다.

③ 중소벤처기업부장관은 제15조에 따른 창업종합관리시스템 및 제39조 제4항에 따른 창업기업확인시스템의 구축 및 운영과 이 법에 따른 창업지원사업 시행을 위하여 필요한

경우 다음 각 호에 해당하는 자료·정보의 제공을 다음 각 호의 구분에 따른 자에게 요청하고 제공받은 목적의 범위에서 그 자료·정보를 보유·이용할 수 있다. 이 경우 요청을 받은 자는 특별한 사유가 없으면 그 요청에 따라야 한다. <개정 2024. 2. 27.>

1. 「국세기본법」 제81조의13에 따른 과세정보로서 당사자의 동의를 받은 다음 각 목의 정보: 국세청장
   가. 개업일, 휴업일 및 폐업일
   나. 매출액, 납입자본금, 자산총액, 부채총액, 영업이익 및 당기순이익
2. 「소득세법」에 따른 원천징수이행상황신고서의 근로소득 간이세액 인원: 국세청장
3. 「고용보험법」 제2조 제1호에 따른 피보험자 수: 고용노동부장관
4. 「외국인투자 촉진법」 제21조 제1항에 따른 정보로서 당사자의 동의를 받은 외국인투자금액: 산업통상자원부장관
5. 「대외무역법」 제2조 제1호 나목 및 다목의 무역에 대한 정보로서 당사자의 동의를 받은 다음 각 목의 정보: 산업통상자원부장관
   가. 회사명 및 사업자등록번호
   나. 수출 실적 확인기간, 수출품목명, 수출 실적 및 대상국가
6. 「관세법」 제241조 제1항에 따른 정보로서 당사자의 동의를 받은 다음 각 목의 정보: 관세청장
   가. 수출 신고서의 품명, 거래품명, 품목번호
   나. 수출 신고서의 총신고가격, 목적국, 신고일자
7. 「출입국관리법」 제10조의2 제1항 제2호의 장기체류자격을 가진 자에 대한 정보로서 당사자의 동의를 받은 같은 법 제31조 제5항에 따른 외국인등록번호: 법무부장관
8. 「출입국관리법」 제10조의2 제1항 제2호의 장기체류자격을 가진 자에 대한 정보로서 당사자의 동의를 받은 「부가가치세법」 제8조 제7항 및 「소득세법」 제168조 제3항에 따른 사업자등록번호: 국세청장
9. 그 밖에 제15조에 따른 창업종합관리시스템의 구축·운영을 위하여 필요한 자료·정보로서 대통령령으로 정하는 자료·정보: 해당 자료·정보를 보유한 관계 중앙행정기관의 장, 지방자치단체의 장, 공공기관의 장, 그 밖의 관계 기관·법인 또는 단체의 장

제63조(창업지원사업에 대한 참여제한 등) ① 중앙행정기관의 장 또는 지방자치단체의 장은 창업지원사업에 참여한 예비창업자, 기업, 학교, 기관, 단체 및 그 소속 임직원이 다음 각 호의 어느 하나에 해당하면 7년의 범위에서 이 법에 따른 창업지원사업(「국가

연구개발혁신법」의 적용을 받는 국가연구개발사업은 제외한다)에 대한 참여를 제한할 수 있으며, 이미 교부한 지원금의 전부 또는 일부를 환수할 수 있다. 다만, 제2호에 해당하는 경우로서 사업을 성실하게 수행한 사실이 인정되는 경우에는 참여제한 기간을 감면할 수 있다. <개정 2023. 9. 14.>

1. 거짓이나 그 밖의 부정한 방법으로 지원금을 교부받거나 사업에 참여하여 수행한 경우
2. 정당한 사유 없이 사업 수행을 포기한 경우
3. 지원금을 지급 목적과 다른 용도로 사용한 경우
4. 자료 및 사업결과물을 허위 또는 표절하여 제출한 경우
5. 정당한 사유 없이 환수금을 납부하지 아니하거나 「보조금 관리에 관한 법률」 또는 「공공재정 부정청구 금지 및 부정이익 환수 등에 관한 법률」에 따른 제재부가금을 납부하지 아니한 경우
6. 그 밖에 제12조 제2항의 협약을 위반하는 등 사업을 수행하기 부적합한 경우로서 대통령령으로 정하는 경우

② 중앙행정기관의 장 또는 지방자치단체의 장은 제1항에 따라 참여제한 또는 환수조치를 결정한 때에는 지체 없이 당사자에게 참여제한 또는 환수조치의 내역과 사실 등을 통지하여야 한다. <개정 2023. 9. 14.>

③ 중앙행정기관의 장 또는 지방자치단체의 장은 제1항에 따른 지원금 환수 처분을 받은 자가 환수금을 기한 내에 납부하지 아니하면 기한을 정하여 독촉을 하고, 그 지정된 기간에도 납부하지 아니하면 국세강제징수 또는 지방세 체납처분의 예에 따라 징수할 수 있다. <신설 2023. 9. 14.>

④ 제1항에 따른 참여제한 및 환수 사유별 구체적인 기준과 참여제한 기간, 감면 등에 관하여 필요한 사항은 대통령령으로 정한다. <개정 2023. 9. 14.>

[제목개정 2023. 9. 14.]

제9장 벌칙

제64조(벌칙) 제43조 제3항에 따라 취득한 정보(제44조 제4항에 따라 취득한 정보를 포함한다)를 누설하거나 직무상 목적 외에 사용한 자는 5년 이하의 징역 또는 5천만 원 이하의 벌금에 처한다.

제65조(양벌규정) 법인의 대표자나 법인 또는 개인의 대리인, 사용인, 그 밖의 종업원이 그 법인 또는 개인의 업무에 관하여 제64조의 위반행위를 하면 그 행위자를 벌하는 외에 그 법인 또는 개인에게도 해당 조문의 벌금형을 과(科)한다. 다만, 법인 또는 개

인이 그 위반행위를 방지하기 위하여 해당 업무에 관하여 상당한 주의와 감독을 게을리하지 아니한 경우에는 그러하지 아니하다.

제66조(과태료) ① 다음 각 호의 어느 하나에 해당하는 자에게는 500만 원 이하의 과태료를 부과한다.

1. 거짓이나 그 밖의 부정한 방법으로 제39조에 따른 창업기업의 확인을 받은 자
2. 제44조 제5항을 위반하여 성실경영 평가 전담기관임을 표시하거나 이와 유사한 명칭을 사용한 자
3. 제51조 제9항을 위반하여 창업진흥원임을 표시하거나 이와 유사한 명칭을 사용한 자
4. 제54조 제4항을 위반하여 정부기관의 명칭, 상징 등을 무단사용하거나 그 밖에 정부기관으로 오인·혼동하게 할 우려가 있는 표시 또는 광고를 한 자
5. 제60조 제2항 및 제3항에 따른 제출·보고를 하지 아니하거나 거짓된 보고를 한 자 또는 같은 항에 따른 검사를 거부·방해하였거나 기피한 자

② 제60조 제1항에 따른 제출·보고를 하지 아니하거나 거짓된 보고를 한 자 또는 같은 항에 따른 검사를 거부·방해 또는 기피한 자에게는 300만 원 이하의 과태료를 부과한다.

③ 제1항 및 제2항에 따른 과태료는 대통령령으로 정하는 바에 따라 중소벤처기업부장관이 부과·징수한다.

부칙 〈제20364호, 2024. 2. 27.〉

제1조(시행일) 이 법은 공포 후 6개월이 경과한 날부터 시행한다.

제2조(성실경영 평가 전담기관 재지정 제한에 관한 적용례) 제56조 제4항의 개정규정은 이 법 시행 이후 성실경영 평가 전담기관 지정이 취소되는 경우부터 적용한다.

동물보호법

[시행 2024.04.27.] [법률 제19486호, 2023.06.20. 일부개정]

제1장 총칙

제1조(목적) 이 법은 동물의 생명보호, 안전 보장 및 복지 증진을 꾀하고 건전하고 책임 있는 사육문화를 조성함으로써, 생명 존중의 국민 정서를 기르고 사람과 동물의 조화로운 공존에 이바지함을 목적으로 한다.

제2조(정의) 이 법에서 사용하는 용어의 뜻은 다음과 같다.

1. "동물"이란 고통을 느낄 수 있는 신경체계가 발달한 척추동물로서 다음 각 목의 어느 하나에 해당하는 동물을 말한다.
   가. 포유류
   나. 조류
   다. 파충류·양서류·어류 중 농림축산식품부장관이 관계 중앙행정기관의 장과의 협의를 거쳐 대통령령으로 정하는 동물
2. "소유자 등"이란 동물의 소유자와 일시적 또는 영구적으로 동물을 사육·관리 또는 보호하는 사람을 말한다.
3. "유실·유기동물"이란 도로·공원 등의 공공장소에서 소유자 등이 없이 배회하거나 내버려진 동물을 말한다.
4. "피학대동물"이란 제10조 제2항 및 같은 조 제4항 제2호에 따른 학대를 받은 동물을 말한다.
5. "맹견"이란 다음 각 목의 어느 하나에 해당하는 개를 말한다.
   가. 도사견, 핏불테리어, 로트와일러 등 사람의 생명이나 신체 또는 동물에 위해를 가할 우려가 있는 개로서 농림축산식품부령으로 정하는 개
   나. 사람의 생명이나 신체 또는 동물에 위해를 가할 우려가 있어 제24조 제3항에 따라 시·도지사가 맹견으로 지정한 개
6. "봉사동물"이란 「장애인복지법」 제40조에 따른 장애인 보조견 등 사람이나 국가를 위하여 봉사하고 있거나 봉사한 동물로서 대통령령으로 정하는 동물을 말한다.
7. "반려동물"이란 반려(伴侶)의 목적으로 기르는 개, 고양이 등 농림축산식품부령으로 정하는 동물을 말한다.
8. "등록대상동물"이란 동물의 보호, 유실·유기(遺棄) 방지, 질병의 관리, 공중위생상의 위해 방지 등을 위하여 등록이 필요하다고 인정하여 대통령령으로 정하는 동물을 말한다.

9. “동물학대”란 동물을 대상으로 정당한 사유 없이 불필요하거나 피할 수 있는 고통과 스트레스를 주는 행위 및 굶주림, 질병 등에 대하여 적절한 조치를 게을리하거나 방치하는 행위를 말한다.
10. “기질평가”란 동물의 건강상태, 행동양태 및 소유자 등의 통제능력 등을 종합적으로 분석하여 평가 대상 동물의 공격성을 판단하는 것을 말한다.
11. “반려동물행동지도사”란 반려동물의 행동분석 · 평가 및 훈련 등에 전문지식과 기술을 가진 사람으로서 제31조 제1항에 따른 자격시험에 합격한 사람을 말한다.
12. “동물실험”이란 「실험동물에 관한 법률」 제2조 제1호에 따른 동물실험을 말한다.
13. “동물실험시행기관”이란 동물실험을 실시하는 법인 · 단체 또는 기관으로서 대통령령으로 정하는 법인 · 단체 또는 기관을 말한다.

제3조(동물보호의 기본원칙) 누구든지 동물을 사육 · 관리 또는 보호할 때에는 다음 각 호의 원칙을 준수하여야 한다.

1. 동물이 본래의 습성과 몸의 원형을 유지하면서 정상적으로 살 수 있도록 할 것
2. 동물이 갈증 및 굶주림을 겪거나 영양이 결핍되지 아니하도록 할 것
3. 동물이 정상적인 행동을 표현할 수 있고 불편함을 겪지 아니하도록 할 것
4. 동물이 고통 · 상해 및 질병으로부터 자유롭도록 할 것
5. 동물이 공포와 스트레스를 받지 아니하도록 할 것

제4조(국가 · 지방자치단체 및 국민의 책무) ① 국가와 지방자치단체는 동물학대 방지 등 동물을 적정하게 보호 · 관리하기 위하여 필요한 시책을 수립 · 시행하여야 한다.

② 국가와 지방자치단체는 제1항에 따른 책무를 다하기 위하여 필요한 인력 · 예산 등을 확보하도록 노력하여야 하며, 국가는 동물의 적정한 보호 · 관리, 복지업무 추진을 위하여 지방자치단체에 필요한 사업비의 전부 또는 일부를 예산의 범위에서 지원할 수 있다.

③ 국가와 지방자치단체는 대통령령으로 정하는 민간단체에 동물보호운동이나 그 밖에 이와 관련된 활동을 권장하거나 필요한 지원을 할 수 있으며, 국민에게 동물의 적정한 보호 · 관리의 방법 등을 알리기 위하여 노력하여야 한다.

④ 국가와 지방자치단체는 「초 · 중등교육법」 제2조에 따른 학교에 재학 중인 학생이 동물의 보호 · 복지 등에 관한 사항을 교육받을 수 있도록 동물보호교육을 활성화하기 위하여 노력하여야 한다. <신설 2023. 6. 20.>

⑤ 국가와 지방자치단체는 제4항에 따른 교육을 활성화하기 위하여 예산의 범위에서 지원할 수 있다. <신설 2023. 6. 20.>

⑥ 모든 국민은 동물을 보호하기 위한 국가와 지방자치단체의 시책에 적극 협조하는 등 동물의 보호를 위하여 노력하여야 한다. <개정 2023. 6. 20.>

⑦ 소유자 등은 동물의 보호·복지에 관한 교육을 이수하는 등 동물의 적정한 보호·관리와 동물학대 방지를 위하여 노력하여야 한다. <개정 2023. 6. 20.>

제4조의2(동물보호의 날) ① 동물의 생명보호 및 복지 증진의 가치를 널리 알리고 사람과 동물이 조화롭게 공존하는 문화를 조성하기 위하여 매년 10월 4일을 동물보호의 날로 한다.

② 국가와 지방자치단체는 동물보호의 날의 취지에 맞는 행사와 교육 및 홍보를 실시할 수 있다.

[본조신설 2024. 1. 2.]

[시행일: 2025. 1. 3.] 제4조의2

제5조(다른 법률과의 관계) 동물의 보호 및 이용·관리 등에 대하여 다른 법률에 특별한 규정이 있는 경우를 제외하고는 이 법에서 정하는 바에 따른다.

제2장 동물복지종합계획의 수립 등

제6조(동물복지종합계획) ① 농림축산식품부장관은 동물의 적정한 보호·관리를 위하여 5년마다 다음 각 호의 사항이 포함된 동물복지종합계획(이하 "종합계획"이라 한다)을 수립·시행하여야 한다.

1. 동물복지에 관한 기본방향
2. 동물의 보호·복지 및 관리에 관한 사항
3. 동물을 보호하는 시설에 대한 지원 및 관리에 관한 사항
4. 반려동물 관련 영업에 관한 사항
5. 동물의 질병 예방 및 치료 등 보건 증진에 관한 사항
6. 동물의 보호·복지 관련 대국민 교육 및 홍보에 관한 사항
7. 종합계획 추진 재원의 조달방안
8. 그 밖에 동물의 보호·복지를 위하여 필요한 사항

② 농림축산식품부장관은 종합계획을 수립할 때 관계 중앙행정기관의 장 및 특별시장·광역시장·특별자치시장·도지사·특별자치도지사(이하 "시·도지사"라 한다)의 의견을 수렴하고, 제7조에 따른 동물복지위원회의 심의를 거쳐 확정한다.

③ 시·도지사는 종합계획에 따라 5년마다 특별시·광역시·특별자치시·도·특별자치도(이하 "시·도"라 한다) 단위의 동물복지계획을 수립하여야 하고, 이를 농림축산식품부장관에게 통보하여야 한다.

제7조(동물복지위원회) ① 농림축산식품부장관의 다음 각 호의 자문에 응하도록 하기 위하여 농림축산식품부에 동물복지위원회(이하 이 조에서 "위원회"라 한다)를 둔다. 다

만, 제1호는 심의사항으로 한다.

1. 종합계획의 수립에 관한 사항
2. 동물복지정책의 수립, 집행, 조정 및 평가 등에 관한 사항
3. 다른 중앙행정기관의 업무 중 동물의 보호·복지와 관련된 사항
4. 그 밖에 동물의 보호·복지에 관한 사항

② 위원회는 공동위원장 2명을 포함하여 20명 이내의 위원으로 구성한다.

③ 공동위원장은 농림축산식품부차관과 호선(互選)된 민간위원으로 하며, 위원은 관계 중앙행정기관의 소속 공무원 또는 다음 각 호에 해당하는 사람 중에서 농림축산식품부장관이 임명 또는 위촉한다.

1. 수의사로서 동물의 보호·복지에 대한 학식과 경험이 풍부한 사람
2. 동물복지정책에 관한 학식과 경험이 풍부한 사람으로서 제4조 제3항에 따른 민간단체의 추천을 받은 사람
3. 그 밖에 동물복지정책에 관한 전문지식을 가진 사람으로서 농림축산식품부령으로 정하는 자격기준에 맞는 사람

④ 위원회는 위원회의 업무를 효율적으로 수행하기 위하여 위원회에 분과위원회를 둘 수 있다.

⑤ 제1항부터 제4항까지의 규정에 따른 사항 외에 위원회 및 분과위원회의 구성·운영 등에 관한 사항은 대통령령으로 정한다.

제8조(시·도 동물복지위원회) ① 시·도지사는 제6조 제3항에 따른 시·도 단위의 동물복지계획의 수립, 동물의 적정한 보호·관리 및 동물복지에 관한 정책을 종합·조정하기 위하여 시·도 동물복지위원회를 설치·운영할 수 있다. 다만, 시·도에 동물복지위원회와 성격 및 기능이 유사한 위원회가 설치되어 있는 경우 해당 시·도의 조례로 정하는 바에 따라 그 위원회가 동물복지위원회의 기능을 대신할 수 있다.

② 시·도 동물복지위원회의 구성·운영 등에 관한 사항은 각 시·도의 조례로 정한다.

제3장 동물의 보호 및 관리

제1절 동물의 보호 등

제9조(적정한 사육·관리) ① 소유자 등은 동물에게 적합한 사료와 물을 공급하고, 운동·휴식 및 수면이 보장되도록 노력하여야 한다.

② 소유자 등은 동물이 질병에 걸리거나 부상당한 경우에는 신속하게 치료하거나 그 밖에 필요한 조치를 하도록 노력하여야 한다.

③ 소유자 등은 동물을 관리하거나 다른 장소로 옮긴 경우에는 그 동물이 새로운 환경에

적응하는 데에 필요한 조치를 하도록 노력하여야 한다.

④ 소유자 등은 재난 시 동물이 안전하게 대피할 수 있도록 노력하여야 한다.

⑤ 제1항부터 제3항까지에서 규정한 사항 외에 동물의 적절한 사육·관리 방법 등에 관한 사항은 농림축산식품부령으로 정한다.

제10조(동물학대 등의 금지) ① 누구든지 동물을 죽이거나 죽음에 이르게 하는 다음 각 호의 행위를 하여서는 아니 된다.

1. 목을 매다는 등의 잔인한 방법으로 죽음에 이르게 하는 행위
2. 노상 등 공개된 장소에서 죽이거나 같은 종류의 다른 동물이 보는 앞에서 죽음에 이르게 하는 행위
3. 동물의 습성 및 생태환경 등 부득이한 사유가 없음에도 불구하고 해당 동물을 다른 동물의 먹이로 사용하는 행위
4. 그 밖에 사람의 생명·신체에 대한 직접적인 위협이나 재산상의 피해 방지 등 농림축산식품부령으로 정하는 정당한 사유 없이 동물을 죽음에 이르게 하는 행위

② 누구든지 동물에 대하여 다음 각 호의 행위를 하여서는 아니 된다.

1. 도구·약물 등 물리적·화학적 방법을 사용하여 상해를 입히는 행위. 다만, 해당 동물의 질병 예방이나 치료 등 농림축산식품부령으로 정하는 경우는 제외한다.
2. 살아있는 상태에서 동물의 몸을 손상하거나 체액을 채취하거나 체액을 채취하기 위한 장치를 설치하는 행위. 다만, 해당 동물의 질병 예방 및 동물실험 등 농림축산식품부령으로 정하는 경우는 제외한다.
3. 도박·광고·오락·유흥 등의 목적으로 동물에게 상해를 입히는 행위. 다만, 민속경기 등 농림축산식품부령으로 정하는 경우는 제외한다.
4. 동물의 몸에 고통을 주거나 상해를 입히는 다음 각 목에 해당하는 행위
   가. 사람의 생명·신체에 대한 직접적 위협이나 재산상의 피해를 방지하기 위하여 다른 방법이 있음에도 불구하고 동물에게 고통을 주거나 상해를 입히는 행위
   나. 동물의 습성 또는 사육환경 등의 부득이한 사유가 없음에도 불구하고 동물을 혹서·혹한 등의 환경에 방치하여 고통을 주거나 상해를 입히는 행위
   다. 갈증이나 굶주림의 해소 또는 질병의 예방이나 치료 등의 목적 없이 동물에게 물이나 음식을 강제로 먹여 고통을 주거나 상해를 입히는 행위
   라. 동물의 사육·훈련 등을 위하여 필요한 방식이 아님에도 불구하고 다른 동물과 싸우게 하거나 도구를 사용하는 등 잔인한 방식으로 고통을 주거나 상해를 입히는 행위

③ 누구든지 소유자 등이 없이 배회하거나 내버려진 동물 또는 피학대동물 중 소유자 등

을 알 수 없는 동물에 대하여 다음 각 호의 어느 하나에 해당하는 행위를 하여서는 아니 된다.

1. 포획하여 판매하는 행위
2. 포획하여 죽이는 행위
3. 판매하거나 죽일 목적으로 포획하는 행위
4. 소유자 등이 없이 배회하거나 내버려진 동물 또는 피학대동물 중 소유자 등을 알 수 없는 동물임을 알면서 알선·구매하는 행위

④ 소유자 등은 다음 각 호의 행위를 하여서는 아니 된다.

1. 동물을 유기하는 행위
2. 반려동물에게 최소한의 사육공간 및 먹이 제공, 적정한 길이의 목줄, 위생·건강 관리를 위한 사항 등 농림축산식품부령으로 정하는 사육·관리 또는 보호의무를 위반하여 상해를 입히거나 질병을 유발하는 행위
3. 제2호의 행위로 인하여 반려동물을 죽음에 이르게 하는 행위

⑤ 누구든지 다음 각 호의 행위를 하여서는 아니 된다.

1. 제1항부터 제4항까지(제4항 제1호는 제외한다)의 규정에 해당하는 행위를 촬영한 사진 또는 영상물을 판매·전시·전달·상영하거나 인터넷에 게재하는 행위. 다만, 동물보호 의식을 고양하기 위한 목적이 표시된 홍보 활동 등 농림축산식품부령으로 정하는 경우에는 그러하지 아니하다.
2. 도박을 목적으로 동물을 이용하는 행위 또는 동물을 이용하는 도박을 행할 목적으로 광고·선전하는 행위. 다만, 「사행산업통합감독위원회법」 제2조 제1호에 따른 사행산업은 제외한다.
3. 도박·시합·복권·오락·유흥·광고 등의 상이나 경품으로 동물을 제공하는 행위
4. 영리를 목적으로 동물을 대여하는 행위. 다만, 「장애인복지법」 제40조에 따른 장애인 보조견의 대여 등 농림축산식품부령으로 정하는 경우는 제외한다.

제11조(동물의 운송) ① 동물을 운송하는 자 중 농림축산식품부령으로 정하는 자는 다음 각 호의 사항을 준수하여야 한다.

1. 운송 중인 동물에게 적합한 사료와 물을 공급하고, 급격한 출발·제동 등으로 충격과 상해를 입지 아니하도록 할 것
2. 동물을 운송하는 차량은 동물이 운송 중에 상해를 입지 아니하고, 급격한 체온 변화, 호흡곤란 등으로 인한 고통을 최소화할 수 있는 구조로 되어 있을 것
3. 병든 동물, 어린 동물 또는 임신 중이거나 포유 중인 새끼가 딸린 동물을 운송할 때에는 함께 운송 중인 다른 동물에 의하여 상해를 입지 아니하도록 칸막이의 설치

등 필요한 조치를 할 것

4. 동물을 싣고 내리는 과정에서 동물 또는 동물이 들어있는 운송용 우리를 던지거나 떨어뜨려서 동물을 다치게 하는 행위를 하지 아니할 것
5. 운송을 위하여 전기(電氣) 몰이도구를 사용하지 아니할 것

② 농림축산식품부장관은 제1항 제2호에 따른 동물 운송 차량의 구조 및 설비기준을 정하고 이에 맞는 차량을 사용하도록 권장할 수 있다.

③ 농림축산식품부장관은 제1항 및 제2항에서 규정한 사항 외에 동물 운송에 관하여 필요한 사항을 정하여 권장할 수 있다.

제12조(반려동물의 전달방법) 반려동물을 다른 사람에게 전달하려는 자는 직접 전달하거나 제73조 제1항에 따라 동물운송업의 등록을 한 자를 통하여 전달하여야 한다.

제13조(동물의 도살방법) ① 누구든지 혐오감을 주거나 잔인한 방법으로 동물을 도살하여서는 아니 되며, 도살과정에서 불필요한 고통이나 공포, 스트레스를 주어서는 아니 된다.

② 「축산물 위생관리법」 또는 「가축전염병 예방법」에 따라 동물을 죽이는 경우에는 가스법·전살법(電殺法) 등 농림축산식품부령으로 정하는 방법을 이용하여 고통을 최소화하여야 하며, 반드시 의식이 없는 상태에서 다음 도살 단계로 넘어가야 한다. 매몰을 하는 경우에도 또한 같다.

③ 제1항 및 제2항의 경우 외에도 동물을 불가피하게 죽여야 하는 경우에는 고통을 최소화할 수 있는 방법에 따라야 한다.

제14조(동물의 수술) 거세, 뿔 없애기, 꼬리 자르기 등 동물에 대한 외과적 수술을 하는 사람은 수의학적 방법에 따라야 한다.

제15조(등록대상동물의 등록 등) ① 등록대상동물의 소유자는 동물의 보호와 유실·유기 방지 및 공중위생상의 위해 방지 등을 위하여 특별자치시장·특별자치도지사·시장·군수·구청장에게 등록대상동물을 등록하여야 한다. 다만, 등록대상동물이 맹견이 아닌 경우로서 농림축산식품부령으로 정하는 바에 따라 시·도의 조례로 정하는 지역에서는 그러하지 아니하다.

② 제1항에 따라 등록된 등록대상동물(이하 “등록동물”이라 한다)의 소유자는 다음 각 호의 어느 하나에 해당하는 경우에는 해당 각 호의 구분에 따른 기간에 특별자치시장·특별자치도지사·시장·군수·구청장에게 신고하여야 한다.

1. 등록동물을 잃어버린 경우: 등록동물을 잃어버린 날부터 10일 이내
2. 등록동물에 대하여 대통령령으로 정하는 사항이 변경된 경우: 변경사유 발생일부터 30일 이내

③ 등록동물의 소유권을 이전받은 자 중 제1항 본문에 따른 등록을 실시하는 지역에 거주하는 자는 그 사실을 소유권을 이전받은 날부터 30일 이내에 자신의 주소지를 관할하는 특별자치시장·특별자치도지사·시장·군수·구청장에게 신고하여야 한다.

④ 특별자치시장·특별자치도지사·시장·군수·구청장은 대통령령으로 정하는 자(이하 이 조에서 "동물등록대행자"라 한다)로 하여금 제1항부터 제3항까지의 규정에 따른 업무를 대행하게 할 수 있으며 이에 필요한 비용을 지급할 수 있다.

⑤ 특별자치시장·특별자치도지사·시장·군수·구청장은 다음 각 호의 어느 하나에 해당하는 경우 등록을 말소할 수 있다.

1. 거짓이나 그 밖의 부정한 방법으로 등록대상동물을 등록하거나 변경신고한 경우
2. 등록동물 소유자의 주민등록이나 외국인등록사항이 말소된 경우
3. 등록동물의 소유자인 법인이 해산한 경우

⑥ 국가와 지방자치단체는 제1항에 따른 등록에 필요한 비용의 일부 또는 전부를 지원할 수 있다.

⑦ 등록대상동물의 등록 사항 및 방법·절차, 변경신고 절차, 등록 말소 절차, 동물등록대행자 준수사항 등에 관한 사항은 대통령령으로 정하며, 그 밖에 등록에 필요한 사항은 시·도의 조례로 정한다.

제16조(등록대상동물의 관리 등) ① 등록대상동물의 소유자 등은 소유자 등이 없이 등록대상동물을 기르는 곳에서 벗어나지 아니하도록 관리하여야 한다.

② 등록대상동물의 소유자 등은 등록대상동물을 동반하고 외출할 때에는 다음 각 호의 사항을 준수하여야 한다.

1. 농림축산식품부령으로 정하는 기준에 맞는 목줄 착용 등 사람 또는 동물에 대한 위해를 예방하기 위한 안전조치를 할 것
2. 등록대상동물의 이름, 소유자의 연락처, 그 밖에 농림축산식품부령으로 정하는 사항을 표시한 인식표를 등록대상동물에게 부착할 것
3. 배설물(소변의 경우에는 공동주택의 엘리베이터·계단 등 건물 내부의 공용공간 및 평상·의자 등 사람이 눕거나 앉을 수 있는 기구 위의 것으로 한정한다)이 생겼을 때에는 즉시 수거할 것

③ 시·도지사는 등록대상동물의 유실·유기 또는 공중위생상의 위해 방지를 위하여 필요할 때에는 시·도의 조례로 정하는 바에 따라 소유자 등으로 하여금 등록대상동물에 대하여 예방접종을 하게 하거나 특정 지역 또는 장소에서의 사육 또는 출입을 제한하게 하는 등 필요한 조치를 할 수 있다.

제2절 맹견의 관리 등

제17조(맹견수입신고) ① 제2조 제5호 가목에 따른 맹견을 수입하려는 자는 대통령령으로 정하는 바에 따라 농림축산식품부장관에게 신고하여야 한다.

② 제1항에 따라 맹견수입신고를 하려는 자는 맹견의 품종, 수입 목적, 사육 장소 등 대통령령으로 정하는 사항을 신고서에 기재하여 농림축산식품부장관에게 제출하여야 한다.

제18조(맹견사육허가 등) ① 등록대상동물인 맹견을 사육하려는 사람은 다음 각 호의 요건을 갖추어 시·도지사에게 맹견사육허가를 받아야 한다.

1. 제15조에 따른 등록을 할 것
2. 제23조에 따른 보험에 가입할 것
3. 중성화(中性化) 수술을 할 것. 다만, 맹견의 월령이 8개월 미만인 경우로서 발육상태 등으로 인하여 중성화 수술이 어려운 경우에는 대통령령으로 정하는 기간 내에 중성화 수술을 한 후 그 증명서류를 시·도지사에게 제출하여야 한다.

② 공동으로 맹견을 사육·관리 또는 보호하는 사람이 있는 경우에는 제1항에 따른 맹견사육허가를 공동으로 신청할 수 있다.

③ 시·도지사는 맹견사육허가를 하기 전에 제26조에 따른 기질평가위원회가 시행하는 기질평가를 거쳐야 한다.

④ 시·도지사는 맹견의 사육으로 인하여 공공의 안전에 위험이 발생할 우려가 크다고 판단하는 경우에는 맹견사육허가를 거부하여야 한다. 이 경우 기질평가위원회의 심의를 거쳐 해당 맹견에 대하여 인도적인 방법으로 처리할 것을 명할 수 있다.

⑤ 제4항에 따른 맹견의 인도적인 처리는 제46조 제1항 및 제2항 전단을 준용한다.

⑥ 시·도지사는 맹견사육허가를 받은 자(제2항에 따라 공동으로 맹견사육허가를 신청한 경우 공동 신청한 자를 포함한다)에게 농림축산식품부령으로 정하는 바에 따라 교육이수 또는 허가대상 맹견의 훈련을 명할 수 있다.

⑦ 제1항부터 제6항까지의 규정에 따른 사항 외에 맹견사육허가의 절차 등에 관한 사항은 대통령령으로 정한다.

제19조(맹견사육허가의 결격사유) 다음 각 호의 어느 하나에 해당하는 사람은 제18조에 따른 맹견사육허가를 받을 수 없다.

1. 미성년자(19세 미만의 사람을 말한다. 이하 같다)
2. 피성년후견인 또는 피한정후견인
3. 「정신건강증진 및 정신질환자 복지서비스 지원에 관한 법률」 제3조 제1호에 따른 정신질환자 또는 「마약류 관리에 관한 법률」 제2조 제1호에 따른 마약류의 중독자. 다만, 정신건강의학과 전문의가 맹견을 사육하는 것에 지장이 없다고 인정하는 사

람은 그러하지 아니하다.

4. 제10조·제16조·제21조를 위반하여 벌금 이상의 실형을 선고받고 그 집행이 종료(집행이 종료된 것으로 보는 경우를 포함한다)되거나 집행이 면제된 날부터 3년이 지나지 아니한 사람
5. 제10조·제16조·제21조를 위반하여 벌금 이상의 형의 집행유예를 선고받고 그 유예기간 중에 있는 사람

제20조(맹견사육허가의 철회 등) ① 시·도지사는 다음 각 호의 어느 하나에 해당하는 경우에 맹견사육허가를 철회할 수 있다.

1. 제18조에 따라 맹견사육허가를 받은 사람의 맹견이 사람 또는 동물을 공격하여 다치게 하거나 죽게 한 경우
2. 정당한 사유 없이 제18조 제1항 제3호 단서에서 규정한 기간이 지나도록 중성화 수술을 이행하지 아니한 경우
3. 제18조 제6항에 따른 교육이수명령 또는 허가대상 맹견의 훈련 명령에 따르지 아니한 경우

② 시·도지사는 제1항 제1호에 따라 맹견사육허가를 철회하는 경우 기질평가위원회의 심의를 거쳐 해당 맹견에 대하여 인도적인 방법으로 처리할 것을 명할 수 있다. 이 경우 제46조 제1항 및 제2항 전단을 준용한다.

제21조(맹견의 관리) ① 맹견의 소유자 등은 다음 각 호의 사항을 준수하여야 한다.

1. 소유자 등이 없이 맹견을 기르는 곳에서 벗어나지 아니하게 할 것. 다만, 제18조에 따라 맹견사육허가를 받은 사람의 맹견은 맹견사육허가를 받은 사람 또는 대통령령으로 정하는 맹견사육에 대한 전문지식을 가진 사람 없이 맹견을 기르는 곳에서 벗어나지 아니하게 할 것
2. 월령이 3개월 이상인 맹견을 동반하고 외출할 때에는 농림축산식품부령으로 정하는 바에 따라 목줄 및 입마개 등 안전장치를 하거나 맹견의 탈출을 방지할 수 있는 적정한 이동장치를 할 것
3. 그 밖에 맹견이 사람 또는 동물에게 위해를 가하지 못하도록 하기 위하여 농림축산식품부령으로 정하는 사항을 따를 것

② 시·도지사와 시장·군수·구청장은 맹견이 사람에게 신체적 피해를 주는 경우 농림축산식품부령으로 정하는 바에 따라 소유자 등의 동의 없이 맹견에 대하여 격리조치 등 필요한 조치를 취할 수 있다.

③ 제18조 제1항 및 제2항에 따라 맹견사육허가를 받은 사람은 맹견의 안전한 사육·관리 또는 보호에 관하여 농림축산식품부령으로 정하는 바에 따라 정기적으로 교육을 받아

야 한다.

제22조(맹견의 출입금지 등) 맹견의 소유자 등은 다음 각 호의 어느 하나에 해당하는 장소에 맹견이 출입하지 아니하도록 하여야 한다.

1. 「영유아보육법」 제2조 제3호에 따른 어린이집
2. 「유아교육법」 제2조 제2호에 따른 유치원
3. 「초·중등교육법」 제2조 제1호 및 제4호에 따른 초등학교 및 특수학교
4. 「노인복지법」 제31조에 따른 노인복지시설
5. 「장애인복지법」 제58조에 따른 장애인복지시설
6. 「도시공원 및 녹지 등에 관한 법률」 제15조 제1항 제2호 나목에 따른 어린이공원
7. 「어린이놀이시설 안전관리법」 제2조 제2호에 따른 어린이놀이시설
8. 그 밖에 불특정 다수인이 이용하는 장소로서 시·도의 조례로 정하는 장소

제23조(보험의 가입 등) ① 맹견의 소유자는 자신의 맹견이 다른 사람 또는 동물을 다치게 하거나 죽게 한 경우 발생한 피해를 보상하기 위하여 보험에 가입하여야 한다.

② 제1항에 따른 보험에 가입하여야 할 맹견의 범위, 보험의 종류, 보상한도액 및 그 밖에 필요한 사항은 대통령령으로 정한다.

③ 농림축산식품부장관은 제1항에 따른 보험의 가입관리 업무를 위하여 필요한 경우 대통령령으로 정하는 바에 따라 관계 중앙행정기관의 장 또는 지방자치단체의 장에게 행정적 조치를 하도록 요청하거나 관계 기관, 보험회사 및 보험 관련 단체에 보험의 가입관리 업무에 필요한 자료를 요청할 수 있다. 이 경우 요청을 받은 자는 정당한 사유가 없으면 이에 따라야 한다.

제24조(맹견 아닌 개의 기질평가) ① 시·도지사는 제2조 제5호 가목에 따른 맹견이 아닌 개가 사람 또는 동물에게 위해를 가한 경우 그 개의 소유자에게 해당 동물에 대한 기질평가를 받을 것을 명할 수 있다.

② 맹견이 아닌 개의 소유자는 해당 개의 공격성이 분쟁의 대상이 된 경우 시·도지사에게 해당 개에 대한 기질평가를 신청할 수 있다.

③ 시·도지사는 제1항에 따른 명령을 하거나 제2항에 따른 신청을 받은 경우 기질평가를 거쳐 해당 개의 공격성이 높은 경우 맹견으로 지정하여야 한다.

④ 시·도지사는 제3항에 따라 맹견 지정을 하는 경우에는 해당 개의 소유자의 신청이 있으면 제18조에 따른 맹견사육허가 여부를 함께 결정할 수 있다.

⑤ 시·도지사는 제3항에 따라 맹견 지정을 하지 아니하는 경우에도 해당 개의 소유자에게 대통령령으로 정하는 바에 따라 교육이수 또는 개의 훈련을 명할 수 있다.

제25조(비용부담 등) ① 기질평가에 소요되는 비용은 소유자의 부담으로 하며, 그 비용의

징수는 「지방행정제재 · 부과금의 징수 등에 관한 법률」의 예에 따른다.

② 제1항에 따른 기질평가비용의 기준, 지급 범위 등과 관련하여 필요한 사항은 농림축산식품부령으로 정한다.

제26조(기질평가위원회) ① 시 · 도지사는 다음 각 호의 업무를 수행하기 위하여 시 · 도에 기질평가위원회를 둔다.

1. 제2조 제5호 가목에 따른 맹견 종(種)의 판정
2. 제18조 제3항에 따른 맹견의 기질평가
3. 제18조 제4항에 따른 인도적인 처리에 대한 심의
4. 제24조 제3항에 따른 맹견이 아닌 개에 대한 기질평가
5. 그 밖에 시 · 도지사가 요청하는 사항

② 기질평가위원회는 위원장 1명을 포함하여 3명 이상의 위원으로 구성한다.

③ 위원은 다음 각 호의 어느 하나에 해당하는 사람 중에서 시 · 도지사가 위촉하며, 위원장은 위원 중에서 호선한다.

1. 수의사로서 동물의 행동과 발달 과정에 대한 학식과 경험이 풍부한 사람
2. 반려동물행동지도사
3. 동물복지정책에 대한 학식과 경험이 풍부하다고 시 · 도지사가 인정하는 사람

④ 제1항부터 제3항까지의 규정에 따른 사항 외에 기질평가위원회의 구성 · 운영 등에 관한 사항은 대통령령으로 정한다.

제27조(기질평가위원회의 권한 등) ① 기질평가위원회는 기질평가를 위하여 필요하다고 인정하는 경우 평가대상동물의 소유자 등에 대하여 출석하여 진술하게 하거나 의견서 또는 자료의 제출을 요청할 수 있다.

② 기질평가위원회는 평가에 필요한 경우 소유자의 거주지, 그 밖에 사건과 관련된 장소에서 기질평가와 관련된 조사를 할 수 있다.

③ 제2항에 따라 조사를 하는 경우 농림축산식품부령으로 정하는 증표를 지니고 이를 소유자에게 보여주어야 한다.

④ 평가대상동물의 소유자 등은 정당한 사유 없이 제1항 및 제2항에 따른 출석, 자료제출 요구 또는 기질평가와 관련한 조사를 거부하여서는 아니 된다.

제28조(기질평가에 필요한 정보의 요청 등) ① 시 · 도지사 또는 기질평가위원회는 기질평가를 위하여 필요하다고 인정하는 경우 동물이 사람 또는 동물에게 위해를 가한 사건에 대하여 관계 기관에 영상정보처리기기의 기록 등 필요한 정보를 요청할 수 있다.

② 제1항에 따른 요청을 받은 관계 기관의 장은 정당한 사유 없이 이를 거부하여서는 아니 된다.

③ 제1항의 정보의 보호 및 관리에 관한 사항은 이 법에서 규정된 것을 제외하고는 「개인정보 보호법」을 따른다.

제29조(비밀엄수의 의무 등) ① 기질평가위원회의 위원이나 위원이었던 사람은 업무상 알게 된 비밀을 누설하여서는 아니 된다.

② 기질평가위원회의 위원 중 공무원이 아닌 사람은 「형법」 제129조부터 제132조까지의 규정을 적용할 때에 공무원으로 본다.

제3절 반려동물행동지도사

제30조(반려동물행동지도사의 업무) ① 반려동물행동지도사는 다음 각 호의 업무를 수행한다.

1. 반려동물에 대한 행동분석 및 평가
2. 반려동물에 대한 훈련
3. 반려동물 소유자 등에 대한 교육
4. 그 밖에 반려동물행동지도에 필요한 사항으로 농림축산식품부령으로 정하는 업무

② 농림축산식품부장관은 반려동물행동지도사의 업무능력 및 전문성 향상을 위하여 농림축산식품부령으로 정하는 바에 따라 보수교육을 실시할 수 있다.

제31조(반려동물행동지도사 자격시험) ① 반려동물행동지도사가 되려는 사람은 농림축산식품부장관이 시행하는 자격시험에 합격하여야 한다.

② 반려동물의 행동분석·평가 및 훈련 등에 전문지식과 기술을 갖추었다고 인정되는 대통령령으로 정하는 기준에 해당하는 사람에게는 제1항에 따른 자격시험 과목의 일부를 면제할 수 있다.

③ 농림축산식품부장관은 다음 각 호의 어느 하나에 해당하는 사람에 대해서는 해당 시험을 무효로 하거나 합격 결정을 취소하여야 한다.

1. 거짓이나 그 밖에 부정한 방법으로 시험에 응시한 사람
2. 시험에서 부정한 행위를 한 사람

④ 다음 각 호의 어느 하나에 해당하는 사람은 그 처분이 있은 날부터 3년간 반려동물행동지도사 자격시험에 응시하지 못한다.

1. 제3항에 따라 시험의 무효 또는 합격 결정의 취소를 받은 사람
2. 제32조 제2항에 따라 반려동물행동지도사의 자격이 취소된 사람

⑤ 농림축산식품부장관은 제1항에 따른 자격시험의 시행 등에 관한 사항을 대통령령으로 정하는 바에 따라 관계 전문기관에 위탁할 수 있다.

⑥ 반려동물행동지도사 자격시험의 시험과목, 시험방법, 합격기준 및 자격증 발급 등에

관한 사항은 대통령령으로 정한다.

제32조(반려동물행동지도사의 결격사유 및 자격취소 등) ① 다음 각 호의 어느 하나에 해당하는 사람은 반려동물행동지도사가 될 수 없다.

1. 피성년후견인
2. 「정신건강증진 및 정신질환자 복지서비스 지원에 관한 법률」 제3조 제1호에 따른 정신질환자 또는 「마약류 관리에 관한 법률」 제2조 제1호에 따른 마약류의 중독자. 다만, 정신건강의학과 전문의가 반려동물행동지도사 업무를 수행할 수 있다고 인정하는 사람은 그러하지 아니하다.
3. 이 법을 위반하여 벌금 이상의 실형을 선고받고 그 집행이 종료(집행이 종료된 것으로 보는 경우를 포함한다)되거나 집행이 면제된 날부터 3년이 지나지 아니한 경우
4. 이 법을 위반하여 벌금 이상의 형의 집행유예를 선고받고 그 유예기간 중에 있는 경우

② 농림축산식품부장관은 반려동물행동지도사가 다음 각 호의 어느 하나에 해당하면 그 자격을 취소하거나 2년 이내의 기간을 정하여 그 자격을 정지시킬 수 있다. 다만, 제1호부터 제4호까지 중 어느 하나에 해당하는 경우에는 그 자격을 취소하여야 한다.

1. 제1항 각 호의 어느 하나에 해당하게 된 경우
2. 거짓이나 그 밖의 부정한 방법으로 자격을 취득한 경우
3. 다른 사람에게 명의를 사용하게 하거나 자격증을 대여한 경우
4. 자격정지기간에 업무를 수행한 경우
5. 이 법을 위반하여 벌금 이상의 형을 선고받고 그 형이 확정된 경우
6. 영리를 목적으로 반려동물의 소유자 등에게 불필요한 서비스를 선택하도록 알선·유인하거나 강요한 경우

③ 제2항에 따른 자격의 취소 및 정지에 관한 기준은 그 처분의 사유와 위반 정도 등을 고려하여 농림축산식품부령으로 정한다.

제33조(명의대여 금지 등) ① 제31조에 따른 자격시험에 합격한 자가 아니면 반려동물행동지도사의 명칭을 사용하지 못한다.

② 반려동물행동지도사는 다른 사람에게 자기의 명의를 사용하여 제30조 제1항에 따른 업무를 수행하게 하거나 그 자격증을 대여하여서는 아니 된다.

③ 누구든지 제1항이나 제2항에서 금지된 행위를 알선하여서는 아니 된다.

제4절 동물의 구조 등

제34조(동물의 구조·보호) ① 시·도지사와 시장·군수·구청장은 다음 각 호의 어느 하나에 해당하는 동물을 발견한 때에는 그 동물을 구조하여 제9조에 따라 치료·보호에 필요한 조치(이하 "보호조치"라 한다)를 하여야 하며, 제2호 및 제3호에 해당하는 동물은 학대 재발 방지를 위하여 학대행위자로부터 격리하여야 한다. 다만, 제1호에 해당하는 동물 중 농림축산식품부령으로 정하는 동물은 구조·보호조치의 대상에서 제외한다.

1. 유실·유기동물
2. 피학대동물 중 소유자를 알 수 없는 동물
3. 소유자 등으로부터 제10조 제2항 및 같은 조 제4항 제2호에 따른 학대를 받아 적정하게 치료·보호받을 수 없다고 판단되는 동물

② 시·도지사와 시장·군수·구청장이 제1항 제1호 및 제2호에 해당하는 동물에 대하여 보호조치 중인 경우에는 그 동물의 등록 여부를 확인하여야 하고, 등록된 동물인 경우에는 지체 없이 동물의 소유자에게 보호조치 중인 사실을 통보하여야 한다.

③ 시·도지사와 시장·군수·구청장이 제1항 제3호에 따른 동물을 보호할 때에는 농림축산식품부령으로 정하는 바에 따라 기간을 정하여 해당 동물에 대한 보호조치를 하여야 한다.

④ 시·도지사와 시장·군수·구청장은 제1항 각 호 외의 부분 단서에 해당하는 동물에 대하여도 보호·관리를 위하여 필요한 조치를 할 수 있다.

제34조(동물의 구조·보호) ① 시·도지사와 시장·군수·구청장은 다음 각 호의 어느 하나에 해당하는 동물을 발견한 때에는 그 동물을 구조하여 제9조에 따라 치료·보호에 필요한 조치(이하 "보호조치"라 한다)를 하여야 하며, 제2호 및 제3호에 해당하는 동물은 학대 재발 방지를 위하여 학대행위자로부터 격리하여야 한다. 다만, 제1호에 해당하는 동물 중 농림축산식품부령으로 정하는 동물은 구조·보호조치의 대상에서 제외한다.

1. 유실·유기동물
2. 피학대동물 중 소유자를 알 수 없는 동물
3. 소유자 등으로부터 제10조 제2항 및 같은 조 제4항 제2호에 따른 학대를 받아 적정하게 치료·보호받을 수 없다고 판단되는 동물

② 시·도지사와 시장·군수·구청장이 제1항 제1호 및 제2호에 해당하는 동물에 대하여 보호조치 중인 경우에는 그 동물의 등록 여부를 확인하여야 하고, 등록된 동물인 경우에는 지체 없이 동물의 소유자에게 보호조치 중인 사실을 통보하여야 한다.

③ 시 · 도지사와 시장 · 군수 · 구청장이 제1항 제3호에 따른 동물을 보호할 때에는 농림축산식품부령으로 정하는 바에 따라 수의사의 진단과 제35조 제1항 및 제36조 제1항에 따른 동물보호센터의 장 등 관계자의 의견 청취를 거쳐 기간을 정하여 해당 동물에 대한 보호조치를 하여야 한다. <개정 2024. 1. 2.>

④ 시 · 도지사와 시장 · 군수 · 구청장은 제1항 각 호 외의 부분 단서에 해당하는 동물에 대하여도 보호 · 관리를 위하여 필요한 조치를 할 수 있다.

[시행일: 2025. 1. 3.] 제34조

제35조(동물보호센터의 설치 등) ① 시 · 도지사와 시장 · 군수 · 구청장은 제34조에 따른 동물의 구조 · 보호 등을 위하여 농림축산식품부령으로 정하는 시설 및 인력 기준에 맞는 동물보호센터를 설치 · 운영할 수 있다.

② 시 · 도지사와 시장 · 군수 · 구청장은 제1항에 따른 동물보호센터를 직접 설치 · 운영하도록 노력하여야 한다.

③ 제1항에 따라 설치한 동물보호센터의 업무는 다음 각 호와 같다.

1. 제34조에 따른 동물의 구조 · 보호조치
2. 제41조에 따른 동물의 반환 등
3. 제44조에 따른 사육포기 동물의 인수 등
4. 제45조에 따른 동물의 기증 · 분양
5. 제46조에 따른 동물의 인도적인 처리 등
6. 반려동물사육에 대한 교육
7. 유실 · 유기동물 발생 예방 교육
8. 동물학대행위 근절을 위한 동물보호 홍보
9. 그 밖에 동물의 구조 · 보호 등을 위하여 농림축산식품부령으로 정하는 업무

④ 농림축산식품부장관은 제1항에 따라 시 · 도지사 또는 시장 · 군수 · 구청장이 설치 · 운영하는 동물보호센터의 설치 · 운영에 드는 비용의 전부 또는 일부를 지원할 수 있다.

⑤ 제1항에 따라 설치된 동물보호센터의 장 및 그 종사자는 농림축산식품부령으로 정하는 바에 따라 정기적으로 동물의 보호 및 공중위생상의 위해 방지 등에 관한 교육을 받아야 한다.

⑥ 동물보호센터 운영의 공정성과 투명성을 확보하기 위하여 농림축산식품부령으로 정하는 일정 규모 이상의 동물보호센터는 농림축산식품부령으로 정하는 바에 따라 운영위원회를 구성 · 운영하여야 한다. 다만, 시 · 도 또는 시 · 군 · 구에 운영위원회와 성격 및 기능이 유사한 위원회가 설치되어 있는 경우 해당 시 · 도 또는 시 · 군 · 구의 조례로 정하는 바에 따라 그 위원회가 운영위원회의 기능을 대신할 수 있다.

⑦ 제1항에 따른 동물보호센터의 준수사항 등에 관한 사항은 농림축산식품부령으로 정하고, 보호조치의 구체적인 내용 등 그 밖에 필요한 사항은 시 · 도의 조례로 정한다.

제36조(동물보호센터의 지정 등) ① 시 · 도지사 또는 시장 · 군수 · 구청장은 농림축산식품부령으로 정하는 시설 및 인력 기준에 맞는 기관이나 단체 등을 동물보호센터로 지정하여 제35조 제3항에 따른 업무를 위탁할 수 있다. 이 경우 동물보호센터로 지정받은 기관이나 단체 등은 동물의 보호조치를 제3자에게 위탁하여서는 아니 된다.

② 제1항에 따른 동물보호센터로 지정받으려는 자는 농림축산식품부령으로 정하는 바에 따라 시 · 도지사 또는 시장 · 군수 · 구청장에게 신청하여야 한다.

③ 시 · 도지사 또는 시장 · 군수 · 구청장은 제1항에 따른 동물보호센터에 동물의 구조 · 보호조치 등에 드는 비용(이하 "보호비용"이라 한다)의 전부 또는 일부를 지원할 수 있으며, 보호비용의 지급절차와 그 밖에 필요한 사항은 농림축산식품부령으로 정한다.

④ 시 · 도지사 또는 시장 · 군수 · 구청장은 제1항에 따라 지정된 동물보호센터가 다음 각 호의 어느 하나에 해당하는 경우에는 그 지정을 취소할 수 있다. 다만, 제1호 및 제4호에 해당하는 경우에는 그 지정을 취소하여야 한다.

1. 거짓이나 그 밖의 부정한 방법으로 지정을 받은 경우
2. 제1항에 따른 지정기준에 맞지 아니하게 된 경우
3. 보호비용을 거짓으로 청구한 경우
4. 제10조 제1항부터 제4항까지의 규정을 위반한 경우
5. 제46조를 위반한 경우
6. 제86조 제1항 제3호의 시정명령을 위반한 경우
7. 특별한 사유 없이 유실 · 유기동물 및 피학대동물에 대한 보호조치를 3회 이상 거부한 경우
8. 보호 중인 동물을 영리를 목적으로 분양한 경우

⑤ 시 · 도지사 또는 시장 · 군수 · 구청장은 제4항에 따라 지정이 취소된 기관이나 단체 등을 지정이 취소된 날부터 1년 이내에는 다시 동물보호센터로 지정하여서는 아니 된다. 다만, 제4항 제4호에 따라 지정이 취소된 기관이나 단체는 지정이 취소된 날부터 5년 이내에는 다시 동물보호센터로 지정하여서는 아니 된다.

⑥ 제1항에 따른 동물보호센터 지정절차의 구체적인 내용은 시 · 도의 조례로 정하고, 지정된 동물보호센터에 대하여는 제35조 제5항부터 제7항까지의 규정을 준용한다.

제37조(민간동물보호시설의 신고 등) ① 영리를 목적으로 하지 아니하고 유실 · 유기동물 및 피학대동물을 기증받거나 인수 등을 하여 임시로 보호하기 위하여 대통령령으로 정하는 규모 이상의 민간동물보호시설(이하 "보호시설"이라 한다)을 운영하려는 자는

농림축산식품부령으로 정하는 바에 따라 시설 명칭, 주소, 규모 등을 특별자치시장·특별자치도지사·시장·군수·구청장에게 신고하여야 한다.

② 제1항에 따라 신고한 사항 중 대통령령으로 정하는 중요한 사항을 변경할 때에는 특별자치시장·특별자치도지사·시장·군수·구청장에게 신고하여야 한다.

③ 특별자치시장·특별자치도지사·시장·군수·구청장은 제1항에 따른 신고 또는 제2항에 따른 변경신고를 받은 경우 그 내용을 검토하여 이 법에 적합하면 신고를 수리하여야 한다.

④ 제3항에 따라 신고가 수리된 보호시설의 운영자(이하 "보호시설운영자"라 한다)는 농림축산식품부령으로 정하는 시설 및 운영 기준 등을 준수하여야 하며 동물보호를 위하여 시설정비 등의 사후관리를 하여야 한다.

⑤ 보호시설운영자가 보호시설의 운영을 일시적으로 중단하거나 영구적으로 폐쇄 또는 그 운영을 재개하려는 경우에는 농림축산식품부령으로 정하는 바에 따라 보호하고 있는 동물에 대한 관리 또는 처리 방안 등을 마련하여 특별자치시장·특별자치도지사·시장·군수·구청장에게 신고하여야 한다. 이 경우 제3항을 준용한다.

⑥ 제74조 제1호·제2호·제6호·제7호에 해당하는 자는 보호시설운영자가 되거나 보호시설 종사자로 채용될 수 없다.

⑦ 농림축산식품부장관 또는 특별자치시장·특별자치도지사·시장·군수·구청장은 보호시설의 환경개선 및 운영에 드는 비용의 일부를 지원할 수 있다.

⑧ 제1항부터 제6항까지의 규정에 따른 보호시설의 시설 및 운영 등에 관한 사항은 대통령령으로 정한다.

제38조(시정명령 및 시설폐쇄 등) ① 특별자치시장·특별자치도지사·시장·군수·구청장은 제37조 제4항을 위반한 보호시설운영자에게 해당 위반행위의 중지나 시정을 위하여 필요한 조치를 명할 수 있다.

② 특별자치시장·특별자치도지사·시장·군수·구청장은 보호시설운영자가 다음 각 호의 어느 하나에 해당하는 경우에는 보호시설의 폐쇄를 명할 수 있다. 다만, 제1호 및 제2호에 해당하는 경우에는 보호시설의 폐쇄를 명하여야 한다.

1. 거짓이나 그 밖의 부정한 방법으로 보호시설의 신고 또는 변경신고를 한 경우
2. 제10조 제1항부터 제4항까지의 규정을 위반하여 벌금 이상의 형을 선고받은 경우
3. 제1항에 따른 중지명령이나 시정명령을 최근 2년 이내에 3회 이상 반복하여 이행하지 아니한 경우
4. 제37조 제1항에 따른 신고를 하지 아니하고 보호시설을 운영한 경우
5. 제37조 제2항에 따른 변경신고를 하지 아니하고 보호시설을 운영한 경우

제39조(신고 등) ① 누구든지 다음 각 호의 어느 하나에 해당하는 동물을 발견한 때에는 관할 지방자치단체 또는 동물보호센터에 신고할 수 있다.

1. 제10조에서 금지한 학대를 받는 동물
2. 유실 · 유기동물

② 다음 각 호의 어느 하나에 해당하는 자가 그 직무상 제1항에 따른 동물을 발견한 때에는 지체 없이 관할 지방자치단체 또는 동물보호센터에 신고하여야 한다. <개정 2023. 6. 20.>

1. 제4조 제3항에 따른 민간단체의 임원 및 회원
2. 제35조 제1항에 따라 설치되거나 제36조 제1항에 따라 지정된 동물보호센터의 장 및 그 종사자
3. 제37조에 따른 보호시설운영자 및 보호시설의 종사자
4. 제51조 제1항에 따라 동물실험윤리위원회를 설치한 동물실험시행기관의 장 및 그 종사자
5. 제53조 제2항에 따른 동물실험윤리위원회의 위원
6. 제59조 제1항에 따라 동물복지축산농장 인증을 받은 자
7. 제69조 제1항에 따른 영업의 허가를 받은 자 또는 제73조 제1항에 따라 영업의 등록을 한 자 및 그 종사자
8. 제88조 제1항에 따른 동물보호관
9. 수의사, 동물병원의 장 및 그 종사자

③ 신고인의 신분은 보장되어야 하며 그 의사에 반하여 신원이 노출되어서는 아니 된다.

④ 제1항 또는 제2항에 따라 신고한 자 또는 신고 · 통보를 받은 관할 특별자치시장 · 특별자치도지사 · 시장 · 군수 · 구청장은 관할 시 · 도 가축방역기관장 또는 국립가축방역기관장에게 해당 동물의 학대 여부 판단 등을 위한 동물검사를 의뢰할 수 있다.

제40조(공고) 시 · 도지사와 시장 · 군수 · 구청장은 제34조 제1항 제1호 및 제2호에 따른 동물을 보호하고 있는 경우에는 소유자 등이 보호조치 사실을 알 수 있도록 대통령령으로 정하는 바에 따라 지체 없이 7일 이상 그 사실을 공고하여야 한다.

제41조(동물의 반환 등) ① 시 · 도지사와 시장 · 군수 · 구청장은 다음 각 호의 어느 하나에 해당하는 사유가 발생한 경우에는 제34조에 해당하는 동물을 그 동물의 소유자에게 반환하여야 한다.

1. 제34조 제1항 제1호 및 제2호에 해당하는 동물이 보호조치 중에 있고, 소유자가 그 동물에 대하여 반환을 요구하는 경우
2. 제34조 제3항에 따른 보호기간이 지난 후, 보호조치 중인 같은 조 제1항 제3호의

동물에 대하여 소유자가 제2항에 따른 사육계획서를 제출한 후 제42조 제2항에 따라 보호비용을 부담하고 반환을 요구하는 경우

② 시·도지사와 시장·군수·구청장이 보호조치 중인 제34조 제1항 제3호의 동물을 반환받으려는 소유자는 농림축산식품부령으로 정하는 바에 따라 학대행위의 재발 방지 등 동물을 적정하게 보호·관리하기 위한 사육계획서를 제출하여야 한다.

③ 시·도지사와 시장·군수·구청장은 제1항 제2호에 해당하는 동물의 반환과 관련하여 동물의 소유자에게 보호기간, 보호비용 납부기한 및 면제 등에 관한 사항을 알려야 한다.

④ 시·도지사와 시장·군수·구청장은 제1항 제2호에 따라 동물을 반환받은 소유자가 제2항에 따라 제출한 사육계획서의 내용을 이행하고 있는지를 제88조 제1항에 따른 동물보호관에게 점검하게 할 수 있다.

제42조(보호비용의 부담) ① 시·도지사와 시장·군수·구청장은 제34조 제1항 제1호 및 제2호에 해당하는 동물의 보호비용을 소유자 또는 제45조 제1항에 따라 분양을 받는 자에게 청구할 수 있다.

② 제34조 제1항 제3호에 해당하는 동물의 보호비용은 농림축산식품부령으로 정하는 바에 따라 납부기한까지 그 동물의 소유자가 내야 한다. 이 경우 시·도지사와 시장·군수·구청장은 동물의 소유자가 제43조 제2호에 따라 그 동물의 소유권을 포기한 경우에는 보호비용의 전부 또는 일부를 면제할 수 있다.

③ 제1항 및 제2항에 따른 보호비용의 징수에 관한 사항은 대통령령으로 정하고, 보호비용의 산정 기준에 관한 사항은 농림축산식품부령으로 정하는 범위에서 해당 시·도의 조례로 정한다.

제43조(동물의 소유권 취득) 시·도 및 시·군·구가 동물의 소유권을 취득할 수 있는 경우는 다음 각 호와 같다.

1. 「유실물법」 제12조 및 「민법」 제253조에도 불구하고 제40조에 따라 공고한 날부터 10일이 지나도 동물의 소유자 등을 알 수 없는 경우
2. 제34조 제1항 제3호에 해당하는 동물의 소유자가 그 동물의 소유권을 포기한 경우
3. 제34조 제1항 제3호에 해당하는 동물의 소유자가 제42조 제2항에 따른 보호비용의 납부기한이 종료된 날부터 10일이 지나도 보호비용을 납부하지 아니하거나 제41조 제2항에 따른 사육계획서를 제출하지 아니한 경우
4. 동물의 소유자를 확인한 날부터 10일이 지나도 정당한 사유 없이 동물의 소유자와 연락이 되지 아니하거나 소유자가 반환받을 의사를 표시하지 아니한 경우

제44조(사육포기 동물의 인수 등) ① 소유자 등은 시·도지사와 시장·군수·구청장에게 자신이 소유하거나 사육·관리 또는 보호하는 동물의 인수를 신청할 수 있다.

② 시·도지사와 시장·군수·구청장이 제1항에 따른 인수신청을 승인하는 경우에 해당 동물의 소유권은 시·도 및 시·군·구에 귀속된다.

③ 시·도지사와 시장·군수·구청장은 제1항에 따라 동물의 인수를 신청하는 자에 대하여 농림축산식품부령으로 정하는 바에 따라 해당 동물에 대한 보호비용 등을 청구할 수 있다.

④ 시·도지사와 시장·군수·구청장은 장기입원 또는 요양, 「병역법」에 따른 병역 복무 등 농림축산식품부령으로 정하는 불가피한 사유가 없음에도 불구하고 동물의 인수를 신청하는 자에 대하여는 제1항에 따른 동물인수신청을 거부할 수 있다.

제45조(동물의 기증·분양) ① 시·도지사와 시장·군수·구청장은 제43조 또는 제44조에 따라 소유권을 취득한 동물이 적정하게 사육·관리될 수 있도록 시·도의 조례로 정하는 바에 따라 동물원, 동물을 애호하는 자(시·도의 조례로 정하는 자격요건을 갖춘 자로 한정한다)나 대통령령으로 정하는 민간단체 등에 기증하거나 분양할 수 있다.

② 시·도지사와 시장·군수·구청장은 제1항에 따라 기증하거나 분양하는 동물이 등록대상동물인 경우 등록 여부를 확인하여 등록이 되어 있지 아니한 때에는 등록한 후 기증하거나 분양하여야 한다.

③ 시·도지사와 시장·군수·구청장은 제43조 또는 제44조에 따라 소유권을 취득한 동물에 대하여는 제1항에 따라 분양될 수 있도록 공고할 수 있다.

④ 제1항에 따른 기증·분양의 요건 및 절차 등 그 밖에 필요한 사항은 시·도의 조례로 정한다.

제46조(동물의 인도적인 처리 등) ① 제35조 제1항 및 제36조 제1항에 따른 동물보호센터의 장은 제34조 제1항에 따라 보호조치 중인 동물에게 질병 등 농림축산식품부령으로 정하는 사유가 있는 경우에는 농림축산식품부장관이 정하는 바에 따라 마취 등을 통하여 동물의 고통을 최소화하는 인도적인 방법으로 처리하여야 한다.

② 제1항에 따라 시행하는 동물의 인도적인 처리는 수의사가 하여야 한다. 이 경우 사용된 약제 관련 사용기록의 작성·보관 등에 관한 사항은 농림축산식품부령으로 정하는 바에 따른다.

③ 동물보호센터의 장은 제1항에 따라 동물의 사체가 발생한 경우 「폐기물관리법」에 따라 처리하거나 제69조 제1항 제4호에 따른 동물장묘업의 허가를 받은 자가 설치·운영하는 동물장묘시설 및 제71조 제1항에 따른 공설동물장묘시설에서 처리하여야 한다.

제4장 동물실험의 관리 등

제47조(동물실험의 원칙) ① 동물실험은 인류의 복지 증진과 동물 생명의 존엄성을 고려하여 실시되어야 한다.

② 동물실험을 하려는 경우에는 이를 대체할 수 있는 방법을 우선적으로 고려하여야 한다.

③ 동물실험은 실험동물의 윤리적 취급과 과학적 사용에 관한 지식과 경험을 보유한 자가 시행하여야 하며 필요한 최소한의 동물을 사용하여야 한다.

④ 실험동물의 고통이 수반되는 실험을 하려는 경우에는 감각능력이 낮은 동물을 사용하고 진통제 · 진정제 · 마취제의 사용 등 수의학적 방법에 따라 고통을 덜어주기 위한 적절한 조치를 하여야 한다.

⑤ 동물실험을 한 자는 그 실험이 끝난 후 지체 없이 해당 동물을 검사하여야 하며, 검사 결과 정상적으로 회복한 동물은 기증하거나 분양할 수 있다.

⑥ 제5항에 따른 검사 결과 해당 동물이 회복할 수 없거나 지속적으로 고통을 받으며 살아야 할 것으로 인정되는 경우에는 신속하게 고통을 주지 아니하는 방법으로 처리하여야 한다.

⑦ 제1항부터 제6항까지에서 규정한 사항 외에 동물실험의 원칙과 이에 따른 기준 및 방법에 관한 사항은 농림축산식품부장관이 정하여 고시한다.

제48조(전임수의사) ① 대통령령으로 정하는 기준 이상의 실험동물을 보유한 동물실험시행기관의 장은 그 실험동물의 건강 및 복지 증진을 위하여 실험동물을 전담하는 수의사(이하 "전임수의사"라 한다)를 두어야 한다.

② 전임수의사의 자격 및 업무 범위 등에 필요한 사항은 대통령령으로 정한다.

제49조(동물실험의 금지 등) 누구든지 다음 각 호의 동물실험을 하여서는 아니 된다. 다만, 인수공통전염병 등 질병의 확산으로 인간 및 동물의 건강과 안전에 심각한 위해가 발생될 것이 우려되는 경우 또는 봉사동물의 선발 · 훈련방식에 관한 연구를 하는 경우로서 제52조에 따른 공용동물실험윤리위원회의 실험 심의 및 승인을 받은 때에는 그러하지 아니하다.

1. 유실 · 유기동물(보호조치 중인 동물을 포함한다)을 대상으로 하는 실험
2. 봉사동물을 대상으로 하는 실험

제50조(미성년자 동물 해부실습의 금지) 누구든지 미성년자에게 체험 · 교육 · 시험 · 연구 등의 목적으로 동물(사체를 포함한다) 해부실습을 하게 하여서는 아니 된다. 다만, 「초 · 중등교육법」 제2조에 따른 학교 또는 동물실험시행기관 등이 시행하는 경우 등 농림축산식품부령으로 정하는 경우에는 그러하지 아니하다.

제51조(동물실험윤리위원회의 설치 등) ① 동물실험시행기관의 장은 실험동물의 보호와 윤리적인 취급을 위하여 제53조에 따라 동물실험윤리위원회(이하 "윤리위원회"라 한다)를 설치·운영하여야 한다.

② 제1항에도 불구하고 다음 각 호의 어느 하나에 해당하는 경우에는 윤리위원회를 설치한 것으로 본다.

1. 농림축산식품부령으로 정하는 일정 기준 이하의 동물실험시행기관이 제54조에 따른 윤리위원회의 기능을 제52조에 따른 공용동물실험윤리위원회에 위탁하는 협약을 맺은 경우
2. 동물실험시행기관에 「실험동물에 관한 법률」 제7조에 따른 실험동물운영위원회가 설치되어 있고, 그 위원회의 구성이 제53조 제2항부터 제4항까지에 규정된 요건을 충족할 경우

③ 동물실험시행기관의 장은 동물실험을 하려면 윤리위원회의 심의를 거쳐야 한다.

④ 동물실험시행기관의 장은 제3항에 따른 심의를 거친 내용 중 농림축산식품부령으로 정하는 중요사항에 변경이 있는 경우에는 해당 변경사유의 발생 즉시 윤리위원회에 변경심의를 요청하여야 한다. 다만, 농림축산식품부령으로 정하는 경미한 변경이 있는 경우에는 제56조 제1항에 따라 지정된 전문위원의 검토를 거친 후 제53조 제1항의 위원장의 승인을 받아야 한다.

⑤ 농림축산식품부장관은 윤리위원회의 운영에 관한 표준지침을 위원회(IACUC)표준운영가이드라인으로 고시하여야 한다.

제52조(공용동물실험윤리위원회의 지정 등) ① 농림축산식품부장관은 동물실험시행기관 또는 연구자가 공동으로 이용할 수 있는 공용동물실험윤리위원회(이하 "공용윤리위원회"라 한다)를 지정 또는 설치할 수 있다.

② 공용윤리위원회는 다음 각 호의 실험에 대한 심의 및 지도·감독을 수행한다.

1. 제51조 제2항 제1호에 따라 공용윤리위원회와 협약을 맺은 기관이 위탁한 실험
2. 제49조 각 호 외의 부분 단서에 따라 공용윤리위원회의 실험 심의 및 승인을 받도록 규정한 같은 조 각 호의 동물실험
3. 제50조에 따라 「초·중등교육법」 제2조에 따른 학교 등이 신청한 동물해부실습
4. 둘 이상의 동물실험시행기관이 공동으로 수행하는 실험으로 각각의 윤리위원회에서 해당 실험을 심의 및 지도·감독하는 것이 적절하지 아니하다고 판단되어 해당 동물실험시행기관의 장들이 공용윤리위원회를 이용하기로 합의한 실험
5. 그 밖에 농림축산식품부령으로 정하는 실험

③ 제2항에 따른 공용윤리위원회의 심의 및 지도·감독에 대해서는 제51조 제4항, 제54조

제2항·제3항, 제55조의 규정을 준용한다.

④ 제1항 및 제2항에 따른 공용윤리위원회의 지정 및 설치, 기능, 운영 등에 필요한 사항은 농림축산식품부령으로 정한다.

제53조(윤리위원회의 구성) ① 윤리위원회는 위원장 1명을 포함하여 3명 이상의 위원으로 구성한다.

② 위원은 다음 각 호에 해당하는 사람 중에서 동물실험시행기관의 장이 위촉하며, 위원장은 위원 중에서 호선한다.

1. 수의사로서 농림축산식품부령으로 정하는 자격기준에 맞는 사람
2. 제4조 제3항에 따른 민간단체가 추천하는 동물보호에 관한 학식과 경험이 풍부한 사람으로서 농림축산식품부령으로 정하는 자격기준에 맞는 사람
3. 그 밖에 실험동물의 보호와 윤리적인 취급을 도모하기 위하여 필요한 사람으로서 농림축산식품부령으로 정하는 사람

③ 윤리위원회에는 제2항 제1호 및 제2호에 해당하는 위원을 각각 1명 이상 포함하여야 한다.

④ 윤리위원회를 구성하는 위원의 3분의 1 이상은 해당 동물실험시행기관과 이해관계가 없는 사람이어야 한다.

⑤ 위원의 임기는 2년으로 한다.

⑥ 동물실험시행기관의 장은 제2항에 따른 위원의 추천 및 선정 과정을 투명하고 공정하게 관리하여야 한다.

⑦ 그 밖에 윤리위원회의 구성 및 이해관계의 범위 등에 관한 사항은 농림축산식품부령으로 정한다.

제54조(윤리위원회의 기능 등) ① 윤리위원회는 다음 각 호의 기능을 수행한다.

1. 동물실험에 대한 심의(변경심의를 포함한다. 이하 같다)
2. 제1호에 따라 심의한 실험의 진행·종료에 대한 확인 및 평가
3. 동물실험이 제47조의 원칙에 맞게 시행되도록 지도·감독
4. 동물실험시행기관의 장에게 실험동물의 보호와 윤리적인 취급을 위하여 필요한 조치 요구

② 윤리위원회의 심의대상인 동물실험에 관여하고 있는 위원은 해당 동물실험에 관한 심의에 참여하여서는 아니 된다.

③ 윤리위원회의 위원 또는 그 직에 있었던 자는 그 직무를 수행하면서 알게 된 비밀을 누설하거나 도용하여서는 아니 된다.

④ 제1항에 따른 심의·확인·평가 및 지도·감독의 방법과 그 밖에 윤리위원회의 운영 등

에 관한 사항은 대통령령으로 정한다.

제55조(심의 후 감독) ① 동물실험시행기관의 장은 제53조 제1항의 위원장에게 대통령령으로 정하는 바에 따라 동물실험이 심의된 내용대로 진행되고 있는지 감독하도록 요청하여야 한다.

② 위원장은 윤리위원회의 심의를 받지 아니한 실험이 진행되고 있는 경우 즉시 실험의 중지를 요구하여야 한다. 다만, 실험의 중지로 해당 실험동물의 복지에 중대한 침해가 발생할 것으로 우려되는 경우 등 대통령령으로 정하는 경우에는 실험의 중지를 요구하지 아니할 수 있다.

③ 제2항 본문에 따라 실험 중지 요구를 받은 동물실험시행기관의 장은 해당 동물실험을 중지하여야 한다.

④ 동물실험시행기관의 장은 제2항 본문에 따라 실험 중지 요구를 받은 경우 제51조 제3항 또는 제4항에 따른 심의를 받은 후에 동물실험을 재개할 수 있다.

⑤ 동물실험시행기관의 장은 제1항에 따른 감독 결과 위법사항이 발견되었을 경우에는 지체 없이 농림축산식품부장관에게 통보하여야 한다.

제56조(전문위원의 지정 및 검토) ① 윤리위원회의 위원장은 윤리위원회의 위원 중 해당 분야에 대한 전문성을 가지고 실험을 심의할 수 있는 자를 전문위원으로 지정할 수 있다.

② 위원장은 제1항에 따라 지정한 전문위원에게 다음 각 호의 사항에 대한 검토를 요청할 수 있다.

1. 제51조 제4항 단서에 따른 경미한 변경에 관한 사항
2. 제54조 제1항 제2호에 따른 확인 및 평가

제57조(윤리위원회 위원 및 기관 종사자에 대한 교육) ① 윤리위원회의 위원은 동물의 보호·복지에 관한 사항과 동물실험의 심의에 관하여 농림축산식품부령으로 정하는 바에 따라 정기적으로 교육을 이수하여야 한다.

② 동물실험시행기관의 장은 위원과 기관 종사자를 위하여 동물의 보호·복지와 동물실험 심의에 관한 교육의 기회를 제공할 수 있다.

제58조(윤리위원회의 구성 등에 대한 지도·감독) ① 농림축산식품부장관은 제51조 제1항 및 제2항에 따라 윤리위원회를 설치한 동물실험시행기관의 장에게 제53조부터 제57조까지의 규정에 따른 윤리위원회의 구성·운영 등에 관하여 지도·감독을 할 수 있다.

② 농림축산식품부장관은 윤리위원회가 제53조부터 제57조까지의 규정에 따라 구성·운영되지 아니할 때에는 해당 동물실험시행기관의 장에게 대통령령으로 정하는 바에 따

라 기간을 정하여 해당 윤리위원회의 구성·운영 등에 대한 개선명령을 할 수 있다.

제5장 동물복지축산농장의 인증

제59조(동물복지축산농장의 인증) ① 농림축산식품부장관은 동물복지 증진에 이바지하기 위하여 「축산물 위생관리법」 제2조 제1호에 따른 가축으로서 농림축산식품부령으로 정하는 동물(이하 "농장동물"이라 한다)이 본래의 습성 등을 유지하면서 정상적으로 살 수 있도록 관리하는 축산농장을 동물복지축산농장으로 인증할 수 있다.

② 제1항에 따른 인증을 받으려는 자는 제60조 제1항에 따라 지정된 인증기관(이하 "인증기관"이라 한다)에 농림축산식품부령으로 정하는 서류를 갖추어 인증을 신청하여야 한다.

③ 인증기관은 인증 신청을 받은 경우 농림축산식품부령으로 정하는 인증기준에 따라 심사한 후 그 기준에 맞는 경우에는 인증하여 주어야 한다.

④ 제3항에 따른 인증의 유효기간은 인증을 받은 날부터 3년으로 한다.

⑤ 제3항에 따라 인증을 받은 동물복지축산농장(이하 "인증농장"이라 한다)의 경영자는 그 인증을 유지하려면 제4항에 따른 유효기간이 끝나기 2개월 전까지 인증기관에 갱신 신청을 하여야 한다.

⑥ 제3항에 따른 인증 또는 제5항에 따른 인증갱신에 대한 심사결과에 이의가 있는 자는 인증기관에 재심사를 요청할 수 있다.

⑦ 제6항에 따른 재심사 신청을 받은 인증기관은 농림축산식품부령으로 정하는 바에 따라 재심사 여부 및 그 결과를 신청자에게 통보하여야 한다.

⑧ 인증농장의 인증 절차 및 인증의 갱신, 재심사 등에 관한 사항은 농림축산식품부령으로 정한다.

제60조(인증기관의 지정 등) ① 농림축산식품부장관은 대통령령으로 정하는 공공기관 또는 법인을 인증기관으로 지정하여 인증농장의 인증과 관련한 업무 및 인증농장에 대한 사후관리업무를 수행하게 할 수 있다.

② 제1항에 따라 지정된 인증기관은 인증농장의 인증에 필요한 인력·조직·시설 및 인증업무 규정 등을 갖추어야 한다.

③ 농림축산식품부장관은 제1항에 따라 지정한 인증기관에서 인증심사업무를 수행하는 자에 대한 교육을 실시하여야 한다.

④ 제1항부터 제3항까지의 규정에 따른 인증기관의 지정, 인증업무의 범위, 인증심사업무를 수행하는 자에 대한 교육, 인증농장에 대한 사후관리 등에 필요한 구체적인 사항은 농림축산식품부령으로 정한다.

제61조(인증기관의 지정취소 등) ① 농림축산식품부장관은 인증기관이 다음 각 호의 어느 하나에 해당하면 그 지정을 취소하거나 6개월 이내의 기간을 정하여 인증업무의 전부 또는 일부의 정지를 명할 수 있다. 다만, 제1호 또는 제2호에 해당하면 그 지정을 취소하여야 한다.

1. 거짓이나 그 밖의 부정한 방법으로 지정을 받은 경우
2. 업무정지 명령을 위반하여 정지기간 중 인증을 한 경우
3. 제60조 제2항에 따른 지정기준에 맞지 아니하게 된 경우
4. 고의 또는 중대한 과실로 제59조 제3항에 따른 인증기준에 맞지 아니한 축산농장을 인증한 경우
5. 정당한 사유 없이 지정된 인증업무를 하지 아니하는 경우

② 제1항에 따른 지정취소 및 업무정지의 기준 등에 관한 사항은 농림축산식품부령으로 정한다.

제62조(인증농장의 표시) ① 인증농장은 농림축산식품부령으로 정하는 바에 따라 인증농장 표시를 할 수 있다.

② 제1항에 따른 인증농장의 표시에 관한 기준 및 방법 등은 농림축산식품부령으로 정한다.

제63조(동물복지축산물의 표시) ① 인증농장에서 생산한 축산물에는 다음 각 호의 구분에 따라 그 포장·용기 등에 동물복지축산물 표시를 할 수 있다.

1. 「축산물 위생관리법」 제2조 제3호 및 제4호의 축산물: 다음 각 목의 요건을 모두 충족하여야 한다.
   가. 인증농장에서 생산할 것
   나. 농장동물을 운송할 때에는 농림축산식품부령으로 정하는 운송차량을 이용하여 운송할 것
   다. 농장동물을 도축할 때에는 농림축산식품부령으로 정하는 도축장에서 도축할 것
2. 「축산물 위생관리법」 제2조 제5호 및 제6호의 축산물: 인증농장에서 생산하여야 한다.
3. 「축산물 위생관리법」 제2조 제8호의 축산물: 제1호의 요건을 모두 충족한 원료의 함량에 따라 동물복지축산물 표시를 할 수 있다.
4. 「축산물 위생관리법」 제2조 제9호 및 제10호의 축산물: 인증농장에서 생산한 축산물의 함량에 따라 동물복지축산물 표시를 할 수 있다.

② 제1항에 따른 동물복지축산물을 포장하지 아니한 상태로 판매하거나 낱개로 판매하는

때에는 표지판 또는 푯말에 동물복지축산물 표시를 할 수 있다.

③ 제1항 및 제2항에 따른 동물복지축산물 표시에 관한 기준 및 방법 등에 관한 사항은 농림축산식품부령으로 정한다.

제64조(인증농장에 대한 지원 등) ① 농림축산식품부장관은 인증농장에 대하여 다음 각 호의 지원을 할 수 있다. <개정 2023. 6. 20.>

1. 동물의 보호·복지 증진을 위하여 축사시설 개선에 필요한 비용
2. 인증농장의 환경개선 및 경영에 관한 지도·상담 및 교육
3. 인증농장에서 생산한 축산물의 판로개척을 위한 상담·자문 및 판촉
4. 인증농장에서 생산한 축산물의 해외시장의 진출·확대를 위한 정보제공, 홍보활동 및 투자유치
5. 그 밖에 인증농장의 경영안정을 위하여 필요한 사항

② 농림축산식품부장관, 시·도지사, 시장·군수·구청장, 제4조 제3항에 따른 민간단체 및 「축산자조금의 조성 및 운용에 관한 법률」 제2조 제3호에 따른 축산단체는 인증농장의 운영사례를 교육·홍보에 적극 활용하여야 한다.

제65조(인증취소 등) ① 농림축산식품부장관 또는 인증기관은 인증 받은 자가 거짓이나 그 밖의 부정한 방법으로 인증을 받은 경우 그 인증을 취소하여야 하며, 제59조 제3항에 따른 인증기준에 맞지 아니하게 된 경우 그 인증을 취소할 수 있다.

② 제1항에 따라 인증이 취소된 자(법인인 경우에는 그 대표자를 포함한다)는 그 인증이 취소된 날부터 1년 이내에는 인증농장 인증을 신청할 수 없다.

제66조(사후관리) ① 농림축산식품부장관은 인증기관으로 하여금 매년 인증농장이 제59조 제3항에 따른 인증기준에 맞는지 여부를 조사하게 하여야 한다.

② 제1항에 따른 조사를 위하여 인증농장에 출입하는 자는 농림축산식품부령으로 정하는 증표를 지니고 이를 관계인에게 보여 주어야 한다.

③ 제1항에 따른 조사의 요구를 받은 자는 정당한 사유 없이 이를 거부·방해하거나 기피하여서는 아니 된다.

제67조(부정행위의 금지) ① 누구든지 다음 각 호에 해당하는 행위를 하여서는 아니 된다.

1. 거짓이나 그 밖의 부정한 방법으로 인증농장 인증을 받는 행위
2. 제59조 제3항에 따른 인증을 받지 아니한 축산농장을 인증농장으로 표시하는 행위
3. 거짓이나 그 밖의 부정한 방법으로 제59조 제3항, 제5항 및 제6항에 따른 인증심사, 인증갱신에 대한 심사 및 재심사를 하거나 받을 수 있도록 도와주는 행위

4. 제63조 제1항부터 제3항까지의 규정을 위반하여 동물복지축산물 표시를 하는 다음 각 목의 행위(동물복지축산물로 잘못 인식할 우려가 있는 유사한 표시를 하는 행위를 포함한다)
   가. 제63조 제1항 제1호 가목 및 같은 항 제2호를 위반하여 인증농장에서 생산되지 아니한 축산물에 동물복지축산물 표시를 하는 행위
   나. 제63조 제1항 제1호 나목 및 다목을 따르지 아니한 축산물에 동물복지축산물 표시를 하는 행위
   다. 제63조 제3항에 따른 동물복지축산물 표시 기준 및 방법을 위반하여 동물복지축산물 표시를 하는 행위

② 제1항 제4호에 따른 동물복지축산물로 잘못 인식할 우려가 있는 유사한 표시의 세부기준은 농림축산식품부령으로 정한다.

제68조(인증의 승계) ① 다음 각 호의 어느 하나에 해당하는 자는 인증농장 인증을 받은 자의 지위를 승계한다.

1. 인증농장 인증을 받은 사람이 사망한 경우 그 농장을 계속하여 운영하려는 상속인
2. 인증농장 인증을 받은 자가 그 사업을 양도한 경우 그 양수인
3. 인증농장 인증을 받은 법인이 합병한 경우 합병 후 존속하는 법인이나 합병으로 설립되는 법인

② 제1항에 따라 인증농장 인증을 받은 자의 지위를 승계한 자는 그 사실을 30일 이내에 인증기관에 신고하여야 한다.

③ 제2항에 따른 신고에 필요한 사항은 농림축산식품부령으로 정한다.

제6장 반려동물 영업

제69조(영업의 허가) ① 반려동물(이하 이 장에서 "동물"이라 한다. 다만, 동물장묘업 및 제71조 제1항에 따른 공설동물장묘시설의 경우에는 제2조 제1호에 따른 동물로 한다)과 관련된 다음 각 호의 영업을 하려는 자는 농림축산식품부령으로 정하는 바에 따라 특별자치시장·특별자치도지사·시장·군수·구청장의 허가를 받아야 한다.

1. 동물생산업
2. 동물수입업
3. 동물판매업
4. 동물장묘업

② 제1항 각 호에 따른 영업의 세부 범위는 농림축산식품부령으로 정한다.

③ 제1항에 따른 허가를 받으려는 자는 영업장의 시설 및 인력 등 농림축산식품부령으로

정하는 기준을 갖추어야 한다.

④ 제1항에 따라 영업의 허가를 받은 자가 허가받은 사항을 변경하려는 경우에는 변경허가를 받아야 한다. 다만, 농림축산식품부령으로 정하는 경미한 사항을 변경하는 경우에는 특별자치시장·특별자치도지사·시장·군수·구청장에게 신고하여야 한다.

제70조(맹견취급영업의 특례) ① 제2조 제5호 가목에 따른 맹견을 생산·수입 또는 판매(이하 "취급"이라 한다)하는 영업을 하려는 자는 제69조 제1항에 따른 동물생산업, 동물수입업 또는 동물판매업의 허가 외에 대통령령으로 정하는 바에 따라 맹견 취급에 대하여 시·도지사의 허가(이하 "맹견취급허가"라 한다)를 받아야 한다. 허가받은 사항을 변경하려는 때에도 또한 같다.

② 맹견취급허가를 받으려는 자의 결격사유에 대하여는 제19조를 준용한다.

③ 맹견취급허가를 받은 자는 다음 각 호의 어느 하나에 해당하는 경우 농림축산식품부령으로 정하는 바에 따라 시·도지사에게 신고하여야 한다.

1. 맹견을 번식시킨 경우
2. 맹견을 수입한 경우
3. 맹견을 양도하거나 양수한 경우
4. 보유하고 있는 맹견이 죽은 경우

④ 맹견 취급을 위한 동물생산업, 동물수입업 또는 동물판매업의 시설 및 인력 기준은 제69조 제3항에 따른 기준 외에 별도로 농림축산식품부령으로 정한다.

제71조(공설동물장묘시설의 특례) ① 지방자치단체의 장은 동물을 위한 장묘시설(이하 "공설동물장묘시설"이라 한다)을 설치·운영할 수 있다. 이 경우 시설 및 인력 등 농림축산식품부령으로 정하는 기준을 갖추어야 한다.

② 농림축산식품부장관은 제1항에 따라 공설동물장묘시설을 설치·운영하는 지방자치단체에 대해서는 예산의 범위에서 시설의 설치에 필요한 경비를 지원할 수 있다.

③ 지방자치단체의 장이 공설동물장묘시설을 사용하는 자에게 부과하는 사용료 또는 관리비의 금액과 부과방법 및 용도, 그 밖에 필요한 사항은 해당 지방자치단체의 조례로 정한다.

제72조(동물장묘시설의 설치 제한) 다음 각 호의 어느 하나에 해당하는 지역에는 제69조 제1항 제4호의 동물장묘업을 영위하기 위한 동물장묘시설 및 공설동물장묘시설을 설치할 수 없다.

1. 「장사 등에 관한 법률」 제17조에 해당하는 지역
2. 20호 이상의 인가밀집지역, 학교, 그 밖에 공중이 수시로 집합하는 시설 또는 장소로부터 300미터 이내. 다만, 해당 지역의 위치 또는 지형 등의 상황을 고려하여 해

당 시설의 기능이나 이용 등에 지장이 없는 경우로서 특별자치시장·특별자치도지사·시장·군수·구청장이 인정하는 경우에는 적용을 제외한다.

제72조의2(장묘정보시스템의 구축·운영 등) ① 농림축산식품부장관은 동물장묘 등에 관한 정보의 제공과 동물장묘시설 이용·관리의 업무 등을 전자적으로 처리할 수 있는 정보시스템(이하 "장묘정보시스템"이라 한다)을 구축·운영할 수 있다.

② 장묘정보시스템의 기능에는 다음 각 호의 사항이 포함되어야 한다.

1. 동물장묘시설의 현황 및 가격 정보 제공
2. 동물장묘절차 등에 관한 정보 제공
3. 그 밖에 농림축산식품부장관이 필요하다고 인정하는 사항

③ 장묘정보시스템의 구축·운영 등에 필요한 사항은 농림축산식품부장관이 정한다.

[본조신설 2023. 6. 20.]

제73조(영업의 등록) ① 동물과 관련된 다음 각 호의 영업을 하려는 자는 농림축산식품부령으로 정하는 바에 따라 특별자치시장·특별자치도지사·시장·군수·구청장에게 등록하여야 한다.

1. 동물전시업
2. 동물위탁관리업
3. 동물미용업
4. 동물운송업

② 제1항 각 호에 따른 영업의 세부 범위는 농림축산식품부령으로 정한다.

③ 제1항에 따른 영업의 등록을 신청하려는 자는 영업장의 시설 및 인력 등 농림축산식품부령으로 정하는 기준을 갖추어야 한다.

④ 제1항에 따라 영업을 등록한 자가 등록사항을 변경하는 경우에는 변경등록을 하여야 한다. 다만, 농림축산식품부령으로 정하는 경미한 사항을 변경하는 경우에는 특별자치시장·특별자치도지사·시장·군수·구청장에게 신고하여야 한다.

제74조(허가 또는 등록의 결격사유) 다음 각 호의 어느 하나에 해당하는 사람은 제69조 제1항에 따른 영업의 허가를 받거나 제73조 제1항에 따른 영업의 등록을 할 수 없다.

1. 미성년자
2. 피성년후견인
3. 파산선고를 받은 자로서 복권되지 아니한 사람
4. 제82조 제1항에 따른 교육을 이수하지 아니한 사람
5. 제83조 제1항에 따라 허가 또는 등록이 취소된 후 1년이 지나지 아니한 상태에서 취소된 업종과 같은 업종의 허가를 받거나 등록을 하려는 사람(법인인 경우에는 그

대표자를 포함한다)

6. 이 법을 위반하여 벌금 이상의 실형을 선고받고 그 집행이 종료(집행이 종료된 것으로 보는 경우를 포함한다)되거나 집행이 면제된 날부터 3년(제10조를 위반한 경우에는 5년으로 한다)이 지나지 아니한 사람
7. 이 법을 위반하여 벌금 이상의 형의 집행유예를 선고받고 그 유예기간 중에 있는 사람

제75조(영업승계) ① 제69조 제1항에 따른 영업의 허가를 받거나 제73조 제1항에 따라 영업의 등록을 한 자(이하 "영업자"라 한다)가 그 영업을 양도하거나 사망한 경우 또는 법인이 합병한 경우에는 그 양수인·상속인 또는 합병 후 존속하는 법인이나 합병으로 설립되는 법인(이하 "양수인등"이라 한다)은 그 영업자의 지위를 승계한다.

② 다음 각 호의 어느 하나에 해당하는 절차에 따라 영업시설의 전부를 인수한 자는 그 영업자의 지위를 승계한다.

1. 「민사집행법」에 따른 경매
2. 「채무자 회생 및 파산에 관한 법률」에 따른 환가(換價)
3. 「국세징수법」·「관세법」 또는 「지방세법」에 따른 압류재산의 매각
4. 그 밖에 제1호부터 제3호까지의 어느 하나에 준하는 절차

③ 제1항 또는 제2항에 따라 영업자의 지위를 승계한 자는 그 지위를 승계한 날부터 30일 이내에 농림축산식품부령으로 정하는 바에 따라 특별자치시장·특별자치도지사·시장·군수·구청장에게 신고하여야 한다.

④ 제1항 및 제2항에 따른 승계에 관하여는 제74조에 따른 결격사유 규정을 준용한다. 다만, 상속인이 제74조 제1호 및 제2호에 해당하는 경우에는 상속을 받은 날부터 3개월 동안은 그러하지 아니하다.

제76조(휴업·폐업 등의 신고) ① 영업자가 휴업, 폐업 또는 그 영업을 재개하려는 경우에는 농림축산식품부령으로 정하는 바에 따라 특별자치시장·특별자치도지사·시장·군수·구청장에게 신고하여야 한다.

② 영업자(동물장묘업자는 제외한다. 이하 이 조에서 같다)는 제1항에 따라 휴업 또는 폐업의 신고를 하려는 경우에는 농림축산식품부령으로 정하는 바에 따라 특별자치시장·특별자치도지사·시장·군수·구청장에게 휴업 또는 폐업 30일 전에 보유하고 있는 동물의 적절한 사육 및 처리를 위한 계획서(이하 "동물처리계획서"라 한다)를 제출하여야 한다.

③ 영업자는 동물처리계획서에 따라 동물을 처리한 후 그 결과를 특별자치시장·특별자치도지사·시장·군수·구청장에게 보고하여야 하며, 보고를 받은 특별자치시장·특별자

치도지사·시장·군수·구청장은 동물처리계획서의 이행 여부를 확인하여야 한다.

④ 제2항 및 제3항에 따른 동물처리계획서의 제출 및 보고에 관한 사항은 농림축산식품부령으로 정한다.

제77조(직권말소) ① 특별자치시장·특별자치도지사·시장·군수·구청장은 영업자가 제76조 제1항에 따른 폐업신고를 하지 아니한 경우에는 농림축산식품부령으로 정하는 바에 따라 폐업 사실을 확인한 후 허가 또는 등록사항을 직권으로 말소할 수 있다.

② 특별자치시장·특별자치도지사·시장·군수·구청장은 영업자가 영업을 폐업하였는지를 확인하기 위하여 필요한 경우 관할 세무서장에게 영업자의 폐업 여부에 대한 정보 제공을 요청할 수 있다. 이 경우 요청을 받은 관할 세무서장은 정당한 사유 없이 이를 거부하여서는 아니 된다.

제78조(영업자 등의 준수사항) ① 영업자(법인인 경우에는 그 대표자를 포함한다)와 그 종사자는 다음 각 호의 사항을 준수하여야 한다.

1. 동물을 안전하고 위생적으로 사육·관리 또는 보호할 것
2. 동물의 건강과 안전을 위하여 동물병원과의 적절한 연계를 확보할 것
3. 노화나 질병이 있는 동물을 유기하거나 폐기할 목적으로 거래하지 아니할 것
4. 동물의 번식, 반입·반출 등의 기록 및 관리를 하고 이를 보관할 것
5. 동물에 관한 사항을 표시·광고하는 경우 이 법에 따른 영업허가번호 또는 영업등록번호와 거래금액을 함께 표시할 것
6. 동물의 분뇨, 사체 등은 관계 법령에 따라 적정하게 처리할 것
7. 농림축산식품부령으로 정하는 영업장의 시설 및 인력 기준을 준수할 것
8. 제82조 제2항에 따른 정기교육을 이수하고 그 종사자에게 교육을 실시할 것
9. 농림축산식품부령으로 정하는 바에 따라 동물의 취급 등에 관한 영업실적을 보고할 것
10. 등록대상동물의 등록 및 변경신고의무(등록·변경신고방법 및 위반 시 처벌에 관한 사항 등을 포함한다)를 고지할 것
11. 다른 사람의 영업명의를 도용하거나 대여받지 아니하고, 다른 사람에게 자기의 영업명의 또는 상호를 사용하도록 하지 아니할 것

② 동물생산업자는 제1항에서 규정한 사항 외에 다음 각 호의 사항을 준수하여야 한다.

1. 월령이 12개월 미만인 개·고양이는 교배 또는 출산시키지 아니할 것
2. 약품 등을 사용하여 인위적으로 동물의 발정을 유도하는 행위를 하지 아니할 것
3. 동물의 특성에 따라 정기적으로 예방접종 및 건강관리를 실시하고 기록할 것

③ 동물수입업자는 제1항에서 규정한 사항 외에 다음 각 호의 사항을 준수하여야 한다.

1. 동물을 수입하는 경우 농림축산식품부장관에게 수입의 내역을 신고할 것
2. 수입의 목적으로 신고한 사항과 다른 용도로 동물을 사용하지 아니할 것

④ 동물판매업자(동물생산업자 및 동물수입업자가 동물을 판매하는 경우를 포함한다)는 제1항에서 규정한 사항 외에 다음 각 호의 사항을 준수하여야 한다.

1. 월령이 2개월 미만인 개 · 고양이를 판매(알선 또는 중개를 포함한다)하지 아니할 것
2. 동물을 판매 또는 전달을 하는 경우 직접 전달하거나 동물운송업자를 통하여 전달할 것

⑤ 동물장묘업자는 제1항에서 규정한 사항 외에 다음 각 호의 사항을 준수하여야 한다. <개정 2023. 6. 20.>

1. 살아있는 동물을 처리(마취 등을 통하여 동물의 고통을 최소화하는 인도적인 방법으로 처리하는 것을 포함한다)하지 아니할 것
2. 등록대상동물의 사체를 처리한 경우 농림축산식품부령으로 정하는 바에 따라 특별자치시장 · 특별자치도지사 · 시장 · 군수 · 구청장에게 신고할 것
3. 자신의 영업장에 있는 동물장묘시설을 다른 자에게 대여하지 아니할 것

⑥ 제1항부터 제5항까지의 규정에 따른 영업자의 준수사항에 관한 구체적인 사항 및 그 밖에 동물의 보호와 공중위생상의 위해 방지를 위하여 영업자가 준수하여야 할 사항은 농림축산식품부령으로 정한다.

제79조(등록대상동물의 판매에 따른 등록신청) ① 동물생산업자, 동물수입업자 및 동물판매업자는 등록대상동물을 판매하는 경우에 구매자(영업자를 제외한다)에게 동물등록의 방법을 설명하고 구매자의 명의로 특별자치시장 · 특별자치도지사 · 시장 · 군수 · 구청장에게 동물등록을 신청한 후 판매하여야 한다.

② 제1항에 따른 등록대상동물의 등록신청에 대해서는 제15조를 준용한다.

제80조(거래내역의 신고) ① 동물생산업자, 동물수입업자 및 동물판매업자가 등록대상동물을 취급하는 경우에는 그 거래내역을 농림축산식품부령으로 정하는 바에 따라 특별자치시장 · 특별자치도지사 · 시장 · 군수 · 구청장에게 신고하여야 한다.

② 농림축산식품부장관은 제1항에 따른 등록대상동물의 거래내역을 제95조 제2항에 따른 국가동물보호정보시스템으로 신고하게 할 수 있다.

제81조(표준계약서의 제정 · 보급) ① 농림축산식품부장관은 동물보호 및 동물영업의 건전한 거래질서 확립을 위하여 공정거래위원회와 협의하여 표준계약서를 제정 또는 개정하고 영업자에게 이를 사용하도록 권고할 수 있다.

② 농림축산식품부장관은 제1항에 따른 표준계약서에 관한 업무를 대통령령으로 정하는 기관에 위탁할 수 있다.

③ 제1항에 따른 표준계약서의 구체적인 사항은 농림축산식품부령으로 정한다.

제82조(교육) ① 제69조 제1항에 따른 허가를 받거나 제73조 제1항에 따른 등록을 하려는 자는 허가를 받거나 등록을 하기 전에 동물의 보호 및 공중위생상의 위해 방지 등에 관한 교육을 받아야 한다.

② 영업자는 정기적으로 제1항에 따른 교육을 받아야 한다.

③ 제83조 제1항에 따른 영업정지처분을 받은 영업자는 제2항의 정기 교육 외에 동물의 보호 및 영업자 준수사항 등에 관한 추가교육을 받아야 한다.

④ 제1항부터 제3항까지의 규정에 따라 교육을 받아야 하는 영업자로서 교육을 받지 아니한 자는 그 영업을 하여서는 아니 된다.

⑤ 제1항 또는 제2항에 따라 교육을 받아야 하는 영업자가 영업에 직접 종사하지 아니하거나 두 곳 이상의 장소에서 영업을 하는 경우에는 종사자 중에서 책임자를 지정하여 영업자 대신 교육을 받게 할 수 있다.

⑥ 제1항부터 제3항까지의 규정에 따른 교육의 종류, 내용, 시기, 이수방법 등에 관하여는 농림축산식품부령으로 정한다.

제83조(허가 또는 등록의 취소 등) ① 특별자치시장·특별자치도지사·시장·군수·구청장은 영업자가 다음 각 호의 어느 하나에 해당하는 경우에는 농림축산식품부령으로 정하는 바에 따라 그 허가 또는 등록을 취소하거나 6개월 이내의 기간을 정하여 그 영업의 전부 또는 일부의 정지를 명할 수 있다. 다만, 제1호, 제7호 또는 제8호에 해당하는 경우에는 허가 또는 등록을 취소하여야 한다.

1. 거짓이나 그 밖의 부정한 방법으로 허가를 받거나 등록을 한 것이 판명된 경우
2. 제10조 제1항부터 제4항까지의 규정을 위반한 경우
3. 허가를 받은 날 또는 등록을 한 날부터 1년이 지나도록 영업을 개시하지 아니한 경우
4. 제69조 제1항 또는 제73조 제1항에 따른 허가 또는 등록 사항과 다른 방식으로 영업을 한 경우
5. 제69조 제4항 또는 제73조 제4항에 따른 변경허가를 받거나 변경등록을 하지 아니한 경우
6. 제69조 제3항 또는 제73조 제3항에 따른 시설 및 인력 기준에 미달하게 된 경우
7. 제72조에 따라 설치가 금지된 곳에 동물장묘시설을 설치한 경우
8. 제74조 각 호의 어느 하나에 해당하게 된 경우
9. 제78조에 따른 준수사항을 지키지 아니한 경우

② 특별자치시장·특별자치도지사·시장·군수·구청장은 제1항에 따라 영업의 허가 또는

등록을 취소하거나 영업의 전부 또는 일부를 정지하는 경우에는 해당 영업자에게 보유하고 있는 동물을 양도하게 하는 등 적절한 사육·관리 또는 보호를 위하여 필요한 조치를 명하여야 한다.

③ 제1항에 따른 처분의 효과는 그 처분기간이 만료된 날부터 1년간 양수인등에게 승계되며, 처분의 절차가 진행 중일 때에는 양수인등에 대하여 처분의 절차를 행할 수 있다. 다만, 양수인등이 양수·상속 또는 합병 시에 그 처분 또는 위반사실을 알지 못하였음을 증명하는 경우에는 그러하지 아니하다.

제84조(과징금의 부과) ① 특별자치시장·특별자치도지사·시장·군수·구청장은 영업자가 제83조 제1항 제4호부터 제6호까지 또는 제9호의 어느 하나에 해당하여 영업정지처분을 하여야 하는 경우로서 그 영업정지처분이 해당 영업의 동물 또는 이용자에게 곤란을 주거나 공익에 현저한 지장을 줄 우려가 있다고 인정되는 경우에는 영업정지처분에 갈음하여 1억 원 이하의 과징금을 부과할 수 있다.

② 특별자치시장·특별자치도지사·시장·군수·구청장은 제1항에 따른 과징금을 부과받은 자가 납부기한까지 과징금을 내지 아니하면 「지방행정제재·부과금의 징수 등에 관한 법률」에 따라 징수한다.

③ 특별자치시장·특별자치도지사·시장·군수·구청장은 제1항에 따른 과징금을 부과하기 위하여 필요한 경우에는 다음 각 호의 사항을 적은 문서로 관할 세무서장에게 과세 정보의 제공을 요청할 수 있다.

1. 납세자의 인적 사항
2. 과세 정보의 사용 목적
3. 과징금 부과기준이 되는 매출금액

④ 제1항에 따른 과징금을 부과하는 위반행위의 종류, 영업의 규모, 위반횟수 등에 따른 과징금의 금액, 그 밖에 필요한 사항은 대통령령으로 정한다.

제85조(영업장의 폐쇄) ① 특별자치시장·특별자치도지사·시장·군수·구청장은 제69조 또는 제73조에 따른 영업이 다음 각 호의 어느 하나에 해당하는 때에는 관계 공무원으로 하여금 농림축산식품부령으로 정하는 바에 따라 해당 영업장을 폐쇄하게 할 수 있다.

1. 제69조 제1항에 따른 허가를 받지 아니하거나 제73조 제1항에 따른 등록을 하지 아니한 때
2. 제83조에 따라 허가 또는 등록이 취소되거나 영업정지명령을 받았음에도 불구하고 계속하여 영업을 한 때

② 특별자치시장·특별자치도지사·시장·군수·구청장은 제1항에 따라 영업장을 폐쇄하

기 위하여 관계 공무원에게 다음 각 호의 조치를 하게 할 수 있다.

1. 해당 영업장의 간판이나 그 밖의 영업표지물의 제거 또는 삭제
2. 해당 영업장이 적법한 영업장이 아니라는 것을 알리는 게시문 등의 부착
3. 영업을 위하여 꼭 필요한 시설물 또는 기구 등을 사용할 수 없게 하는 봉인(封印)

③ 특별자치시장·특별자치도지사·시장·군수·구청장은 제1항 및 제2항에 따른 폐쇄조치를 하려는 때에는 폐쇄조치의 일시·장소 및 관계 공무원의 성명 등을 미리 해당 영업을 하는 영업자 또는 그 대리인에게 서면으로 알려주어야 한다.

④ 특별자치시장·특별자치도지사·시장·군수·구청장은 제1항에 따라 해당 영업장을 폐쇄하는 경우 해당 영업자에게 보유하고 있는 동물을 양도하게 하는 등 적절한 사육·관리 또는 보호를 위하여 필요한 조치를 명하여야 한다.

⑤ 제1항에 따른 영업장 폐쇄의 세부적인 기준과 절차는 그 위반행위의 유형과 위반 정도 등을 고려하여 농림축산식품부령으로 정한다.

제7장 보칙

제86조(출입·검사 등) ① 농림축산식품부장관, 시·도지사 또는 시장·군수·구청장은 동물의 보호 및 공중위생상의 위해 방지 등을 위하여 필요하면 동물의 소유자 등에 대하여 다음 각 호의 조치를 할 수 있다.

1. 동물 현황 및 관리실태 등 필요한 자료제출의 요구
2. 동물이 있는 장소에 대한 출입·검사
3. 동물에 대한 위해 방지 조치의 이행 등 농림축산식품부령으로 정하는 시정명령

② 농림축산식품부장관, 시·도지사 또는 시장·군수·구청장은 동물보호 등과 관련하여 필요하면 다음 각 호의 어느 하나에 해당하는 자에게 필요한 보고를 하도록 명하거나 자료를 제출하게 할 수 있으며, 관계 공무원으로 하여금 해당 시설 등에 출입하여 운영실태를 조사하게 하거나 관계 서류를 검사하게 할 수 있다.

1. 제35조 제1항 및 제36조 제1항에 따른 동물보호센터의 장
2. 제37조에 따른 보호시설운영자
3. 제51조 제1항 및 제2항에 따라 윤리위원회를 설치한 동물실험시행기관의 장
4. 제59조 제3항에 따른 동물복지축산농장의 인증을 받은 자
5. 제60조에 따라 지정된 인증기관의 장
6. 제63조 제1항에 따라 동물복지축산물의 표시를 한 자
7. 제69조 제1항에 따른 영업의 허가를 받은 자 또는 제73조 제1항에 따라 영업의 등록을 한 자

③ 특별자치시장 · 특별자치도지사 · 시장 · 군수 · 구청장은 소속 공무원으로 하여금 제2항 제2호에 따른 보호시설운영자에 대하여 제37조 제4항에 따른 시설기준 · 운영기준 등의 사항 및 동물보호를 위한 시설정비 등의 사후관리와 관련한 사항을 1년에 1회 이상 정기적으로 점검하도록 하고, 필요한 경우 수시로 점검하게 할 수 있다.

④ 시 · 도지사와 시장 · 군수 · 구청장은 소속 공무원으로 하여금 제2항 제7호에 따른 영업자에 대하여 다음 각 호의 구분에 따라 1년에 1회 이상 정기적으로 점검하도록 하고, 필요한 경우 수시로 점검하게 할 수 있다.

1. 시 · 도지사: 제70조 제4항에 따른 시설 및 인력 기준의 준수 여부
2. 특별자치시장 · 특별자치도지사 · 시장 · 군수 · 구청장: 제69조 제3항 및 제73조 제3항에 따른 시설 및 인력 기준의 준수 여부와 제78조에 따른 준수사항의 이행 여부

⑤ 시 · 도지사는 제3항 및 제4항에 따른 점검 결과(관할 시 · 군 · 구의 점검 결과를 포함한다)를 다음 연도 1월 31일까지 농림축산식품부장관에게 보고하여야 한다.

⑥ 농림축산식품부장관, 시 · 도지사 또는 시장 · 군수 · 구청장이 제1항 제2호 및 제2항 각 호에 따른 출입 · 검사 또는 제3항 및 제4항에 따른 점검(이하 "출입 · 검사 등"이라 한다)을 할 때에는 출입 · 검사 등의 시작 7일 전까지 대상자에게 다음 각 호의 사항이 포함된 출입 · 검사 등 계획을 통지하여야 한다. 다만, 출입 · 검사 등 계획을 미리 통지할 경우 그 목적을 달성할 수 없다고 인정하는 경우에는 출입 · 검사 등을 착수할 때에 통지할 수 있다.

1. 출입 · 검사 등의 목적
2. 출입 · 검사 등의 기간 및 장소
3. 관계 공무원의 성명과 직위
4. 출입 · 검사 등의 범위 및 내용
5. 제출할 자료

⑦ 농림축산식품부장관, 시 · 도지사 또는 시장 · 군수 · 구청장은 제2항부터 제4항까지의 규정에 따른 출입 · 검사 등의 결과에 따라 필요한 시정을 명하는 등의 조치를 할 수 있다.

제87조(고정형 영상정보처리기기의 설치 등) ① 다음 각 호의 어느 하나에 해당하는 자는 동물학대 방지 등을 위하여 「개인정보 보호법」 제2조 제7호에 따른 고정형 영상정보처리기기를 설치하여야 한다. <개정 2023. 3. 14.>

1. 제35조 제1항 또는 제36조 제1항에 따른 동물보호센터의 장
2. 제37조에 따른 보호시설운영자
3. 제63조 제1항 제1호 다목에 따른 도축장 운영자

4. 제69조 제1항에 따른 영업의 허가를 받은 자 또는 제73조 제1항에 따라 영업의 등록을 한 자

② 제1항에 따른 고정형 영상정보처리기기의 설치 대상, 장소 및 기준 등에 필요한 사항은 대통령령으로 정한다. <개정 2023. 3. 14.>

③ 제1항에 따라 고정형 영상정보처리기기를 설치·관리하는 자는 동물보호센터·보호시설·영업장의 종사자, 이용자 등 정보주체의 인권이 침해되지 아니하도록 다음 각 호의 사항을 준수하여야 한다. <개정 2023. 3. 14.>

1. 설치 목적과 다른 목적으로 고정형 영상정보처리기기를 임의로 조작하거나 다른 곳을 비추지 아니할 것
2. 녹음기능을 사용하지 아니할 것

④ 제1항에 따라 고정형 영상정보처리기기를 설치·관리하는 자는 다음 각 호의 어느 하나에 해당하는 경우 외에는 고정형 영상정보처리기기로 촬영한 영상기록을 다른 사람에게 제공하여서는 아니 된다. <개정 2023. 3. 14.>

1. 소유자 등이 자기 동물의 안전을 확인하기 위하여 요청하는 경우
2. 「개인정보 보호법」 제2호 제6호 가목에 따른 공공기관이 제86조 등 법령에서 정하는 동물보호 업무 수행을 위하여 요청하는 경우
3. 범죄의 수사와 공소의 제기 및 유지, 법원의 재판업무 수행을 위하여 필요한 경우

⑤ 이 법에서 정하는 사항 외에 고정형 영상정보처리기기의 설치, 운영 및 관리 등에 관한 사항은 「개인정보 보호법」에 따른다. <개정 2023. 3. 14.>

[제목개정 2023. 3. 14.]

제88조(동물보호관) ① 농림축산식품부장관(대통령령으로 정하는 소속 기관의 장을 포함한다), 시·도지사 및 시장·군수·구청장은 동물의 학대 방지 등 동물보호에 관한 사무를 처리하기 위하여 소속 공무원 중에서 동물보호관을 지정하여야 한다.

② 제1항에 따른 동물보호관(이하 "동물보호관"이라 한다)의 자격, 임명, 직무 범위 등에 관한 사항은 대통령령으로 정한다.

③ 동물보호관이 제2항에 따른 직무를 수행할 때에는 농림축산식품부령으로 정하는 증표를 지니고 이를 관계인에게 보여주어야 한다.

④ 누구든지 동물의 특성에 따른 출산, 질병 치료 등 부득이한 사유가 있는 경우를 제외하고는 제2항에 따른 동물보호관의 직무 수행을 거부·방해 또는 기피하여서는 아니 된다.

제89조(학대행위자에 대한 상담·교육 등의 권고) 동물보호관은 학대행위자에 대하여 상담·교육 또는 심리치료 등 필요한 지원을 받을 것을 권고할 수 있다.

제90조(명예동물보호관) ① 농림축산식품부장관, 시 · 도지사 및 시장 · 군수 · 구청장은 동물의 학대 방지 등 동물보호를 위한 지도 · 계몽 등을 위하여 명예동물보호관을 위촉할 수 있다.

② 제10조를 위반하여 제97조에 따라 형을 선고받고 그 형이 확정된 사람은 제1항에 따른 명예동물보호관(이하 "명예동물보호관"이라 한다)이 될 수 없다.

③ 명예동물보호관의 자격, 위촉, 해촉, 직무, 활동 범위와 수당의 지급 등에 관한 사항은 대통령령으로 정한다.

④ 명예동물보호관은 제3항에 따른 직무를 수행할 때에는 부정한 행위를 하거나 권한을 남용하여서는 아니 된다.

⑤ 명예동물보호관이 그 직무를 수행하는 경우에는 신분을 표시하는 증표를 지니고 이를 관계인에게 보여주어야 한다.

제91조(수수료) 다음 각 호의 어느 하나에 해당하는 자는 농림축산식품부령으로 정하는 바에 따라 수수료를 내야 한다. 다만, 제1호에 해당하는 자에 대하여는 시 · 도의 조례로 정하는 바에 따라 수수료를 감면할 수 있다.

1. 제15조 제1항에 따라 등록대상동물을 등록하려는 자
2. 제31조에 따른 자격시험에 응시하려는 자 또는 자격증의 재발급 등을 받으려는 자
3. 제59조 제3항, 제5항 또는 제6항에 따라 동물복지축산농장 인증을 받거나 갱신 및 재심사를 받으려는 자
4. 제69조, 제70조 및 제73조에 따라 영업의 허가 또는 변경허가를 받거나, 영업의 등록 또는 변경등록을 하거나, 변경신고를 하려는 자

제92조(청문) 농림축산식품부장관, 시 · 도지사 또는 시장 · 군수 · 구청장은 다음 각 호의 어느 하나에 해당하는 처분을 하려면 청문을 하여야 한다.

1. 제20조 제1항에 따른 맹견사육허가의 철회
2. 제32조 제2항에 따른 반려동물행동지도사의 자격취소
3. 제36조 제4항에 따른 동물보호센터의 지정취소
4. 제38조 제2항에 따른 보호시설의 시설폐쇄
5. 제61조 제1항에 따른 인증기관의 지정취소
6. 제65조 제1항에 따른 동물복지축산농장의 인증취소
7. 제83조 제1항에 따른 영업허가 또는 영업등록의 취소

제93조(권한의 위임 · 위탁) ① 농림축산식품부장관은 대통령령으로 정하는 바에 따라 이 법에 따른 권한의 일부를 소속기관의 장 또는 시 · 도지사에게 위임할 수 있다.

② 농림축산식품부장관은 대통령령으로 정하는 바에 따라 이 법에 따른 업무 및 동물복지

진흥에 관한 업무의 일부를 농림축산 또는 동물보호 관련 업무를 수행하는 기관·법인·단체의 장에게 위탁할 수 있다.

③ 농림축산식품부장관은 제1항에 따라 위임한 업무 및 제2항에 따라 위탁한 업무에 관하여 필요하다고 인정하면 업무처리지침을 정하여 통보하거나 그 업무처리를 지도·감독할 수 있다.

④ 제2항에 따라 위탁받은 이 법에 따른 업무를 수행하는 기관·법인·단체의 임원 및 직원은 「형법」 제129조부터 제132조까지의 규정을 적용할 때에는 공무원으로 본다.

⑤ 농림축산식품부장관은 제2항에 따라 업무를 위탁한 기관에 필요한 비용의 전부 또는 일부를 예산의 범위에서 출연 또는 보조할 수 있다.

제94조(실태조사 및 정보의 공개) ① 농림축산식품부장관은 다음 각 호의 정보와 자료를 수집·조사·분석하고 그 결과를 해마다 정기적으로 공표하여야 한다. 다만, 제2호에 해당하는 사항에 관하여는 해당 동물을 관리하는 중앙행정기관의 장 및 관련 기관의 장과 협의하여 결과공표 여부를 정할 수 있다.

1. 제6조 제1항의 동물복지종합계획 수립을 위한 동물의 보호·복지 실태에 관한 사항
2. 제2조 제6호에 따른 봉사동물 중 국가소유 봉사동물의 마릿수 및 해당 봉사동물의 관리 등에 관한 사항
3. 제15조에 따른 등록대상동물의 등록에 관한 사항
4. 제34조부터 제36조까지 및 제39조부터 제46조까지의 규정에 따른 동물보호센터와 유실·유기동물 등의 치료·보호 등에 관한 사항
5. 제37조에 따른 보호시설의 운영실태에 관한 사항
6. 제51조부터 제56조까지, 제58조의 규정에 따른 윤리위원회의 운영 및 동물실험 실태, 지도·감독 등에 관한 사항
7. 제59조에 따른 동물복지축산농장 인증현황 등에 관한 사항
8. 제69조 및 제73조에 따른 영업의 허가 및 등록과 운영실태에 관한 사항
9. 제86조 제4항에 따른 영업자에 대한 정기점검에 관한 사항
10. 그 밖에 동물의 보호·복지 실태와 관련된 사항

② 농림축산식품부장관은 제1항 각 호에 따른 업무를 효율적으로 추진하기 위하여 실태조사를 실시할 수 있으며, 실태조사를 위하여 필요한 경우 관계 중앙행정기관의 장, 지방자치단체의 장, 공공기관(「공공기관의 운영에 관한 법률」 제4조에 따른 공공기관을 말한다. 이하 같다)의 장, 관련 기관 및 단체, 동물의 소유자 등에게 필요한 자료 및 정보의 제공을 요청할 수 있다. 이 경우 자료 및 정보의 제공을 요청받은 자는 정당한 사유가 없는 한 자료 및 정보를 제공하여야 한다.

③ 제2항에 따른 실태조사(현장조사를 포함한다)의 범위, 방법, 그 밖에 필요한 사항은 대통령령으로 정한다.

④ 시·도지사, 시장·군수·구청장, 동물실험시행기관의 장 또는 인증기관은 제1항 각 호의 실적을 다음 연도 1월 31일까지 농림축산식품부장관(대통령령으로 정하는 그 소속기관의 장을 포함한다)에게 보고하여야 한다.

제94조(실태조사 및 정보의 공개) ① 농림축산식품부장관은 다음 각 호의 정보와 자료를 수집·조사·분석하고 그 결과를 해마다 정기적으로 공표하여야 한다. 다만, 제2호에 해당하는 사항에 관하여는 해당 동물을 관리하는 중앙행정기관의 장 및 관련 기관의 장과 협의하여 결과공표 여부를 정할 수 있다. <개정 2024. 1. 2.>

1. 제6조 제1항의 동물복지종합계획 수립을 위한 동물의 보호·복지 실태에 관한 사항
2. 제2조 제6호에 따른 봉사동물 중 국가소유 봉사동물의 마릿수 및 해당 봉사동물의 관리 등에 관한 사항
3. 제15조에 따른 등록대상동물의 등록에 관한 사항
4. 제34조부터 제36조까지 및 제39조부터 제46조까지의 규정에 따른 동물보호센터와 유실·유기동물 등의 치료·보호 등에 관한 사항
5. 제37조에 따른 보호시설의 운영실태에 관한 사항

5의2. 제47조 제5항에 따른 동물의 기증 및 분양 현황 등 실험동물의 사후관리 실태에 관한 사항

6. 제51조부터 제56조까지, 제58조의 규정에 따른 윤리위원회의 운영 및 동물실험 실태, 지도·감독 등에 관한 사항
7. 제59조에 따른 동물복지축산농장 인증현황 등에 관한 사항
8. 제69조 및 제73조에 따른 영업의 허가 및 등록과 운영실태에 관한 사항
9. 제86조 제4항에 따른 영업자에 대한 정기점검에 관한 사항
10. 그 밖에 동물의 보호·복지 실태와 관련된 사항

② 농림축산식품부장관은 제1항 각 호에 따른 업무를 효율적으로 추진하기 위하여 실태조사를 실시할 수 있으며, 실태조사를 위하여 필요한 경우 관계 중앙행정기관의 장, 지방자치단체의 장, 공공기관(「공공기관의 운영에 관한 법률」 제4조에 따른 공공기관을 말한다. 이하 같다)의 장, 관련 기관 및 단체, 동물의 소유자 등에게 필요한 자료 및 정보의 제공을 요청할 수 있다. 이 경우 자료 및 정보의 제공을 요청받은 자는 정당한 사유가 없는 한 자료 및 정보를 제공하여야 한다.

③ 제2항에 따른 실태조사(현장조사를 포함한다)의 범위, 방법, 그 밖에 필요한 사항은 대통령령으로 정한다.

④ 시·도지사, 시장·군수·구청장, 동물실험시행기관의 장 또는 인증기관은 제1항 각 호의 실적을 다음 연도 1월 31일까지 농림축산식품부장관(대통령령으로 정하는 그 소속기관의 장을 포함한다)에게 보고하여야 한다.

[시행일: 2025. 1. 3.] 제94조

제95조(동물보호정보의 수집 및 활용) ① 농림축산식품부장관은 동물의 생명보호, 안전 보장 및 복지 증진과 건전하고 책임 있는 사육문화를 조성하기 위하여 다음 각 호의 정보(이하 "동물보호정보"라 한다)를 수집하여 체계적으로 관리하여야 한다.

1. 제17조에 따라 맹견수입신고를 한 자 및 신고한 자가 소유한 맹견에 대한 정보
2. 제18조 및 제20조에 따라 맹견사육허가·허가철회를 받은 사람 및 허가받은 사람이 소유한 맹견에 대한 정보
3. 제18조 제3항 및 제24조에 따라 기질평가를 받은 동물과 그 소유자에 대한 정보
4. 제69조 및 제70조에 따른 영업의 허가 및 제73조에 따른 영업의 등록에 관한 사항(영업의 허가 및 등록 번호, 업체명, 전화번호, 소재지 등을 포함한다)
5. 제94조 제1항 각 호의 정보
6. 그 밖에 동물보호에 관한 정보로서 농림축산식품부장관이 수집·관리할 필요가 있다고 인정하는 정보

② 농림축산식품부장관은 동물보호정보를 체계적으로 관리하고 통합적으로 분석하기 위하여 국가동물보호정보시스템을 구축·운영하여야 한다.

③ 농림축산식품부장관은 동물보호정보의 수집을 위하여 관계 중앙행정기관의 장, 시·도지사 또는 시장·군수·구청장, 경찰관서의 장 등에게 필요한 자료를 요청할 수 있다. 이 경우 관계 중앙행정기관의 장, 시·도지사 또는 시장·군수·구청장, 경찰관서의 장 등은 정당한 사유가 없으면 요청에 응하여야 한다.

④ 시·도지사 및 시장·군수·구청장은 동물의 보호 또는 동물학대 발생 방지를 위하여 필요한 경우 국가동물보호정보시스템에 등록된 관련 정보를 농림축산식품부장관에게 요청할 수 있다. 이 경우 정보활용의 목적과 필요한 정보의 범위를 구체적으로 기재하여 요청하여야 한다.

⑤ 제4항에 따른 정보를 취득한 사람은 같은 항 후단의 요청 목적 외로 해당 정보를 사용하거나 다른 사람에게 정보를 제공 또는 누설하여서는 아니 된다.

⑥ 농림축산식품부장관은 대통령령으로 정하는 바에 따라 제1항 제4호의 정보 중 영업의 허가 및 등록 번호, 업체명, 전화번호, 소재지 등을 공개하여야 한다.

⑦ 제1항부터 제6항까지에서 규정한 사항 외에 동물보호정보 등의 수집·관리·공개 및 정보의 요청 방법, 국가동물보호정보시스템의 구축·활용 등에 필요한 사항은 대통령령

령으로 정한다.

제96조(위반사실의 공표) ① 시·도지사 또는 시장·군수·구청장은 제36조 제4항 또는 제38조에 따라 행정처분이 확정된 동물보호센터 또는 보호시설에 대하여 위반행위, 해당 기관·단체 또는 시설의 명칭, 대표자 성명 등 대통령령으로 정하는 사항을 공표할 수 있다.

② 특별자치시장·특별자치도지사·시장·군수·구청장은 제83조부터 제85조까지의 규정에 따라 행정처분이 확정된 영업자에 대하여 위반행위, 해당 영업장의 명칭, 대표자 성명 등 대통령령으로 정하는 사항을 공표할 수 있다.

③ 제1항 및 제2항에 따른 공표 여부를 결정할 때에는 위반행위의 동기, 정도, 횟수 및 결과 등을 고려하여야 한다.

④ 시·도지사 또는 시장·군수·구청장은 제1항 및 제2항에 따른 공표를 실시하기 전에 공표대상자에게 그 사실을 통지하여 소명자료를 제출하거나 출석하여 의견진술을 할 수 있는 기회를 부여하여야 한다.

⑤ 제1항 및 제2항에 따른 공표의 절차·방법, 그 밖에 필요한 사항은 대통령령으로 정한다.

제8장 벌칙

제97조(벌칙) ① 다음 각 호의 어느 하나에 해당하는 자는 3년 이하의 징역 또는 3천만 원 이하의 벌금에 처한다.

1. 제10조 제1항 각 호의 어느 하나를 위반한 자
2. 제10조 제3항 제2호 또는 같은 조 제4항 제3호를 위반한 자
3. 제16조 제1항 또는 같은 조 제2항 제1호를 위반하여 사람을 사망에 이르게 한 자
4. 제21조 제1항 각 호를 위반하여 사람을 사망에 이르게 한 자

② 다음 각 호의 어느 하나에 해당하는 자는 2년 이하의 징역 또는 2천만 원 이하의 벌금에 처한다.

1. 제10조 제2항 또는 같은 조 제3항 제1호·제3호·제4호의 어느 하나를 위반한 자
2. 제10조 제4항 제1호를 위반하여 맹견을 유기한 소유자 등
3. 제10조 제4항 제2호를 위반한 소유자 등
4. 제16조 제1항 또는 같은 조 제2항 제1호를 위반하여 사람의 신체를 상해에 이르게 한 자
5. 제21조 제1항 각 호의 어느 하나를 위반하여 사람의 신체를 상해에 이르게 한 자

6. 제67조 제1항 제1호를 위반하여 거짓이나 그 밖의 부정한 방법으로 인증농장 인증을 받은 자
7. 제67조 제1항 제2호를 위반하여 인증을 받지 아니한 축산농장을 인증농장으로 표시한 자
8. 제67조 제1항 제3호를 위반하여 거짓이나 그 밖의 부정한 방법으로 인증심사·재심사 및 인증갱신을 하거나 받을 수 있도록 도와주는 행위를 한 자
9. 제69조 제1항 또는 같은 조 제4항을 위반하여 허가 또는 변경허가를 받지 아니하고 영업을 한 자
10. 거짓이나 그 밖의 부정한 방법으로 제69조 제1항에 따른 허가 또는 같은 조 제4항에 따른 변경허가를 받은 자
11. 제70조 제1항을 위반하여 맹견취급허가 또는 변경허가를 받지 아니하고 맹견을 취급하는 영업을 한 자
12. 거짓이나 그 밖의 부정한 방법으로 제70조 제1항에 따른 맹견취급허가 또는 변경허가를 받은 자
13. 제72조를 위반하여 설치가 금지된 곳에 동물장묘시설을 설치한 자
14. 제85조 제1항에 따른 영업장 폐쇄조치를 위반하여 영업을 계속한 자

③ 다음 각 호의 어느 하나에 해당하는 자는 1년 이하의 징역 또는 1천만 원 이하의 벌금에 처한다. <개정 2023. 3. 14., 2023. 6. 20.>

1. 제18조 제1항을 위반하여 맹견사육허가를 받지 아니한 자
2. 제33조 제1항을 위반하여 반려동물행동지도사의 명칭을 사용한 자
3. 제33조 제2항을 위반하여 다른 사람에게 반려동물행동지도사의 명의를 사용하게 하거나 그 자격증을 대여한 자 또는 반려동물행동지도사의 명의를 사용하거나 그 자격증을 대여받은 자
4. 제33조 제3항을 위반한 자
5. 제73조 제1항 또는 같은 조 제4항을 위반하여 등록 또는 변경등록을 하지 아니하고 영업을 한 자
6. 거짓이나 그 밖의 부정한 방법으로 제73조 제1항에 따른 등록 또는 같은 조 제4항에 따른 변경등록을 한 자
7. 제78조 제1항 제11호를 위반하여 다른 사람의 영업명의를 도용하거나 대여받은 자 또는 다른 사람에게 자기의 영업명의나 상호를 사용하게 한 영업자

7의2. 제78조 제5항 제3호를 위반하여 자신의 영업장에 있는 동물장묘시설을 다른 자에게 대여한 영업자

8. 제83조를 위반하여 영업정지 기간에 영업을 한 자
9. 제87조 제3항을 위반하여 설치 목적과 다른 목적으로 고정형 영상정보처리기기를 임의로 조작하거나 다른 곳을 비춘 자 또는 녹음기능을 사용한 자
10. 제87조 제4항을 위반하여 영상기록을 목적 외의 용도로 다른 사람에게 제공한 자

④ 다음 각 호의 어느 하나에 해당하는 자는 500만 원 이하의 벌금에 처한다.

1. 제29조 제1항을 위반하여 업무상 알게 된 비밀을 누설한 기질평가위원회의 위원 또는 위원이었던 자
2. 제37조 제1항에 따른 신고를 하지 아니하고 보호시설을 운영한 자
3. 제38조 제2항에 따른 폐쇄명령에 따르지 아니한 자
4. 제54조 제3항을 위반하여 비밀을 누설하거나 도용한 윤리위원회의 위원 또는 위원이었던 자(제52조 제3항에서 준용하는 경우를 포함한다)
5. 제78조 제2항 제1호를 위반하여 월령이 12개월 미만인 개·고양이를 교배 또는 출산시킨 영업자
6. 제78조 제2항 제2호를 위반하여 동물의 발정을 유도한 영업자
7. 제78조 제5항 제1호를 위반하여 살아있는 동물을 처리한 영업자
8. 제95조 제5항을 위반하여 요청 목적 외로 정보를 사용하거나 다른 사람에게 정보를 제공 또는 누설한 자

⑤ 다음 각 호의 어느 하나에 해당하는 자는 300만 원 이하의 벌금에 처한다.

1. 제10조 제4항 제1호를 위반하여 동물을 유기한 소유자 등(맹견을 유기한 경우는 제외한다)
2. 제10조 제5항 제1호를 위반하여 사진 또는 영상물을 판매·전시·전달·상영하거나 인터넷에 게재한 자
3. 제10조 제5항 제2호를 위반하여 도박을 목적으로 동물을 이용한 자 또는 동물을 이용하는 도박을 행할 목적으로 광고·선전한 자
4. 제10조 제5항 제3호를 위반하여 도박·시합·복권·오락·유흥·광고 등의 상이나 경품으로 동물을 제공한 자
5. 제10조 제5항 제4호를 위반하여 영리를 목적으로 동물을 대여한 자
6. 제18조 제4항 후단에 따른 인도적인 방법에 의한 처리 명령에 따르지 아니한 맹견의 소유자
7. 제20조 제2항에 따른 인도적인 방법에 의한 처리 명령에 따르지 아니한 맹견의 소유자

8. 제24조 제1항에 따른 기질평가 명령에 따르지 아니한 맹견 아닌 개의 소유자
9. 제46조 제2항을 위반하여 수의사에 의하지 아니하고 동물의 인도적인 처리를 한 자
10. 제49조를 위반하여 동물실험을 한 자
11. 제78조 제4항 제1호를 위반하여 월령이 2개월 미만인 개·고양이를 판매(알선 또는 중개를 포함한다)한 영업자
12. 제85조 제2항에 따른 게시문 등 또는 봉인을 제거하거나 손상시킨 자

⑥ 상습적으로 제1항부터 제5항까지의 죄를 지은 자는 그 죄에 정한 형의 2분의 1까지 가중한다.

제98조(벌칙) 제100조 제1항에 따라 이수명령을 부과받은 사람이 보호관찰소의 장 또는 교정시설의 장의 이수명령 이행에 관한 지시에 따르지 아니하여 「보호관찰 등에 관한 법률」 또는 「형의 집행 및 수용자의 처우에 관한 법률」에 따른 경고를 받은 후 재차 정당한 사유 없이 이수명령 이행에 관한 지시를 따르지 아니한 경우에는 다음 각 호에 따른다.

1. 벌금형과 병과된 경우에는 500만 원 이하의 벌금에 처한다.
2. 징역형 이상의 실형과 병과된 경우에는 1년 이하의 징역 또는 1천만 원 이하의 벌금에 처한다.

제99조(양벌규정) 법인의 대표자나 법인 또는 개인의 대리인, 사용인, 그 밖의 종업원이 그 법인 또는 개인의 업무에 관하여 제97조에 따른 위반행위를 하면 그 행위자를 벌하는 외에 그 법인 또는 개인에게도 해당 조문의 벌금형을 과한다. 다만, 법인 또는 개인이 그 위반행위를 방지하기 위하여 해당 업무에 관하여 상당한 주의와 감독을 게을리하지 아니한 경우에는 그러하지 아니하다.

제100조(형벌과 수강명령 등의 병과) ① 법원은 제97조 제1항 제1호부터 제4호까지 및 같은 조 제2항 제1호부터 제5호까지의 죄를 지은 자(이하 이 조에서 "동물학대행위자 등"이라 한다)에게 유죄판결(선고유예는 제외한다)을 선고하면서 200시간의 범위에서 재범예방에 필요한 수강명령(「보호관찰 등에 관한 법률」에 따른 수강명령을 말한다. 이하 같다) 또는 치료프로그램의 이수명령(이하 "이수명령"이라 한다)을 병과할 수 있다. <개정 2023. 6. 20.>

② 동물학대행위자 등에게 부과하는 수강명령은 형의 집행을 유예할 경우에는 그 집행유예기간 내에서 병과하고, 이수명령은 벌금형 또는 징역형의 실형을 선고할 경우에 병과한다. <개정 2023. 6. 20.>

③ 법원이 동물학대행위자 등에 대하여 형의 집행을 유예하는 경우에는 제1항에 따른 수

강명령 외에 그 집행유예기간 내에서 보호관찰 또는 사회봉사 중 하나 이상의 처분을 병과할 수 있다. <개정 2023. 6. 20.>

④ 제1항에 따른 수강명령 또는 이수명령은 형의 집행을 유예할 경우에는 그 집행유예기간 내에, 벌금형을 선고할 경우에는 형 확정일부터 6개월 이내에, 징역형의 실형을 선고할 경우에는 형기 내에 각각 집행한다.

⑤ 제1항에 따른 수강명령 또는 이수명령이 벌금형 또는 형의 집행유예와 병과된 경우에는 보호관찰소의 장이 집행하고, 징역형의 실형과 병과된 경우에는 교정시설의 장이 집행한다. 다만, 징역형의 실형과 병과된 이수명령을 모두 이행하기 전에 석방 또는 가석방되거나 미결구금일수 산입 등의 사유로 형을 집행할 수 없게 된 경우에는 보호관찰소의 장이 남은 이수명령을 집행한다.

⑥ 제1항에 따른 수강명령 또는 이수명령의 내용은 다음 각 호의 구분에 따른다. <개정 2023. 6. 20.>

1. 제97조 제1항 제1호·제2호 및 같은 조 제2항 제1호부터 제3호까지의 죄를 지은 자
   가. 동물학대 행동의 진단·상담
   나. 소유자 등으로서의 기본 소양을 갖추게 하기 위한 교육
   다. 그 밖에 동물학대행위자의 재범 예방을 위하여 필요한 사항
2. 제97조 제1항 제3호·제4호 및 같은 조 제2항 제4호·제5호의 죄를 지은 자
   가. 등록대상동물, 맹견 등의 안전한 사육 및 관리에 관한 사항
   나. 그 밖에 개물림 관련 재범 예방을 위하여 필요한 사항
3. 삭제 <2023. 6. 20.>

⑦ 형벌과 병과하는 수강명령 및 이수명령에 관하여 이 법에서 규정한 사항 외에는 「보호관찰 등에 관한 법률」을 준용한다.

제101조(과태료) ① 다음 각 호의 어느 하나에 해당하는 자에게는 500만 원 이하의 과태료를 부과한다.

1. 제51조 제1항을 위반하여 윤리위원회를 설치·운영하지 아니한 동물실험시행기관의 장
2. 제51조 제3항을 위반하여 윤리위원회의 심의를 거치지 아니하고 동물실험을 한 동물실험시행기관의 장
3. 제51조 제4항을 위반하여 윤리위원회의 변경심의를 거치지 아니하고 동물실험을 한 동물실험시행기관의 장(제52조 제3항에서 준용하는 경우를 포함한다)
4. 제55조 제1항을 위반하여 심의 후 감독을 요청하지 아니한 경우 해당 동물실험시행

기관의 장(제52조 제3항에서 준용하는 경우를 포함한다)

5. 제55조 제3항을 위반하여 정당한 사유 없이 실험 중지 요구를 따르지 아니하고 동물실험을 한 동물실험시행기관의 장(제52조 제3항에서 준용하는 경우를 포함한다)
6. 제55조 제4항을 위반하여 윤리위원회의 심의 또는 변경심의를 받지 아니하고 동물실험을 재개한 동물실험시행기관의 장(제52조 제3항에서 준용하는 경우를 포함한다)
7. 제58조 제2항을 위반하여 개선명령을 이행하지 아니한 동물실험시행기관의 장
8. 제67조 제1항 제4호 가목을 위반하여 동물복지축산물 표시를 한 자
9. 제78조 제1항 제7호를 위반하여 영업별 시설 및 인력 기준을 준수하지 아니한 영업자

② 다음 각 호의 어느 하나에 해당하는 자에게는 300만 원 이하의 과태료를 부과한다.

1. 제17조 제1항을 위반하여 맹견수입신고를 하지 아니한 자
2. 제21조 제1항 각 호를 위반한 맹견의 소유자 등
3. 제21조 제3항을 위반하여 맹견의 안전한 사육 및 관리에 관한 교육을 받지 아니한 자
4. 제22조를 위반하여 맹견을 출입하게 한 소유자 등
5. 제23조 제1항을 위반하여 보험에 가입하지 아니한 소유자
6. 제24조 제5항에 따른 교육이수명령 또는 개의 훈련 명령에 따르지 아니한 소유자
7. 제37조 제4항을 위반하여 시설 및 운영 기준 등을 준수하지 아니하거나 시설정비 등의 사후관리를 하지 아니한 자
8. 제37조 제5항에 따른 신고를 하지 아니하고 보호시설의 운영을 중단하거나 보호시설을 폐쇄한 자
9. 제38조 제1항에 따른 중지명령이나 시정명령을 3회 이상 반복하여 이행하지 아니한 자
10. 제48조 제1항을 위반하여 전임수의사를 두지 아니한 동물실험시행기관의 장
11. 제67조 제1항 제4호 나목 또는 다목을 위반하여 동물복지축산물 표시를 한 자
12. 제70조 제3항을 위반하여 맹견 취급의 사실을 신고하지 아니한 영업자
13. 제76조 제1항을 위반하여 휴업·폐업 또는 재개업의 신고를 하지 아니한 영업자
14. 제76조 제2항을 위반하여 동물처리계획서를 제출하지 아니하거나 같은 조 제3항에 따른 처리결과를 보고하지 아니한 영업자
15. 제78조 제1항 제3호를 위반하여 노화나 질병이 있는 동물을 유기하거나 폐기할 목적으로 거래한 영업자

16. 제78조 제1항 제4호를 위반하여 동물의 번식, 반입·반출 등의 기록, 관리 및 보관을 하지 아니한 영업자
17. 제78조 제1항 제5호를 위반하여 영업허가번호 또는 영업등록번호를 명시하지 아니하고 거래금액을 표시한 영업자
18. 제78조 제3항 제1호를 위반하여 수입신고를 하지 아니하거나 거짓이나 그 밖의 부정한 방법으로 수입신고를 한 영업자

③ 다음 각 호의 어느 하나에 해당하는 자에게는 100만 원 이하의 과태료를 부과한다.

1. 제11조 제1항 제4호 또는 제5호를 위반하여 동물을 운송한 자
2. 제11조 제1항을 위반하여 제69조 제1항의 동물을 운송한 자
3. 제12조를 위반하여 반려동물을 전달한 자
4. 제15조 제1항을 위반하여 등록대상동물을 등록하지 아니한 소유자
5. 제27조 제4항을 위반하여 정당한 사유 없이 출석, 자료제출요구 또는 기질평가와 관련한 조사를 거부한 자
6. 제36조 제6항에 따라 준용되는 제35조 제5항을 위반하여 교육을 받지 아니한 동물보호센터의 장 및 그 종사자
7. 제37조 제2항에 따른 변경신고를 하지 아니하거나 같은 조 제5항에 따른 운영재개신고를 하지 아니한 자
8. 제50조를 위반하여 미성년자에게 동물 해부실습을 하게 한 자
9. 제57조 제1항을 위반하여 교육을 이수하지 아니한 윤리위원회의 위원
10. 정당한 사유 없이 제66조 제3항에 따른 조사를 거부·방해하거나 기피한 자
11. 제68조 제2항을 위반하여 인증을 받은 자의 지위를 승계하고 그 사실을 신고하지 아니한 자
12. 제69조 제4항 단서 또는 제73조 제4항 단서를 위반하여 경미한 사항의 변경을 신고하지 아니한 영업자
13. 제75조 제3항을 위반하여 영업자의 지위를 승계하고 그 사실을 신고하지 아니한 자
14. 제78조 제1항 제8호를 위반하여 종사자에게 교육을 실시하지 아니한 영업자
15. 제78조 제1항 제9호를 위반하여 영업실적을 보고하지 아니한 영업자
16. 제78조 제1항 제10호를 위반하여 등록대상동물의 등록 및 변경신고의무를 고지하지 아니한 영업자
17. 제78조 제3항 제2호를 위반하여 신고한 사항과 다른 용도로 동물을 사용한 영업자

18. 제78조 제5항 제2호를 위반하여 등록대상동물의 사체를 처리한 후 신고하지 아니한 영업자
19. 제78조 제6항에 따라 동물의 보호와 공중위생상의 위해 방지를 위하여 농림축산식품부령으로 정하는 준수사항을 지키지 아니한 영업자
20. 제79조를 위반하여 등록대상동물의 등록을 신청하지 아니하고 판매한 영업자
21. 제82조 제2항 또는 제3항을 위반하여 교육을 받지 아니하고 영업을 한 영업자
22. 제86조 제1항 제1호에 따른 자료제출 요구에 응하지 아니하거나 거짓 자료를 제출한 동물의 소유자 등
23. 제86조 제1항 제2호에 따른 출입·검사를 거부·방해 또는 기피한 동물의 소유자 등
24. 제86조 제2항에 따른 보고·자료제출을 하지 아니하거나 거짓으로 보고·자료제출을 한 자 또는 같은 항에 따른 출입·조사·검사를 거부·방해·기피한 자
25. 제86조 제1항 제3호 또는 같은 조 제7항에 따른 시정명령 등의 조치에 따르지 아니한 자
26. 제88조 제4항을 위반하여 동물보호관의 직무 수행을 거부·방해 또는 기피한 자

④ 다음 각 호의 어느 하나에 해당하는 자에게는 50만 원 이하의 과태료를 부과한다.

1. 제15조 제2항을 위반하여 정해진 기간 내에 신고를 하지 아니한 소유자
2. 제15조 제3항을 위반하여 소유권을 이전받은 날부터 30일 이내에 신고를 하지 아니한 자
3. 제16조 제1항을 위반하여 소유자 등 없이 등록대상동물을 기르는 곳에서 벗어나게 한 소유자 등
4. 제16조 제2항 제1호에 따른 안전조치를 하지 아니한 소유자 등
5. 제16조 제2항 제2호를 위반하여 인식표를 부착하지 아니한 소유자 등
6. 제16조 제2항 제3호를 위반하여 배설물을 수거하지 아니한 소유자 등
7. 제94조 제2항을 위반하여 정당한 사유 없이 자료 및 정보의 제공을 하지 아니한 자

⑤ 제1항부터 제4항까지의 과태료는 대통령령으로 정하는 바에 따라 농림축산식품부장관, 시·도지사 또는 시장·군수·구청장이 부과·징수한다.

부칙 〈제19486호, 2023. 6. 20.〉

이 법은 공포한 날부터 시행한다. 다만, 법률 제18853호 동물보호법 전부개정법률 제64조 제1항 제3호부터 제5호까지의 개정규정은 2024년 4월 27일부터 시행한다.

Reference

참고문헌

구자억 외(2021). 5차 산업혁명 시대 리더가 되라. 동문사.

김상균(2020). 메타버스. 플랜디자인.

김재영 외(2021). 이것이 메타버스다. 미디어북.

김주환(2011). 회복탄력성. 위즈덤하우스.

김현수(2016). 제4차 산업혁명의 서비스경제화 촉진 연구. 서비스연구, 6(3).

다니엘 핑크(2012). 새로운 미래가 온다_A Whole New Mind. 김명철 역, 한국경제신문 한경BP.

류석희 · 김영국(2017). 실전창업전략. 두남.

백종일 · 허제강(2022). 실전반려동물 창업실무. 박영스토리.

정숙균 · 방희명(2017). 사회적기업가 정신, 네트워크, 사회적기업 성과 간의 인과관계 탐구. 인문사회21. 7(4), 389~405.

Glaeser, E. L. and A. Shleifer(2001). Not-for-profit enterepreneurs. *Journal of Public Economics*, *81*.

Hulgård, Lars and Roger Spear(2006). "Social entrepreneurship and the mobilization of social capital in european social enterprise." pp.85-108 in *Social Enterprises:*

Johannisson, Bendt., and Nilsson, A.(1989). "Community entrepreneur - networking for local development". *Entrepreneurship & Regional Development: An International Journal* 1(1): 3-19.

Johnstone, Harvey. and Doug Lionais(2004). "Depleted communities and community business entrepreneurship: revaluing space through place." *Entrepreneurship & Regional Development: An International Journal* 16(3): 217-233.

Jung, Dong-Il(2014). "Bringing entrepreneurship into the context of community development". *Korean Regional Sociology* 15(3): 5-32.

Julien, Pierre-André(2007). *A Theory of Local Entrepreneurship in the Knowledge Economy*. Edward Elgar.

Light, Paul(2008). *The Search for Social Entrepreneurship*. Brookings Institution.

Sonnino, Roberta and Christopher Griggs-Trevarthen(2013). "A resilient social economy? Insights from the community food sector in the UK". *Entrepreneurship & Regional Development: An International Journal* 25(3-4): 272-292.

Spilling, Olav(2011). "Mobilising the entrepreneurial potential in local community development." *Entrepreneurship & Regional Development* 23(1-2): 23-35.

KB금융그룹(2022.2023). 한국 반려동물보고서. KB경영연구소.

KOTRA(2020). 해외시장 뉴스.

KOTRA(2021). 해외시장 뉴스.

https://www.dailyvet.co.kr/news/industry/149144.

https://www.dailyvet.co.kr/news/industry/150260.

https://www.dailyvet.co.kr/news/industry/130056.
https://www.dailyvet.co.kr/news/industry/88780.
https://www.1cup.kr/con_news/26557.
https://www.dailyvet.co.kr/news/industry/92398.
https://www.hankyung.com/it/article/202103096740i.
https://www.zoetis.kr.
https://blog.daum.net/ardc/521
https://dream.kotra.or.kr/kotranews/cms/news
https://dream.kotra.or.kr/kotranews/cms/news/
https://icibs.org/news/70050
https://www.dreamstime.com/illustrations-concept138759322

저자 소개

최동락 교수/경영학 박사/기업CEO

현) 화신사이버대학교 교수 **전)** 부천대/대경대 교수, 부산경상대 반려동물(보건)산업과 교수
현) 이유있는동물동행 대표 **현)** 한국반려동물학회 회장
현) 부산시 해운대구, 동구 동물복지위원장
연구저서 등) [반려동물산업의 이해], [반려동물행동교정학], [슬기로운 반려생활], [부가가치세이론과 실무] 등 다수, '현대한국인물사' 등재, 2020동아일보/서울스포츠 선정 대한민국인물(교육) 대상 등

김영국 교수/경영학 박사/논설위원/Saxophonist

현) 대구가톨릭대학교 교수 **전)** 경북대학교, 계명대학교 교수 - 고위공무원(옴부즈만)
교육부 - 대한민국학술원 우수학술상(저자/저서) 수상
농림축산식품부 - 신활력추진단장/위원장
중소벤처부 등 - 국비기업과제심사(평가)위원장
연구저서 등) [사회적기업의 창업], [4차산업혁명과 실전창업보육], [창업과 액셀러레이터 for 성공전략], [4차산업혁명과 창업금융] 등 다수

류석희 교수/법학박사/투자자

현) 서울과학기술대학교 교수 **전)** 건국대학교 창업 교수 **전)** 대기업 법무기획팀장
현) 중소벤처기업부 연구위원
현) 창업진흥원 사업운영·평가위원
현) 정부, 대학, 창업 유관기관 등 창업경영 및 법률 강의, 심사, 평가, 지도 등
연구저서 등) 저서/논문 50편 이상, 유통관리사, 법무관리사, 마케팅관리사, 심리상담사 등

김수진 교수/학장/동물매개심리상담사

현) 동명대학교 반려동물대학 학장 교수 **전)** 부산경상대학교 반려동물보건과 교수
현) 동명대학교 반려동물보건학과 교수
현) 사단법인 한국반려동물교육문화협회 회장
연구저서 등) [슬기로운 반려생활], [반려동물행동교정학] 등 동물재활치료사, 반려동물행동지도사, 펫시터자격증 등

김병석 교수/농학박사/동물매개심리상담사

현) 신라대학교 대학원 초빙교수 **전)** 부산경상대 반려동물(보건)산업과 교수
현) 부산시 반려동물 교육 전문강사
전) 소통공감반려견아카데미 대표
연구저서 등) [반려동물행동교정학], [강아지는 달리고 뛰고 놀아야 한다], [슬기로운 반려생활] 등 다수

반려동물 창업 가이드북

4차 산업혁명 시대의
반려동물 창업 for 실전 전략

초판 1쇄 인쇄 / 2024년 5월 27일
초판 1쇄 발행 / 2024년 5월 30일

공저자 / 최동락 · 김영국
류석희 · 김수진
김병석
발행인 / 이 중 수
발행처 / 동 문 사

서울특별시 서대문구 홍제원 1길 12
(홍제동 137-8)
Tel: 02)736-3718(대), 736-3710, 3720
Fax: 02)736-3719
등록번호: 1974.04.27. 제9-17호
가격: 25,000원

ISBN: 979-11-6328-599-1 (93320)
E-mail: dong736@naver.com
www.dongmunsa.com